日本中世の権力と寺院

高橋慎一朗著

吉川弘文館

目次

Ⅱ　浄土宗西山派と寺院社会

図表目次

序章　六波羅から中世を考える

1　中世とは何か

日本の中世とは、おおよそ十一世紀後半の院政の成立から、十六世紀後半の織田政権の時代までを指している。そもそも、古代・中世・近世（近代）という日本史の時代区分は、ヨーロッパ史における時代区分の強い影響のもとに、明治時代の近代史学の勃興とともに設定されたものであった。[1] フランスの著名な歴史学者ジャック・ル＝ゴフは、「西洋を離れれば『中世』と言うためには（六世紀から十五世紀というような）年代を語るだけでは不十分」であり、日本の中世と言う場合、「そこには西洋的観点の度を越した拡張がある」とまで述べている。[2]

しかし、結果的にではあるが、日本中世という時代の区切り方は、きわめて有効で意義のあるものと思われる。それでは、日本の「中世」とは、どのような時代であったろうか。石井進は、中世の五つの特色として、①政治権力の分散化、②軍事専門家層の優越、③「人間の鎖」の網の目が全体をおおう、④土地の上の権利の重層的な姿、⑤仏教を中心とする宗教の時代、をあげている。[3]

これら五つのうち、とりわけ重要な特色は、①・②であろう。古代以来の朝廷・公家政権に加えて、新たに武士（武家）・寺社が権力主体として立ち現れてきたのがこの時代である。分散化した諸勢力に対する朝廷の統合的側面を重視する権門体制論が優勢な現在においても、依然として「武士」と「荘園」は中世の有力なメルクマールであると、最新の研究動向分析においても指摘されるところである。[4]

日本は、中国・朝鮮と異なり、「武士」という職業軍人が政治的に力を持ち、東アジアで例外的に長期にわたり武人政権（武家政権）が存続した。[5] 最初の本格的な武家政権としては、鎌倉幕府があげられる。その後、室町幕府・江戸幕府と続き、かたちの上では七百年ものあいだ武士の政権が存在したのである。さらに、鎌倉幕府の先駆的形態として、平氏政権の存在が注目される。平氏政権は、国家の軍事警察機能を担う、半ば独立した政治権力であった点で幕府の先駆的形態といえる。

なお、さらに積極的に踏み込んで、平氏政権を「六波羅幕府」と位置付ける高橋昌明の説があるが、[6] 六波羅と福原に拠点が分裂していること、天皇・院を身近に置くことが政権の存続の前提となっていること、所領給付に基づく独自の政権編成原理を持たないことなどから、本格的武家政権としての「幕府」とは呼びがたいと思われる。それにもかかわらず、平氏政権の存在は、武家政権の成立を準備するものであったことは間違いない。

また、石井進があげた中世の五つの特色の⑤にも関わることであるが、権力と寺社の関係も重要である。寺社が、単に他の権力の精神的支柱であるにとどまらず、荘園をはじめとする独自の経済基盤や武力を保持することによって、みずから世俗的な権力主体となったのが中世という時代であった。

すなわち、武家・寺社が、朝廷・公家政権とせめぎあい、その一方で密接に結びつきながら、それぞれの力を伸長していった時代、これが日本の中世であった。そして、こうした中世の特色が象徴的に現われていたのが、朝廷の本拠地京都の東の郊外に位置する六波羅という空間であった。

2　平氏の六波羅

六波羅は、京都という中世日本最大の都市にして、朝廷・公家政権の本拠地の中に設定された平氏の拠点、換言すれば武家の拠点の原型であった。したがって、六波羅における平氏の居住のあり方が、中世社会の中における武士のあり方に大きな影響を与えたのではないかと考えられる。

まず、六波羅という場所が、本来、都市京都の中でどういう性格を備えた場所であったかということを考えてみよう。六波羅は平安時代以降、空也の開いた六波羅蜜寺をはじめ、死者の供養に関わる寺院が多数建立された場所であり、一種の「信仰の場」であった(7)。

では、なぜこの六波羅に平氏が拠点を構えたのであろうか。第一には、家人を含めた武士の集団が居住するだけの広い敷地が確保できた、ということがある。先に述べたように、六波羅は洛外の「信仰の場」であり、死者の穢れを嫌う公家には敬遠されるがゆえに、空閑地の多い場所であった。いっぽう洛中は、公家や庶民の住宅が多数存在し、まとまった区画を占有することができなかったのである。職業軍人である武士の集団は、それなりの場所を確保して駐屯する必要があった。その点で、空閑地の多い六波羅は、武士の拠点としては都合が良かったのである。

武士が主人を中心に集団で住むというスタイルは、奥州の平泉にも見出されており、入間田宣夫によれば、奥州藤原氏の平泉館は、軍事貴族の一種の「ベースキャンプ」であったという(8)。

武士の集住スタイルは、後に平氏が洛中に置いた拠点西八条にも見出される。六波羅と比較すると、集中度・規模の面ではやや劣るかたちになるが、それは六波羅と洛中の条件の違いによるものである。さらに清盛が遷都を目論んだ福原においても、清盛を中心に平氏一門が屋敷を構えるという集住のスタイルが見られたのである。

さらに時代が下って、鎌倉の場合も、類似の現象がみられる。将軍御所の周りには、御家人が屋敷を構えるようになり、御所が移転するにしたがって御家人も新御所の周りに転居していたのである(9)。

以上のように、六波羅には空閑地に目をつけた平氏が進出し、さらには鎌倉時代の六波羅探題へ受け継がれていくのであるが、「信仰の場」としての六波羅の性格も維持されていたため、やがて武士と宗教者・寺院との交流も発生していくことになる。

さて、平氏が六波羅を拠点とした第二の理由として、六波羅が交通上のきわめて重要なポイントになっていたということがあげられる。六波羅の南方を通る「渋谷越」のルートは、山科へ抜け、東国や平氏の本拠地である伊勢・伊賀へ連絡している。また、六波羅から法住寺殿の辺を通って南へ下る「法性寺大路」（大和大路とも）は、奈良・東国の方へ続く幹線道路であった(10)。

平氏は、公家と競合せず広い敷地を確保できる場所であり、かつ交通の要所でもある六波羅に集住し、寺社とも共存していた。こうした居住スタイルは、やがて各地の武家権力の拠点にも見られるようになるものであった。

3　六波羅の邸宅

次に、もう少しスケールを小さくして、六波羅の平氏の邸宅に注目してみたい。六波羅の中心となる邸宅が、清盛が居所としていた「泉殿」である。泉殿は広大な邸宅であるが、敷地の東南の隅に「常光院」と呼ばれる寺院があった。常光院は、もともとは平正盛が建立した墳墓堂で、のちに堂の下に正盛の遺骨が納められ、墓と堂が一体となったかたちで清盛の邸宅の中に取り込まれたのである(11)。

邸宅の中に先祖や近親の墓を置くというかたちは、中世初期以降に顕著になっていく。鳥羽殿や法住寺殿などの院御所も墓を取り込むかたちになっており、平泉の奥州藤原氏の邸宅も墳墓堂との密接な関係がある。奥州藤原氏の三代の遺体は、周知のように中尊寺金色堂の中に納められている。金色堂は、藤原氏の屋敷（平泉館）から真正面にあたる場所に建立されており、館からこの金色堂を拝むかたちになっていたといわれている。ただし、平泉の事例は、厳密にはかなりの距離を隔てており、邸宅の内部ではない。

また、鎌倉においては、源頼朝は没後に大倉御所のすぐ裏山の法華堂に祀られている。頼朝法華堂は御所の背後の山にあり、ほぼ御所と一体のものとみられ、清盛の泉殿のスタイルの延長線上にあると思われる。逆に、泉殿内の常光院は、武士の邸宅の中に墳墓もしくは先祖供養の寺院を設ける先駆的な形態であったといえよう。

さて、天仁三年（一一一〇）六月日の供養願文（『江都督納言願文集』）によれば、正盛の堂（常光院）は「三間四面檜皮葺」であり、中には一丈六尺の金色の阿弥陀如来が安置されたという。この記述によれば、本格的な阿弥陀堂建築といえる。また、常光院には、塔があったことも知られる（『長秋記』天永四年十月一日条、『山槐記』治承四年三月二十二日条）。そのほか、泉殿の南門を兼ねた八足門を備えていた（『山槐記』治承二年十月二十五日条）。

人員の面に関しても、供僧が少なくとも六人はおり、「預」という日常的な管理人も置かれていたことがわかる（『御産部類記』所収『山槐記』治承二年九月二日条）。常光院は、泉殿という平氏の邸宅の内部にありながら、家政機関からはある程度独立した寺院、という性格を有していたことになる。

加えて注目すべき点としては、常光院には「惣社」という神社が付属し、そこには清盛が信仰した厳島社が勧請されていた（『山槐記』治承二年十一月十日条）ということがある。惣社とは、多数の神を一ヵ所に集めて祭る神社である。代表的なものは各地の国府に置かれた一国の惣社で、中世の始まる十一世紀後半ごろから建立される。

また、朝廷の有力者の邸宅付属の寺院に惣社を置く例も、同じころより始まる。早くは十一世紀前半に、藤原道長邸に隣接する法成寺の惣社の存在を確認できる（『殿暦』永久五年正月八日条）。続いて、後白河法皇の発願により、院御所の法住寺殿に隣接して建立された蓮華王院（三十三間堂）にも惣社が設けられた。蓮華王院はまさに平清盛が私財を投じて寄進した堂であり、惣社も清盛によって整備されたものであろう。蓮華王院惣社には、八幡以下の二十一社が勧請されたという（『百錬抄』安元元年六月十六日条）。

常光院惣社は、右のような公家政権内の動向を受けて、清盛が整備したものではなかろうか。したがって、厳島社だけではなく、平家の信仰した他の神々、つまり平野社・熊野・宇佐・多度社などの複数の神様をここに祭った、重要な宗教施設だったのではないかと思われる。

邸宅内に惣社を祭るというスタイルは、鎌倉幕府の将軍御所には継承されなかった。それは、大倉御所近くに源頼朝が建立した鶴岡八幡宮が、将軍家の御願寺として機能し、熱田社・三島社などの末社を勧請することで惣社的役割を果たしていたからであろう。一方、鎌倉時代の院御所嵯峨殿には惣社が存在しており（『経俊卿記』康元元年六月二十七日条）、はるかに時代が下って、足利義満の北山第にも惣社が置かれていたこと（『御神楽雑記』）は、中世の政権のトップと惣社の密接なつながりを示している。

さらに、常光院では、一切経供養が行なわれている（『殿暦』天永四年十月一日条）。一切経とは、五千巻からなる経典のセットであり、これを用意するためには莫大な資力が必要である。院政期から一切経の整備が流行し、摂関家は宇治の平等院に一切経を備え、それと張り合うように天皇家では、法勝寺に一切経を備えた。一切経は、一種の権威の象徴になっていくのである。正盛もそれに倣って早々と導入したのであろうと思われる。

平氏の影響を受けたのか、平泉でも一切経が次々と安置され、合計三セットもの一切経が安置されることになる。(12)鎌倉においても、鶴岡八幡宮・永福寺・勝長寿院など将軍家に密接な関係を持つ寺社には一切経が納められていくのである。(13)

これまで見てきたように、常光院は、泉殿の中に構えられた平氏の氏寺というべき存在であった。寿永二年（一一八三）七月二十五日の平氏の都落ちの際に、六波羅の平氏邸宅はおおかたが焼亡するが、常光院だけは焼け残った。

しかし、直後の二十九日には、結局常光院もまた焼亡してしまった（『吉記』・『百錬抄』同日条）。『長門本　平家物語』や『延慶本　平家物語』の平氏都落ちの場面には、「法領寺（延慶本では法性寺）のみが焼け残るが、平氏家人の筑後守家貞が忠盛・清盛・重盛などの墓を掘って遺体を集め、堂とともに焼き上げた」というエピソードがおさめられている。この「法領寺（もしくは法性寺）」は、近世の地誌『山城名勝志』の編者が考察するように、「常光院」のことを誤り伝えたものであろう。すなわち、常光院が都落ちでいったんは焼け残ったものの、数日後に炎上したという事実と、常光院が平正盛の墳墓堂であったという由来にヒントを得て作成されたエピソードと考えられる。

いったんは焼け残った常光院も、ついには焼けてしまったということが、まさに平氏の六波羅が完全に消滅してしまったことを象徴するできごとと受け止められたのではなかろうか。それほどまでに、武家権力と寺院のつながりは密接になっていたのである。

4　六波羅に中世社会を見る

だいぶ論点が拡散してしまったが、中世の日本で広く見られた公家・武家・寺社の複雑な絡み合いの様相が、六波羅という空間の中に凝縮されており、中世社会の象徴的な姿として観察できるのである、ということが本章の趣旨である。

さて、本書は大きく二部に分かれる。Ⅰ「武家権力の展開」においては、武家権力の内部構造の変化、地域への浸透、武家権力の末端を担う人々の活動について、その実態を明らかにしてゆく。まずは、平氏の拠点から幕府の拠点へと移行した六波羅に置かれた六波羅探題、その中核を担った探題被官の活動を追究する第一章から考察を進めていく。

Ⅱ「浄土宗西山派と寺院社会」では、中世に大きな影響力を持ちながらも、近世以降の退勢のために注目されることが少なかった浄土宗西山派について、基礎的な史料を掘り起こすとともに、諸権力との関係を明らかにしてゆく。Ⅱ部においてもまたⅠ部と同様に、六波羅というエリアの性格を看過することはできない。六波羅に隣接する小坂に拠点を置いた西山派開祖の証空の住房について考察する章が、Ⅱ部の皮切りとなる。

では、六波羅から、中世社会全体へと、考察の歩みをすすめよう。

注

（1）石井進「日本史における『中世』の発見とその意味」、同「中世社会論」（いずれも『石井進著作集第六巻　中世社会論の地平』岩波書店、二〇〇五年に所収）。
（2）ジャック・ル＝ゴフ（池田健二・菅沼潤訳）『中世とは何か』（藤原書店、二〇〇五年）。
（3）石井進『日本の中世1　中世のかたち』（中央公論新社、二〇〇二年）。
（4）桜井英治「中世史への招待」（『岩波講座日本歴史　第6巻　中世1』岩波書店、二〇一三年）。
（5）入間田宣夫「守護・地頭と領主制」（歴史学研究会・日本史研究会編『講座日本歴史3　中世1』東京大学出版会、一九八四年）、高橋昌明「東アジアの武人政権」（歴史学研究会・日本史研究会編『日本史講座3　中世の形成』東京大学出版会、二〇〇四年）、同「比較武人政権論」（荒野泰典他編『日本の対外関係3　通交・通商圏の拡大』吉川弘文館、二〇一〇年）など。
（6）高橋昌明『平家と六波羅幕府』（東京大学出版会、二〇一三年）。
（7）高橋慎一朗『中世の都市と武士』（吉川弘文館、一九九六年）。
（8）入間田宣夫「平泉館はベースキャンプだった」（『歴史手帖』一九巻七号、一九九一年）。
（9）高橋慎一朗『武家の古都、鎌倉』（山川出版社、二〇〇五年）。

(10) 高橋注7書。
(11) 高橋昌明『増補改訂　清盛以前―伊勢平氏の興隆―』(平凡社、二〇一一年)。
(12) 菅野成寛「平泉の宗教と文化」(入間田宣夫・本澤慎輔編『平泉の世界』高志書院、二〇〇二年)。
(13) 高橋注9書。

Ⅰ　武家権力の展開

第一章　六波羅探題被官の使節機能

はじめに

承久の乱の結果、鎌倉幕府は公家政権の本拠京都の郊外に出先機関を持つことになった。これが「六波羅」である。「六波羅」の活動を実際に担った人々として、首長たる六波羅探題や評定衆、奉行人、在京人については従来も注目されている。しかし、探題の被官については比較的軽視されてきた。そこで筆者は先に、探題被官が「六波羅」の活動、特に検断関係において中心的な役割を果たしたことを明らかにし、「六波羅」には北条一門が被官との主従関係を中核に据えて西国支配を行なうための制度的拠点という側面があった、と述べた(1)。そのような探題被官の職務のひとつとして、きわめて基本的なものではあるが、探題の使者を務めることが挙げられる。基本的な職務であるがゆえに、探題被官の役割を如実に反映するものと思われる。

本章では、探題被官の使節機能を明らかにし、在京人・奉行人との比較を通じて探題被官を「六波羅」の活動の中で位置付けてみたい。なお、「六波羅」の使節としては、六波羅管国内の不動産に関する紛争地に二名一組の使節を派遣する制度、いわゆる六波羅―〈両使〉の制がある(2)。この制度と探題被官の関係については別の機会に述べているので(3)、本章では触れないことにする。また、在京人・奉行人の人名比定に関しては、五味文彦(4)、外岡慎一郎(5)、森幸夫(6)の研究を参考にした。

一　公武交渉

「六波羅」は、鎌倉幕府にとって、公武交渉の最前線という意味を持っていた。関東（幕府）と公家政権との直接交渉が行なわれる場合も「六波羅」が取次をするのであり、公武交渉において「六波羅」の果たす役割は大きかったと思われる。[7]「六波羅」が幕府側の窓口とすれば、公家政権側の窓口は「関東申次」であった。「六波羅」から関東申次を始めとする公家政権側に派遣される使者として、探題被官が起用されていたのである。以下、実例を時代順に列挙する。

① 嘉禄二年（一二二六）正月二十二日、探題南方北条時盛被官「宇麻左衛門」が西園寺公経邸を訪れ、北条時房の病により子息時盛が下向することを伝える。[8]

② 寛元四年（一二四六）閏四月九日、「山門事」を探題北条重時被官「行継」・（藤次左衛門尉）「泰経」が奉行院司葉室定嗣に申し入れる。[9]

③ 寛元四年八月二十五日、探題北条重時は被官「佐治左衛門尉重家」をもって葉室定嗣の病状を尋ねさせる。[10]

④ 宝治二年（一二四八）七月一日、後嵯峨院を呪詛した南都の僧栄円・玄芸等を「六波羅」に召し渡す由、西園寺実氏より探題北条長時に連絡があり、長時被官「佐治左衛門尉重家・真木野左衛門尉茂綱・高橋左衛門尉時光」が使者として受け取りに赴く。[11]

⑤ 宝治二年七月八日、探題北条長時被官（佐治）「重家」・（真木野）「茂綱」が栄円の件（④参照）で葉室定嗣を訪れ「子細問答」する。[12]

⑥　正元元年（一二五九）五月二十九日、探題北条時茂被官「佐治左衛門尉重家」が「将軍御書」を持ち院司吉田経俊を訪れ、東使到着を伝え東使の引見について打ち合わせる。(13)

⑦　弘安五年（一二八二）三月十五日、石清水八幡宮寺の強訴張本五人を、探題北方北条時村被官「伊賀次郎左衛門尉」等が使者となって関白鷹司兼平に召し渡す。(14)

⑧　正和四年（一三一五）三月十五日、探題南方北条時敦被官「糟屋弥次郎」が西園寺公衡を訪れ、三月八日の「関東大焼亡」のことを伝える。(15)

⑨　元弘元年（一三三一）十一月十日、「六波羅」の進上した関東状に対して西園寺公宗が「武家使者」の「両検断」に返事を与える。(16)

「六波羅」から公家政権への使者は、探題被官に限られていたわけではなかった。在京人（評定衆を含む）、奉行人が使者を務めた例もある。比較のため、同様に実例を列挙する。

⑩　正嘉元年（一二五七）九月九日、左近大夫将監家棟の殺害犯人を使庁官人より六波羅に召し渡すにつき、在京人（佐々木）「前壱岐守源泰綱」が受け取りに赴く。(17)

⑪　永仁三年（一二九五）十二月二日、奉行人（斉藤）基任・（二階堂）「行茂」が蔵人頭藤原実躬を訪れ、「南都警固事」を申し入れる。(18)

⑫　延慶四年（一三一一）二月三日、六波羅評定衆（小田）「元常陸介時知」、在京人（町野）「備後守貞康」が、広義門院御産祈禱に関する「関東状」を西園寺公衡の許に持参する。(19)

⑬　正和四年（一三一五）三月二十七日、奉行人（斉藤）「基氏」が西園寺家家司（三善）「春衡」の許へ向かい、鎌倉大火に関する勅使下向を止めるよう申し入れる。(20)

⑭　正和四年六月十日、奉行人（飯尾）「為定」・「信里」が西園寺公衡の許に「日吉祭礼無為」に関する「関東御返事」を持参する。[21]

⑮　正和四年六月二十三日、奉行人（斉藤）「基任」・「覚浄」（松田頼直ヵ）が西園寺公衡の許を訪れ、「成仏法師事」で「関東状」の「正文」を持参する。[22]

⑯　文保二年（一三一八）二月二十一日、評定衆（長井）「縫殿頭貞重」が「関東御返事文函」を西園寺実衡邸へ持参する。[23]内容は「践祚立坊事」であった。[24]

⑰　元亨四年（一三二四）九月十九日、評定衆（小田）「時知」、奉行人（二階堂）「行兼」が西園寺実衡邸へ向かい、謀反人日野資朝・俊基を召し渡すように申し入れる。[25]

では、探題被官が使者に立つ場合と、在京人・奉行人が使者に立つ場合とを比較検討し、伝達された内容に差違があるかを考察してみよう。

第一に、②の山門事、④・⑤の南都僧の政治犯のこと、⑦の石清水八幡宮強訴張本の引き渡しなど、検断関係、特に寺社関係の検断事項の使者には探題被官があたっている。同じ検断関係でも、⑩のように一般の犯罪人の引き渡しに在京人があたっている例も見られるが、まれである。検断関係に探題被官の使者が多いのは、検断活動の実質的責任者である検断頭人を探題被官が務めたことにも関係するであろう。むしろ、検断活動は探題―探題被官ラインを中核としており、在京人はそのラインの下に位置付けられていたのではなかろうか。また、探題被官の使者が寺社関係に集中していることは、「六波羅」の検断活動が、対寺社関係をとりわけ重視していたことをうかがわせる。

第二に、⑫・⑭・⑮・⑯のように、「関東状」を持参する場合には奉行人・在京人が使者を務めている。このことから、関東（幕府）からの公式の意思を公家政権に伝達する場合には在京人・奉行人が使者を務めたということができる。ところで、⑦は、東使が上洛し公家政権と幕府が直接交渉を行なう事例である。東使がもたらした関東の状を探題被官が院司の許に持参、東使と公家政権の交渉の段取りを協議しているのである。したがって、あくまでも探題被官は仲介・取次をしているのであり、最終的には東使が公家政権と交渉するのである。すなわち、⑦を探題被官が関東の公式の意思を伝達している例と解することはできない。

では、⑨はどうか。「関東状」の返事を受け取る使者に探題被官たる「両検断」＝検断頭人が赴いている。関東の公式の意思を伝達するのが一般に在京人・奉行人であったならば、その返事を受け取る使者も在京人・奉行人であって然るべきである。しかしながら、この例が特例に属することは、筧雅博の指摘で明らかである。(26)「六波羅」が進らせた「関東状」とは、「六波羅探題の、そして関東申次の披見をも許さない」ものであった。その内容は「御所にのこされているはずの蛍絵の手箱を鍵のかかったままに差し出してほしいという、極めて異例の要請」であり、後醍醐天皇を捕えた幕府が「『天皇御謀叛』にかかわる一切を追求しようとする」姿勢を見せたものであった。だからこそ、あえて在京人・奉行人ではなく「両検断」を使者に立てて、事が検断事項に属するという厳しい態度を示したのではなかろうか。

逆に⑪のような例がある。検断関係しかも寺社関係であるにもかかわらず奉行人が使者となっている。実は「南都警固事」とは永仁元年に端を発する一乗院と大乗院の抗争に関するものである。この事件に関東がかなり強く介入していたことは安田次郎が詳述するところである。(27)よって、この例は関東の意思を伝えるものと考えられ、奉行人が使者を務めていることとも矛盾しない。

第三に、①・③・⑬のように、六波羅探題と公家の個人的交誼に基づく連絡、私的な内々の交渉と思われる例では探題被官が使者を務めていることがわかる。⑧も、探題南方北条時敦の関東在住の被官から情報がもたらされ、それを西園寺公衡に伝えたのであろう。いわば、家政機関を利用した私的交渉である。

第四に、六波羅評定衆が使者を務める場合は、⑫・⑯のごとく、関東の公的な意向を伝達し、しかも皇族関係の事項の場合に限られるといえる。⑰も後醍醐天皇の謀叛に関することであり、同様と思われる。

以上の結果は、関東からの使者に関して森幸夫氏が「幕府はその使命によって、検断関係の場合には得宗被官を、践祚・立坊以下の朝政介入に関しては御家人を、それぞれ使節として派遣する」と指摘する点[28]とも対応しているように思われる。探題被官は公武交渉においては、「六波羅」の検断活動もしくは六波羅探題の私的用件、いわば探題個人の裁量によるところが大きく、「六波羅」の独自性が比較的保たれる分野での使者を務めている、といえよう。

二　関東下向

「六波羅」が鎌倉幕府の一機関である以上、関東（幕府）との連絡が必要なことはいうまでもない。「六波羅」から関東への使者として探題被官が下向することがあった。以下、時代順に実例を列挙する。

⑱　弘長三年（一二六三）十月十日、「六波羅検断等事」で関東評定があり、探題北条時茂被官「佐治入道」（重家）が下向して参席する。[29]

⑲　嘉元二年（一三〇四）と思われる年未詳六月六日長井貞秀書状に、探題南方金沢貞顕の越後守任官を伝える使者として被官「善新左衛門尉」が下向、とある。[30]

⑳　嘉元三年と思われる年未詳五月十六日倉栖兼雄書状に、北条時村殺害事件に関する関東下向の使者として探題北方金沢貞顕被官「鵜沼□□左衛門尉」の名が見える。[31]

㉑　文保二年（一三一八）二月二十日、探題南方大仏維貞被官「木所」が関東の「御返事」を持って帰洛するが、北方北条時敦被官「糟屋」は所労により逗留する。(32)

㉒　文保三年四月二十五日、比叡山衆徒の三井寺焼討に関して探題南方大仏維貞被官「斎藤六郎」・北方北条時敦被官「祝屋二郎兵衛尉」が下向する。(33)

㉓　嘉暦四年（一三二九）と思われる年未詳四月二十九日金沢貞顕書状に、探題北方常葉範貞使者として被官「小串四郎兵衛尉」が帰洛、とある。下向の目的は、探題辞職願と思われる。(34)

㉔　元徳元年（一三二九）と思われる年未詳十二月十二日金沢貞顕書状に、探題北方常葉範貞使者として被官「小串右衛門入道」が明春下向するらしい、とある。その目的は「公私可兼行」と記す。(35)元徳二年のものと思われる年月日未詳金沢貞顕書状に「北方暇事」で「小串入道」が長崎氏への進物を用意した、とあるのは、このときのことであろう。(36)

㉕　元弘元年（一三三一）八月二十五日、後醍醐天皇が「御座山門之由」を探題北方北条仲時被官「高橋孫五郎」・南方北条時益被官「糟屋孫八」が関東に知らせる。(37)

以上、⑱～㉕に現れる使者はいずれも北方もしくは南方の使者として務めており、六波羅探題一方に属するものと思われる。したがって探題被官とみてよいであろう。「六波羅」より関東への使者も、公武交渉の場合と同様探題被官以外の者が使者に立つ例は少なくない。比較検討のため、以下実例を列挙する。

㉖　嘉元三年（一三〇五）四月十八日信親請文に、「奉行人松田九郎左衛門尉」（頼行）が前年に関東に参向、とある。(38)

㉗　徳治二年（一三〇七）十月二十二日、春日社神木入洛に関して奉行人「伊地知右近将監」（長清）・「斎藤新兵衛尉」（行連）が関東に下向する。(39)

㉘　徳治二年十二月二十三日六波羅下知状に、在京人「淡路四郎左衛門入道」（長沼宗業）が彼岸・六斎日の殺生禁断のことに関し関東に派遣された、とある。(40)

㉙　応長元年（一三一一）正月十三日、紫宸殿に狼藉人が乱入した事件に関して、奉行人「飯尾兵衛大夫為定」・「沼田三郎為尚」が関東へ遣される。(41)

㉚　応長二年四月十八日、「多武峯合戦」により、奉行人「斎藤左衛門大夫基任」・「飯尾弾正忠頼定」が関東へ下向する。(42)

㉛　正和三年（一三一四）閏三月十三日、神木入洛に関して、奉行人「松田平内左衛門尉頼秀」・「飯尾玄蕃左衛門尉時清」が関東へ下向する。(43)

㉜　正和四年六月二日、新日吉社馬上役に関する紛争により、奉行人「斎藤帯刀左衛門尉」（基明）・「関左衛門蔵人」（正宗）が関東へ下る。(44)

㉝　元亨三年（一三二三）北条貞時十三年忌供養記に、円覚寺直指堂の額を近衛家平が書き、奉行人「斎藤雅楽允」（基宣）の下向の便で遣す、と見える。(45)

㉞　正中二年（一三二五）、北条高時男子誕生に際し祝賀の進物を探題南方金沢貞将より進らす使者として、父貞顕が在京人「周防十郎左衛門尉」を起用するように指示している。(46)

㉖〜㉞を概観してみると、探題被官以外の使者としては、在京人・奉行人が務めていることがわかる。六波羅評定衆が使者に立つ例は、管見の限り、存在しない。

次に、使者が探題被官の場合と在京人・奉行人の場合とでは、伝達内容が異なるかどうかを検討してみよう。

まず、探題被官の場合を見てみる。⑱・㉒・㉕は検断関係、㉑は前後の状況から皇位継承に関する関東の意向の取次と思われ、これらは公的連絡といえよう。一方、⑲は探題の任官披露、㉓は辞職工作で、ともに私的連絡である。⑳は公私定かではないが、どちらかというと私的な情報収集ではないかと思われる。㉔は「公私兼行」とあり、「公」の内容は明らかではないが、「私」の内容は「暇事」すなわち辞職工作であろう。

このように、探題被官の場合は、伝達内容は公的連絡から私的連絡まで幅広くあり、「公私兼行」という場合すらあった。

在京人・奉行人が使者となる場合はどうであろうか。㉗・㉙・㉚・㉛・㉜は検断関係、㉘は宗教政策および広義の検断で、いずれも公的連絡といえる。㉞は得宗高時の男子出産祝で、私的使者とも思われるが、「これはわたくしならぬ事」とわざわざ記されており、公的連絡と認識されていたことが明らかである。すなわち、得宗家の私事は得宗の公的性格ゆえに「公」となる、という論理があったと推測される。この論法によれば、㉝も公的連絡と見なせる。円覚寺は北条氏の私寺であると同時に北条氏氏寺ゆえに幕府の祈願所として公的性格を持っていたのである。なお、㉖については、伝達内容は不明である。

考察の結果、在京人・奉行人が使者として関東に下向する場合、探題個人の私的連絡というケースはなく、公的連絡に限られていることがわかる。しかし、検断関係の連絡が多いことからもいえるように、伝達の内容からは、探題被官の場合と明確に区別することはできない。

さて、六波羅探題関係のまとまった史料として、『金沢文庫文書』所収の一連の「金沢貞顕書状」がある。この中で、貞顕の六波羅探題在任中（乾元元年七月〜延慶二年正月、延慶三年六月〜正和三年十一月）、および子息貞将の探題在任中（正中元年十一月〜元徳二年閏六月）のものに着目してみると、金沢氏被官がかなり頻繁に京・鎌倉を往来していることがわかる。史料の残存状況を考えれば即断は避けねばならぬが、在京人・奉行人の関東下向よりははるかに回数は多く恒常的であったと思われる。使者の伝達内容は、文書の内容等から、ほとんど家政関係の連絡と想像される。

また、貞顕書状を見てみると、「六波羅」から関東への使者として探題被官と同様に活躍している人々として、「六波羅」の雑色が目につく。彼らを探題の被官とみなしてよいかは、検討を要する。源頼朝の雑色が下級官僚的性格を持ち[47]、また六波羅検断方の雑色が室町幕府侍所の雑色につながるとする説[48]もあることから、奉行人の下に位置するものとも考えられる。しかし、貞顕書状では「北方雑色」などのように表記されており、六波羅探題個人に属していたと思われ、探題被官に準ずる存在と考えてよいであろう。雑色の便宜によって伝えられた書状も、多くは家政関係のものである。さらに時代はさかのぼるが、北条時政が京都守護の任にあったとき、「当番雑色」が京より関東へ下されていることから類推すれば[49]、探題の雑色は定期的に関東へ下向していたのではなかろうか。

以上より、「六波羅」から関東への使者は探題が務める例が多く、その内容は家政関係の私的連絡が主だったと考えられる。公的連絡の場合にも、探題被官の使者は「公私兼行」のことが多かったのではなかろうか。それに対し、在京人・奉行人が使者を務める場合は、公的連絡に限定され、回数も少なかったと考えられる。特に在京人は、「不退在京奉公」[50]という性格からいっても、回数は少なかったであろう。「在京」人がしばしば下向していたのでは話にならない、ということである。

なお、㉞の文書には、「これハわたくしならぬ事にて候へハ、使者ハ過書を持てこそ下候ハんすらめ」との一節がある。特に「わたくしならぬ事」と記していることから、逆に通常は「わたくし」の連絡が主であったことが想像される。そして、私的連絡で下向する場合は、探題使者であろうとも過書は持てなかったと推測される。

関東への使者としての探題被官は、「六波羅」の役人として公的性格はあまりに希薄である。あくまでも北条一門家の家人としての性格を失わず、私的分野で活躍している姿が目につくのである。

三　諸所下向

公武交渉、関東下向の他にも、探題被官は「六波羅」の使者として諸所へ赴いている。まず、南都奈良への下向の例から見てみよう。

文永元年（一二六四）八月二十一日、六波羅探題北方北条時茂の使者として、被官「神宝（保）左衛門」・「ムナカタ左衛門」が南都へ下向している。そして、「御裁許候由」を春日社に伝え、「今御進発事、不可有」としている[51]。これは、春日社神木発向の情報を得た「六波羅」が、その進発・入洛を予防するため、検断活動の一環として探題被官を派遣したものと思われる。探題被官が「六波羅」の検断活動の中核であったことが、ここにも反映されているといえようか。

同じ南都への下向でも、きわめて私的な、六波羅探題の個人的用件と思われる例も見出せる。弘安十年（一二八七）正月二十一日に、「六波羅殿代官」として「治部房」なる人物が下向、「高畠」に宿所をとっている[52]。宿所の高畠は奈良の地名で、春日大社門前から興福寺へかけての地域にあたる。史料の性格から考えても、「治部房」は春日社参詣のために下向したとみてよかろう。いわば、六波羅探題の春日社参詣の代参ということになろうか。「治部房」がいかなる人物か確定できないのであるが、探題の代参という私的性格から考えて、おそらく探題北方北条時村もしくは南方北条兼時の被官ではないかと思われる。

同年三月十八日にも、「六波羅ノ治部房」が下向し、春日社へ染物一端を寄進している[53]。わずか二ヵ月後に南都へ下向し春日社に進物を寄せていることから、かなり頻繁に春日社への六波羅探題の代参が行なわれていたのではなかろうか。

春日社以外にも、有力寺社へ探題被官が参詣している例を見ることができる。たとえば、弘安ごろに「金田入道之子息」なる人物が探題南方北条兼時の使者として南都西大寺へ参っている。(54)おそらく、兼時の被官であろう。また、建治四年(一二七八)正月十八日、探題北条時村被官「安藤帯刀宮内左衛門尉」が祇園社へ参詣している。(55)同年三月二十日には、同じく探題北条時村被官「河原口二郎兵衛」が、時村より祇園社へ寄進する馬を、使者として届けている。(56)

このように、しばしば探題被官が有力寺社へ参詣しているのは、六波羅探題個人の信仰心の発露と見るのが自然な受け取り方であろう。しかし、はたしてそれだけであろうか。むしろ、日常の検断活動と表裏一体をなすものとして、寺社の強訴を警戒しての懐柔策という性格もあったと思われる。

次に、探題被官が長門・鎮西への使者を務めている例を見てみたい。嘉元三年(一三〇五)四月から五月にかけて、北条宗方による北条時村の殺害、宗方の誅殺という事件が関東で起きた(嘉元の乱)。この事件の際、「六波羅」より長門・鎮西へ御教書を遣した。長門へは松田八郎左衛門尉(頼直)・斎藤帯刀兵衛尉(基明)・向山刑部左衛門尉(敦利)・石川弥二郎の四人が、鎮西へは善新左衛門尉・神保十郎の二人が派遣されている。(57)

長門への使者のうち、松田・斎藤は六波羅奉行人、向山は探題南方金沢貞顕被官、石川は探題北方常葉時範被官である。一方、鎮西への使者は、神保が時範被官、善(三善)は貞顕被官である。(58)鎮西の場合は、南北探題の被官が一名ずつというかたちで、探題被官が使者に立つ場合にはしばしば見られるパターンである。しかし、長門の場合は、南北探題の被官一名ずつに加えて、奉行人二名が使者を務めている。一般に、探題被官と在京人・奉行人が組んで使者を務めることは行なわれていない。この事例は、伝達内容が特に重要であるためか、きわめて異例のパターンとなっている。鎌倉での一連の事件が、非常な緊張をもたらしたことを表しているともいえよう。

これまで見てきたように、探題被官が諸所へ使者として下向する場合も、概して公武交渉の場合と同様、検断関係もしくは探題の個人的用件によることが多いことがわかる。

おわりに

本章では、探題被官が「六波羅」の使者として活躍している姿をとらえてみた。その実態こそが、探題被官の使節機能というべきものであり、主として公的連絡の中でも検断関係、そして家政関係を始めとする私的連絡の面で発揮されたのである。

探題被官が家政機関を中心とした私的な連絡の使者として活躍しているのは、探題自体が、公的機関の首長でありながら、北条庶流家の家長としての私的性格を色濃く備えていたからである。それのみならず、「六波羅」の実務的な交渉は、主として探題被官の手に委ねられていた。また、「六波羅」の西国支配において補助的な意味を持つ検断活動に関しても、探題被官が使者としてかかわることが多かった。「六波羅」の活動の基礎となる連絡・交渉は、主要部分は探題被官の使節機能によって果たされていたのである。

関東から公家政権への公的連絡の取次の際には、在京人・奉行人が使者を務めているが、これは単に彼らを「箔付け」に使っていたためと思われる。探題被官がいかに実務面で活躍しようと、所詮は御家人の家臣（将軍から見れば陪臣）であり、身分的な低さは否定のしようがない。この探題被官の弱点を補うために、公的連絡や重要事項に際しては、在京人・奉行人が外見を整えるために起用されたのではなかろうか。

六波羅探題被官の使節機能のあり方は、「六波羅」という機関が、六波羅探題と探題被官との主従関係を中核に据えていることを端的に示しているといえよう。

注

（1）高橋慎一朗「六波羅探題被官と北条氏の西国支配」（『中世の都市と武士』吉川弘文館、一九九六年。初出一九八九年）。

（2）六波羅―〈両使〉制、および不動産訴訟に際して手続き進行・判決執行のために使節を派遣する「使節遵行」全般に関しては、外岡慎一郎『武家権力と使節遵行』（同成社、二〇一五年）を参照。

（3）高橋注1論文。

（4）五味文彦「在京人とその位置」（『史学雑誌』八三編八号、一九七四年）。

（5）外岡慎一郎「六波羅探題と西国守護」（注2書所収。初出一九八四年）。

（6）森幸夫「六波羅探題職員の検出とその職制」（『六波羅探題の研究』続群書類従完成会、二〇〇五年。初出一九八七年）。

（7）森茂暁「六波羅探題の「西国成敗」」（『鎌倉時代の朝幕関係』思文閣出版、一九九一年。初出一九八七年）、同「六波羅探題の「洛中警固」」（同上書。初出一九八八年）。

（8）『明月記』同日条。宇麻左衛門の注に「時房郎等」とあるが、被官の譜代性から推測して、時房子息の時盛の被官としても活動していたと考えられる。

（9）『葉黄記』同日条。『吾妻鏡』建長四年三月六日条において、「藤次左衛門尉泰経」が、幕府（おそらく連署北条重時）の使者として、宗尊親王下向の件で上洛している。これは六波羅探題北条長時の問い合わせによるものであり、泰経は重時・長時父子に仕える被官として両者間の連絡をとっていたのであろう。また、『吾妻鏡』建長五年正月二十八日条では、北条時頼男子（のちの宗政）誕生に際し、同じく泰経が重時の使者を務めている。以上より、②に見える泰経は、『吾妻鏡』に見える藤次左衛門尉泰経と同一人物で、探題重時の被官と考えられる。なお、泰経が京都で重時の被官となり、重時の執事を務めたとみられることについては、森幸夫『北条重時』（吉川弘文館、二〇〇九年）を参照。「行継」は詳らかではないが、やはり探題被官かと思われる。

(10)『葉黄記』同日条。
(11)『葉黄記』同日条。
(12)『葉黄記』同日条。
(13)『経俊卿記』同日条。
(14)『勘仲記』同日条。
(15)『公衡公記』同日条。
(16)『花園天皇日記』同日条。
(17)『経俊卿記』同日条。
(18)『実躬卿記』同日条。
(19)『公衡公記』同日条。
(20)『公衡公記』同日条。
(21)『公衡公記』同日条。「信里」はあるいは「信重」の誤りか。とすれば、奉行人雅楽左近将監信重か。
(22)『公衡公記』同日条。
(23)『実任卿記』(『歴代残闕日記　十』所収)同日条。
(24)『公敏卿記』(『歴代残闕日記　十二』所収)同日条。
(25)『花園天皇日記』同日条。
(26)筧雅博「道蘊・浄仙・城入道」(『三浦古文化』三八号、一九八六年)。
(27)安田次郎「永仁の闘乱」(『中世の興福寺と大和』山川出版社、二〇〇一年。初出一九八七年)。
(28)森幸夫「北条氏と侍所」(『国学院大学大学院紀要　文学研究科』第九輯、一九八八年)。
(29)『吾妻鏡』同日条。
(30)『金沢文庫文書』(『鎌倉遺文』一八巻二一八四七号。以下、『鎌』二八―二一八四七のように略す)。

(31)『金沢文庫文書』(『鎌』二九―二二三一八)。
(32)『実任卿記』文保二年二月二十一日条。
(33)『武家年代記裏書』同日条。「祝屋」はあるいは「糟屋」の誤りか。
(34)『金沢文庫文書』(『鎌』三九―三〇五九八)。
(35)『金沢文庫文書』(『鎌』三九―三〇八〇九)。
(36)『金沢文庫文書』(『鎌』四〇―三〇九八六)。
(37)『光明寺残篇』(『群書類従　雑部』所収)同日条。
(38)『弥谷寺蔵秘密対法集下裏文書』(『鎌』二九―二二二一六七)。
(39)『武家年代記裏書』同日条。
(40)『賀茂別雷神社文書』(『鎌』三〇―二三一二〇)。
(41)『武家年代記裏書』同日条。
(42)『武家年代記裏書』同日条。
(43)『武家年代記裏書』同日条。
(44)『武家年代記裏書』同日条。
(45)『円覚寺文書』(『鎌倉市史　史料編第二』六九号)。
(46)年未詳十一月二十二日金沢貞顕書状(『金沢文庫文書』。『鎌』三八―二九二五五)。
(47)福田豊彦「頼朝の雑色について」(『中世成立期の軍制と内乱』吉川弘文館、一九九五年。初出一九六九年)。
(48)羽下徳彦「室町幕府侍所考」(小川信編『論集日本歴史5　室町政権』有精堂、一九七五年。初出一九六四年)。
(49)『吾妻鏡』文治二年二月十三日条など。
(50)『吾妻鏡』寛元元年十一月一日条。
(51)『中臣祐賢記』(『増補史料大成　春日社記録　一』所収)同日条。

(52)『中臣祐春記』(『増補史料大成　春日社記録　三』所収)同日条。
(53)『中臣祐春記』(『増補史料大成　春日社記録　三』所収)同日条。
(54)『凝然自筆仏書紙背文書』(佐藤進一「凝然自筆仏書紙背文書(抄)」『中央史学』二号、一九七九年)。
(55)『社家記録　七』(『増補続史料大成　八坂神社記録　二』所収)同日条。
(56)『社家記録　七』(『増補続史料大成　八坂神社記録　二』所収)同日条。ただし、東京大学史料編纂所架蔵影写本『祇園執行日記　六』同日条により、「河原田」を「河原口」に訂正した。
(57)年未詳五月十六日倉栖兼雄書状(『金沢文庫文書』。『鎌』二九―二二三一八)。
(58)『武家年代記裏書』嘉元三年五月二十七日条。

第二章　尊性法親王と寺社紛争

はじめに

尊性法親王と聞いて、その事績をすぐに挙げられる人は、中世史の研究者でも多くはないであろう。それほどに、尊性法親王という人物の知名度は低い。しかし、もう少し注目されてもよいように思われる。

では、尊性法親王とは、いかなる人物であろうか。尊性法親王は、鎌倉中期の天台座主である。尊性についてとりわけ興味深い点は、後堀河天皇に宛てた百三通にも上る大量の自筆書状が存在する、ということであろう。これは、尊性書状の紙背を利用して法華経を摺り写した供養経が残されているためである。現在は、京都府向日市の南真経寺・北真経寺の両寺（日蓮宗）が交互に保管するかたちで伝わっており、国の重要文化財に指定されている。[1]

尊性は、建久五年（一一九四）に誕生した。父は後高倉院、母は北白河院陳子である。同腹の弟妹に後堀河天皇、仁和寺道深法親王、式乾門院利子、安嘉門院邦子などがある。承元三年（一二〇九）、十六歳で出家。建暦元年（一二一一）、天台座主も務めた延暦寺妙法院の実全のもとに入室して、灌頂を受けている。承久の乱後の承久三年（一二二一）には、幕府の意向により弟の後堀河天皇が即位したことに伴い、尊性も親王宣下を受けたのである。以後の主要な行状は、次のようである。

貞応二年（一二二三）、二品宣下。

嘉禄元年（一二二五）、四天王寺別当に就任。
安貞元年（一二二七）、天台座主に就任。
寛喜元年（一二二九）、延暦寺内の紛争により天台座主を辞任。
寛喜三年、四天王寺僧徒の騒擾により四天王寺別当を辞任。
貞永元年（一二三二）、天台座主に再任。
天福元年（一二三三）、四天王寺別当に再任。
暦仁元年（一二三八）、天台座主を辞任。
延応元年（一二三九）、四十六歳にて死去。

また尊性は、延暦寺妙法院の中興とされ、多くの所職・所領を集積して妙法院の経済的基盤を整備した。(2)妙法院は、尊性の師にあたる実全の代までには、おおよそ門跡としての成立をみていたが、(3)尊性の代に至って飛躍的に発展し、青蓮院・梶井とならぶ天台三門跡のひとつとしての寺格が確立されたといえる。

四天王寺別当としての尊性については、すでに川岸宏教の研究(4)があるが、それによれば、彼の在任時代には四天王寺周辺において紛争が集中的に勃発しているという。同じく天台座主在任中も、延暦寺をめぐる紛争が頻発しているのである。川岸は「尊性の事績から流血の痕跡を払拭し尽すことはできない」と述べている。そして注目されることは、それらの事件の解決に、多くの場合は幕府が関与していることである。

平雅行は、鎌倉後期のいわゆる得宗専制の時代になると、寺院間紛争や寺院内紛争の解決が幕府に委ねられ、幕府が寺社勢力の調停者の位置に押し上げられた、と指摘している。(5)尊性が別当・座主を務めた時期は、まさにそうした状況が現れ始めた興味深い時期にあたっている。したがって、本章では、いくつかの紛争を事例として、大寺社のトップとしての尊性と幕府が、どのように関わっていたかを検証してみたいと思う。とりわけ、四天王寺において発生した三つの事件[6]をとりあげてみたい。

なお、南北真経寺蔵法華経紙背の尊性書状は、東京大学史料編纂所編『大日本史料　第五編』や竹内理三編『鎌倉遺文』において、そのほとんどが該当する年次に分散して収録されている。また『向日市史　史料編』には全書状が一括して翻刻されている。本章では基本的に『大日本史料　第五編』に拠り、東京大学史料編纂所架蔵の写真帳[7]にて適宜補訂を加えた。本章で「尊性書状」と記したものは、すべてこの法華経紙背の書状のことで、『大日本史料』の編・冊と頁のみを記すこととする。

一　四天王寺別当解任要求事件

最初にとりあげたいのは、尊性自身が直接に関わるもので、四天王寺僧徒が別当尊性の解任を要求した事件である。そもそも、尊性の初度の四天王寺別当就任のいきさつは、次のようであった。嘉禄元年（一二二五）、別当慈円が没すると、慈円の遺志を重んじ妙香院良快（九条兼実息）を立てようとする山門と、法務良尊（九条良経息）を擁す寺門が、競望を繰り広げた。ところが、最終的には両者をともに退けて、後堀河天皇の命により尊性が補任されたのである。

後の四天王寺僧徒の要求から類推して、寺内僧徒の意思は良快の別当就任を望むものであったようであり、尊性の補任は当初から不穏な空気を含むものであった。それにもかかわらず、しばらくは平穏が保たれていた。

ついに寛喜元年（一二二九）になって、事態は急変する。四天王寺僧徒が別当尊性を「払い奉らん」として寺中に藁を積み放火を企て、制止されるという事件が発生したのである（『明月記』寛喜元年十月三日条）。

さらにこの尊性排斥運動に呼応して、絵解法師が四天王寺金堂の舎利を盗み出して法華寺に納めるという計画を立てたものの、事前に露顕して犯人は捕縛され、金堂守護のために兵士が置かれている（『民経記』寛喜元年十月二十五日条）。

寛喜三年、再び四天王寺僧徒は尊性の別当解任の要求行動を起こす。『明月記』寛喜三年八月二十三年条には、

天王寺訴関東、可被改別当由申。仍又座主《（良快）》可補給由、相国《（西園寺公経）》被計申云々。

とある。四天王寺僧徒が関東（幕府）に尊性更迭を訴えており、四天王寺別当の補任に、幕府が深く関わっていることを示している。したがって、尊性の別当就任自体にも、幕府の後押しがあった可能性が高い。幕府が擁立した後堀河天皇の兄ともなれば、なおさらであろう。

続いて、『明月記』同年九月三日条には次のように記されている。

右兵衛督《（藤原為家）》来。自殿下《（九条教実）》退出。天王寺可沙汰鎮由被仰関東。遣武士召取凶徒事、悪徒所行已以至極、積儲藁之上放火之条、更非下向武士之進止、仏法最初之寺若為灰燼歟、後悔可無其詮、親王《（尊性）》暫有御辞退、閑有後日沙汰宜歟之由申之間、親王已難抑留給歟。其替又法務《（良尊）》懇望、只有此事。無勅許歟。

（中略）

大殿《（九条道家）》仰、此事座主《（良快）》・法務《（良尊）》共有所縁、可止親王寺務由示関東之由、親王成疑云々。惣不可加詞由、内々被仰云々。被補座主者、其成敗又全不可追前師之跡、必定可負傍難、法務又山門之訴、実不便之由、被歎仰云々。

四天王寺の騒動を鎮圧するよう関白九条教実が幕府に要請したが、幕府からは「悪徒が藁を積み放火しようしている状態で、寺が炎上するおそれがあり、武士としては手出しができない。仏法を最初に公布した寺院が焼失しては後

悔先に立たないので、尊性がいったん別当を辞退し、鎮まってから復帰するのがよろしかろう」と返事があったという。

一方、当時の朝廷政治を主導していた九条道家は、次の別当就任を望む天台座主の妙香院良快と園城寺良尊のいずれとも所縁があるため（良快は道家の叔父、良尊は道家の弟）、尊性解任を幕府に進言したかのように尊性から疑われ、困惑している。実のところ道家は、良快・良尊どちらにも肩入れする気はないらしく、「良快を別当にすれば、前任者の方針を継承せずに非難されるであろうし、良尊を補任すれば、山門の訴訟を招き、誠に不都合である」と嘆いているのである。

いずれにせよ、四天王寺別当職の行方については、幕府がカギを握っていることは明らかであり、頼みとする幕府が別当辞退を勧告したことで尊性はおおいに落胆し、従来尊性に好意的であった幕府を非難するわけにもいかず、九条道家に非難の矛先を向けているのであろう。

尊性はこの後もすぐには辞任せず、『百練抄』同年十月二十日条には、

天王寺別当二品親王（尊性）遣被甲勇士等、被責召悪徒。悪徒合戦之間、夭亡之輩有数云々。

とあって、「被甲勇士」を派遣して鎮圧しようとしている。この「被甲勇士」がいかなる者であったかは不明であるが、おそらくは幕府配下の武士等ではなく、尊性の従者の僧や、近隣の所領等から徴発した一般住人を武装せしめた者であったと思われる。

しかし、結局のところ、同年十二月十三日に四天王寺別当は尊性から良快へと交替することとなった。尊性は幕府の武力鎮圧策を期待していたようであるが、幕府はむしろ積極的な介入を避け、尊性辞任により悪徒の矛先をかわす策に出て、尊性もそうした幕府の意思を尊重せざるを得なかったといえよう。

二　四天王寺・住吉社堺相論事件

尊性は、別当辞任二年後の天福元年（一二三三）には早くも別当に再任されている。辞任の際には、「いったん辞任後、しばらくして復帰されるがよい」との幕府の意向が示されており、尊性の再任には幕府が関与していたと見てよいだろう。

さて、翌天福二年、四天王寺と住吉社の所領堺相論をめぐって、両者の衝突が発生した。二月十四日付けの後堀河上皇宛て尊性書状（第五編之九、五二二頁）には、

（前欠）尋重時許候之処、即遣定高卿候了、尤驚申候云々。遅々不進入候之条、存外覚候。〆可被尋下定高候歟。又昨日自天王寺重訴状如此候。内々是も遣重時許候処、〆被進御所可被下候、付是重下知候之由、同令申候。然者今日可被下此状於六波羅候。被究両方闘諍結構之濫觴、不日可行罪科之由可被仰下候。近日不及罪過沙汰者、寺家東作之勤可廃候歟。然而八講田以下寺用多以可闕候。罪業候歟。就中定高卿令進彼状候者、付是又住吉結構分明候歟之上、罪過付彼、為向後之取画、〆可致其沙汰之由、同可被仰下之旨、可令洩奏達給。尊性敬言上。

二月十四日　　　尊性上

進上　人々御中

とある。

「又昨日天王寺よりの重訴状」以下の部分から、四天王寺からの重訴状を、尊性が六波羅探題の北条重時へ「内々」に届けていることがわかる。これに対して重時は、「この訴状をすぐに後堀河上皇の許へ提出して下さい。上皇から

訴状を示されたら、それによって下知を下しますから」との返答であった。そこで尊性は、「この訴状を六波羅に下し、紛争の発端を究明して関係者を処罰するように指示して下さい」と、後堀河上皇に申し入れているのである。

形式的には、上皇から六波羅へ、四天王寺の訴状の取り次ぎと紛争解決の指令がなされている。しかし、その前段階で、別当尊性は六波羅探題北条重時と直接に内々の交渉を持ち、紛争解決への協力を取り付けているのである。その上で、上皇から六波羅へ指令を仰いでいるが、尊性が重時との交渉の内容までを上皇への書状にそのまま記しているのは興味深い。

書状冒頭では、何らかの状について尊性から重時に問い合わせているが、「ただちに二条定高のもとに送りました」との返事で、どうやら定高のところで留め置かれて後堀河の目には触れていないという事情が述べられている。「就中定高卿」以降の文で、定高が状を届ければ住吉社の行為が明らかになると記しているので、尊性が気にしている状は住吉社からの訴状と考えられる。

住吉社からの訴状も、まずは六波羅探題の手に入り、その後に二条定高へと申し送られている。本郷和人の研究(8)によれば、この事例における定高の立場は、幕府との交渉にあたる朝廷側の窓口、いわば関東申次とみなされる。また、尊性は住吉社の訴状が六波羅の手許にあったことを事前に承知していたわけであり、探題重時との間に日常的な交流があったことをうかがわせる。

さて、続いて二月十九日付け尊性書状（第五編之九、五二三頁）には次のように記されている。

（前略）抑一日申入候し、廿二日聖霊会守護武士可指遣天王寺之由事、已被仰下候乎。依此候へく候。若思食忘事もや候とて驚申入候。惣住吉天王寺事も、重御沙汰の様可承存候。勧農之最中にて候之間、両方被召張本住吉三人と、天王寺二人候、被止向後之闘諍之儀、可被仰武家候歟之由、深相存候也。此等之趣可令申入給。尊性敬言上、

二月十九日　　　　尊性上

進上　人々御中

尊性は、「四天王寺の聖霊会に守護の武士を派遣するように、六波羅へ指示を下してほしい」との要請を行なっている。これも住吉社との紛争の余波であろう。さらに、「住吉社・四天王寺の張本若干名を逮捕して以後の争乱を停止するように」と、後堀河から六波羅へ命令するように、依頼をしている。

この書状においては、尊性が紛争解決のイニシアチブをとっているように見受けられる。ただし、その解決案は幕府の武力発動に依存するものである。この後実際にどのようなかたちで決着がついたかは、史料がないために明らかではないのであるが、尊性が幕府・六波羅を紛争解決の当事者として強く期待していることはわかろう。

三　四天王寺執行等殺害事件

前節で見た、住吉社との堺相論事件から二ヵ月後、天福二年（一二三四）四月には、四天王寺前執行の円順とその一党が、現執行の明順と了覚なる者を殺害し、明順宅に立て籠もるという驚愕すべき事件が勃発した。(9) 事件の状況と、尊性の対応を伝える四月八日付け尊性書状（第五編之九、五四二頁）を次に掲げる。

只今仲親法師自天王寺上洛候。円順党類殺害明順并了覚、引籠明順之遺宅云々。惣衆分等、今者定及会稽候歟。然者始終寺中之様、安否難知候。今間忩被仰下武家、先指遣郎従等、可令静謐寺中之由、可被仰下候。両方離合始終猶及合戦者、一寺之滅亡忽不可有疑候。相構忩可令仰合候。大殿（九条道家）之許へも、此旨内々申遣候了。天魔之所為無申限候。此等之趣、委く可令洩申入給候。尊性敬言上。

四月八日　　　　　　　　　　　　尊性上

尊性は、「急ぎ六波羅に命じて、郎従を派遣させ、寺中の治安維持を図らせるようにしてほしい」と、後堀河上皇に要請している。この事件においても、尊性は幕府の武力の導入を第一に考えているのである。

また、当時の政局運営の主導者であり幕府との交渉をも担当していた九条道家にも、尊性は内々連絡をとっていることが記されており、武家（六波羅）との交渉の根回しを精力的に行なっていることが読みとれる。

さらに尊性は、四月十日には、道家とともに幕府との交渉を担っていた西園寺公経とも、この件について面談を行なっている（同日付け尊性書状、第五編之九、五四三頁）。

その後、四月十四日付け尊性書状（第五編之九、五四三頁）に、

天王寺事、重時下知寺家状、今朝賜案文候之間、件趣等聊之添削候て、下知候也。寺中無殊事候。（後略）

とあることから、六波羅探題北条重時より四天王寺の寺家に対して何らかの下知状が出され、その「案文」が尊性の許へもたらされたことが知られる。この場合の「案文」は草案の意味と思われ、尊性が若干の添削を加えている。この下知状の趣旨に従って、いったんは寺中の平穏が取り戻されたようである。

ところが、六月二日になって、今度は殺害された明順の縁者が円順を襲い、合戦におよぶという事態になっている。

六月十七日付け尊性書状（第五編之九、五五五頁）には、

寺家静謐御教書到来。昨日仰合重時候之処、不違日来計候之間、今朝円順先安堵、而寺家無為之由、可相計之旨仰遣候了。落居候条、且悦思給候。（後略）

と見えており、詳細は不明ながら、前日に尊性と六波羅の重時とで直接交渉をもった結果、まずは円順の身柄を安堵し、寺中の安穏をはかるということで決着した模様である。

引き続いて、事態収拾の最終段階に入ったことをうかがわせる、六月二十九日付け尊性書状（第五編之九、五五五頁）を見てみよう。

（前略）抑寺家已開戸之後、奉出御舎利拝見、無為静謐之条、殊目出候由令申候。神五郎実員昨日上洛候云々。円順勅免由候。可被忩候歟之由相存候。触談内府《西園寺実氏》候之義、申状如此。戸を開、堀をも埋候之後、彼猶不免候ハ、、明順之余党、伺此隙発向候ぬと覚候上、只今寺家申状到来候。重遣武家之間、先進入候也。御覧之後ハ、可被申出候也。

西園寺公経息の実氏とも談合した尊性は、円順を速やかに勅免することを具申して、明順余党らが再び行動を起こす隙を与えないように画策している。

文中では、「神五郎実員」なる人物が上洛したことにも触れている。神（諏訪）氏の中には得宗被官として名前が見える者があることや、六波羅からの使者にはしばしば探題の被官が起用されていたことから[10]、事件の解決に関して関東との連絡にあたった探題北条重時の被官ではなかろうか。さらに推測するならば、「大番沙汰人左衛門尉実員」（『平戸記』寛元三年正月十二日条）として史料に見え、重時被官と考えられる者と[11]、同一人物の可能性もあろう。

その他、「寺家申状」を後堀河に見せた後、六波羅に回送する予定であることも述べており[12]、尊性がいかに幕府・六波羅との連絡を密にしていたかがわかる。

以上の紛争において印象的なことは、やはり、尊性が幕府の武力におおいに依存し、そのすみやかなる発動を期待して、後堀河や六波羅などに積極的に働きかけているすがたであろう。

四　尊性と幕府

以上の三つの事件をめぐる考察から、尊性法親王が寺院をめぐる紛争の解決にあたっては幕府の武力導入を積極的に図っていたことがわかった。一方、幕府は、四天王寺別当解任要求事件の段階ではやや消極的な姿勢を見せていたのであるが、尊性もそれに対しては特に反発は示していない。しかしながら、以後の二つの事件においては、幕府・六波羅は尊性の期待に応えるかたちで武力提供や紛争解決の実務にあたっている。

また、尊性が六波羅探題北条重時との間で、しばしば直接の交渉をもっていたことは注目される。すなわち、尊性と幕府の間に、かなり密接な関係が存在したことがうかがわれるのである。交渉の相手となった北条重時の存在も、重要な意味を持っていた。重時は、尊性のみならず、寺社紛争の解決のために、寺社のトップと交渉し、公家政権内部の合意形成にも関与していたのである。[13] 四天王寺執行等殺害事件で見せた重時の高度かつ柔軟な対応策については、「執権探題重時の政治手腕のひとつ」とも評価されている。[14]

なお、ここで想起されるのは、尊性が「綾小路宮」と呼ばれ、綾小路小坂殿という御所に居住していたことである。[15] 小坂は祇園社の西南にあたり、六波羅のすぐ北側に位置している。[16] したがって、北条重時の居住する六波羅探題北方とは至近距離である。尊性が重時と頻繁に情報の交換を行なうためにも、両者の位置関係はまことに好都合であったといえる。

尊性と幕府の緊密な関係を裏付けるのが、貞永元年（一二三二）の尊性天台座主再任の際の事情である。二月十一日付け尊性書状（第五編之八、二〇〇頁）に、

抑座主間事、以公性委細申入候了。二品（藤原成子）定令洩奏候歟。此事自関東関白（九条教実）返事等、可還著之趣令申之。此条尤不審思給候。自関東趣如此令申候歟。又関白座主辞退之上ハ可為其仁歟之由、仰聞られ候返事に、尤可然由令申候歟。

此条不審之余、乍恐言上候。

とあって、幕府から関白九条教実に対して尊性の再任を推す趣旨の返事があったことがわかる。もっとも、尊性自身は不審の念を抱いており、幕府より尊性を指名してきたのか、関白が「尊性ではどうか」と打診したことに対して了承の返事があったのか、どちらかを知りたがっている。どちらでも良いような気もするが、自分に関する人事がどのような過程で決定されたかが気になるのは現在でもよくあることで、尊性の心情はわからないでもない。それはともかくとして、幕府が座主人事のカギを握っており、尊性の再任をバックアップするかたちとなったことは間違いない。

尊性の側においても、幕府のために尽力するところがあったようである。たとえば、天福二年（一二三四）には、北条泰時の妻の親である聖尊（どのような出自の人物かは不明）が、僧都補任を所望していることについて、後堀河上皇に言上している（六月十七日付け尊性書状、第五編之九、五五五頁）。また、天福元年には、祈雨祈禱の人選に関して、大江広元の甥で幕府とも縁の深い親厳（東寺）を推挙している（六月二十五日付け尊性書状、第五編之九、一一四頁）。

幕府が尊性との関係を重視し、六波羅の北条重時が尊性との内々の交渉に応じた背景には、尊性がなによりも法親王という立場にあったことがあろう。安達直哉は、「制度の面でも、実態の面でも、法親王の持つ親王の側面が、公家政権内の政治構造の中で一定の役割を果たしていることが明らか」と指摘している。[17] しかも、尊性は承久の乱後に幕府によって擁立された後堀河天皇の兄にあたる人物であった。

さて、尊性と武力に関して想起されるのが、『明月記』天福元年二月二十日条の、延暦寺無動寺と南谷の闘争についての次の記述である。

親王座主之時、山門破滅之由、世之所称也。彼親王又偏好兵給、参入僧徒皆相具甲冑弓箭之所従云々。

尊性《(尊性)》がことのほか兵を好み、彼のもとには武装した僧徒が出入りしている、との世間の評である。『明月記』の記主の藤原定家は、尊性のもとをしばしば訪ね、兄成家の子息言家の昇進口入を依頼したり、山門関係の情報を収集したりしている[18]。よって、この記事は根拠のない中傷とはいえない。しかし、周知のごとく中世寺院における武力的存在は決して珍奇なものではなく[19]、尊性のみが突出して武力を好む人物であったかはいささか疑問である。むしろ、世の人は、「尊性の背後にチラつく鎌倉幕府の影」を見て、ことさらに「兵を好む」と称したのではなかろうか。

尊性の没後に妙法院を相続したのが、幕府と強い結びつきを持った西園寺公経の息である尊恵であった（『妙法院門跡伝』、『諸門跡譜』など）ことも、尊性が院家安穏のために期待したものを暗示している。

おわりに

尊性法親王が紛争解決の際に幕府の武力に依存したことと、それに対して幕府が支援を与えたことは、結果として幕府を寺社勢力の紛争調停者へと位置付ける一助となったと考えられる。

大石雅章は、貴種僧による門流支配の深化が鎌倉後期に寺院間・門流間抗争を惹起したことを指摘している[20]。しかし逆に、そうした寺院紛争の解決もまた、幕府と交渉し武力導入を引き出せる立場にある貴種僧が大寺院のトップにあってこそ可能であったのである。天皇（上皇）の兄という立場にあり、まさに貴種僧であった尊性の行動は、寺社紛争を幕府の関与により解決する道を開いたものと位置付けられる。

平雅行は、京都新日吉社の小五月会流鏑馬神事について、「院の見守る中、延暦寺妙法院門跡領たる新日吉神社で、六波羅探題が流鏑馬神事を勤めているのである。これは公家（院）と武家（六波羅）と寺家（延暦寺）との協調関係を象徴的にしめす儀礼と言える」と述べている[21]。新日吉社は、後白河法皇が自らの御所である法住寺殿の隣接地に勧請した神社で、代々の妙法院主が新日吉社別当を兼帯していたのである。

実は新日吉社小五月会において武士の流鏑馬神事が行なわれるようなるのは、承久の乱の翌年貞応元年（一二二二）以降であるという[22]。まさに尊性が妙法院主・新日吉社別当の時期に、武士の流鏑馬勤仕が創始・確立されたのであり、新日吉社小五月会の流鏑馬神事は、尊性法親王と鎌倉幕府の密接な関係をも象徴しているといえよう。

注

（1）尊性の行状および法華経紙背書状については、岩橋小弥太『京畿社寺考』（雄山閣、一九二六年）、竹内理三「尊性法親王書状」（『鎌倉遺文』月報七号、一九七四年）、山本信吉「尊性法親王消息翻摺法華経」（『貴重典籍・聖教の研究』吉川弘文館、二〇一三年。初出一九七五年）などを参照。

（2）三崎義泉「妙法院・三十三間堂、その信仰の歴史」（『古寺巡礼京都　妙法院・三十三間堂』淡交社、一九七七年）、村山修一『比叡山史　闘いと祈りの聖域』（東京美術、一九九四年）、同『皇族寺院変革史―天台宗妙法院門跡の歴史―』（塙書房、二〇〇〇年）など。

（3）衣川仁「中世延暦寺の門跡と門徒」（『中世寺院勢力論―悪僧と大衆の時代―』吉川弘文館、二〇〇七年。初出二〇〇〇年）。

（4）川岸宏教「聖霊会守護の武士―尊性法親王別当時代の四天王寺について―」（奥田慈応先生喜寿記念論文集刊行会編『仏教思想論集』平楽寺書店、一九七六年）。

（5）平雅行「鎌倉仏教論」（『岩波講座日本通史　中世二』岩波書店、一九九四年）。

（6）それぞれの事件の経過は川岸注4論文に詳しい。

（7）『法華経紙背文書』（請求番号六一七一、〇七―六）。
（8）本郷和人『中世朝廷訴訟の研究』（東京大学出版会、一九九五年）。
（9）明順は円順の甥にあたる。当時の四天王寺執行の一族は、摂津渡辺党の遠藤家の一族である。この一族については、川岸宏教「『遠藤系図』に見える天王寺執行について」（『四天王寺国際仏教大学文学部紀要』一四号、一九八一年）を参照。
（10）森幸夫「六波羅探題職員の検出とその職制」（『六波羅探題の研究』続群書類従完成会、二〇〇五年。初出一九八七年）など。
（11）高橋慎一朗「六波羅探題被官の使節機能」（本書Ⅰ部第一章。初出一九八九年）。
（12）森注10論文。
（13）木村英一「鎌倉時代の寺社紛争と六波羅探題」（『鎌倉時代公武関係と六波羅探題』二〇一六年、清文堂出版。初出二〇〇八年）。
（14）森幸夫『北条重時』（吉川弘文館、二〇〇九年）。
（15）すでに尊性の師である実全が「綾小路房」にて座主宣下を受けており（『妙法院門跡伝』など）、尊性の綾小路房は実全から譲与されたものと思われる。また、尊性が実全より灌頂を受けた際の道場が「勝安養院」であり（『続群書類従』所収『妙法院尊性親王御入壇記』）、後の文書に「綾少路勝安養院」と見えていること（康永三年七月日亮性法親王庁解。『妙法院史料　第五巻』六四号文書）から、綾小路小坂殿は勝安養院と号したものと考えられる。ただし、尊性は別にも房舎を保有していたようで、妙法院門跡相承の房舎として「金剛念仏三昧院」があり、「当院者尊性親王在世棲息之地也」と注記されている（『妙法院史料　第五巻』六四号）。延応元年八月二十九日尊性遺告状案（『妙法院史料　第五巻』二六号文書）には、「白河庵室者代々曩祖遺跡也。依之占之、多年以棲息欲付属遺弟、（中略）斯地之中有一伽藍、号金剛念仏三昧院、以寺為此地之主」とあって、綾小路房の敷地内に尊性が新たに建立したのが金剛念仏三昧院ではないかと推測される。尊性は、この金剛念仏三昧院に埋葬された（『華頂要略』所収『天台座主記』）。
（16）小坂の位置については、高橋慎一朗「証空の小坂住房をめぐる一考察」（本書Ⅱ部第一章。初出一九九八年）において考察しており、妙法院の綾小路小坂殿についても言及している。証空は浄土宗西山派の祖で、建暦二年（一二一二）ごろまで小坂に居住していた。同論文でも触れたが、わずかな期間ではあるが尊性と証空がともに小坂に居住したことがあり、証空と尊性母北白河院との交流があったことから、証空と尊性の間にも交流があった可能性がある。ちなみに証空は、尊性が別当在任中の嘉禎四年（一二三八）に四天王寺に参詣し、聖霊院にて不断念仏を勤めている（『西山上人縁起』、『天王寺誌』など）。

（17）安達直哉「法親王の政治的意義」（竹内理三編『荘園制社会と身分構造』校倉書房、一九八〇年）。

（18）土谷恵「『明月記』と寺社の情報」（五味文彦編『日記に中世を読む』吉川弘文館、一九九八年）。

（19）衣川仁「中世前期の権門寺院と武力」（注3書。初出二〇〇〇年）など。

（20）大石雅章「寺院と中世社会」（『日本中世社会と寺院』清文堂出版、二〇〇四年。初出一九九四年）。

（21）平注5論文。

（22）渡辺智裕「新日吉小五月会の編年について」（『民衆史研究』四六号、一九九三年）。

第三章　京都大番役と御家人の村落支配

はじめに

鎌倉幕府の基礎として御家人制度があることはいうまでもない。御家人に対する基本的課役として、平時の軍役というべき京都大番役がある。京都大番役の包括的な研究である五味克夫の論考によれば、京都大番役は内裏・院御所の警固役で、当初は公役として武士一般に広く賦課されたが、やがて御家人のみの所役とされるに至った、という。そのため、非御家人が御家人身分を取得するために大番役勤仕を望むような状況さえ生じたのである。(1)

一方、御家人は全国各地の荘園公領に基盤を持っていたが、それは地頭もしくは下司等の荘園公領制内に位置付けられた「職」への補任を直接の支配根拠とするものであって、御家人身分であることを根拠とするものではなかった。(2)とりわけ西国御家人の多くは、幕府から地頭に補任される東国御家人とは異なり、荘園領主によって下司・公文等の諸職に補任される存在であり、(3)京都大番役以下の課役の勤仕が西国における一般的な御家人化の契機であったのである。(4)したがって、御家人であること自体が村落の支配において果たす意義については、地頭等の所職とは一応切り離して考察せねばならない。そこで本章では、御家人固有の役である京都大番役が、村落の支配に与えた影響を考察することにしたい。

一　人夫役から段別銭へ

京都大番役の村落におよぼす影響は、具体的には、大番役の百姓（村落住人）への転嫁という現象にあらわれる。そこでまず、東寺領若狭国太良庄における、文永六年（一二六九）の、大番役をめぐる地頭と領家の相論の事例を見てみたい。この相論の大概はすでに諸先学により言及されているが、[5]百姓への転嫁の実態を明らかにするために、より詳細に検討を加えてみることにする。

太良庄地頭若狭定蓮（忠清）は、文永六年二月、六波羅探題より大番役の懈怠をとがめられ、勤仕の催促をうける。[6]やむなく定蓮は、同年四月に大番役勤仕のために負担を村落に転嫁する。その際の賦課内容をリスト化したものが、次の史料である。

　　太良保十七丁弐反百九十歩
　　　早可被沙汰大番雑事段別宛物等事
　　　　合
　　馬草銭百文分　糠四十文分
　　薪五十文分　炭五十文分
　　雑菜三種内精進二　干鯛十文分
　右、任注文之旨、早速可進沙汰之状如件、
文永六年四月　日　　――在判[7]

冒頭の田数は大田文記載の定田数であり(8)、定田全体に対し、段別に二百五十文ずつの雑事銭を賦課したのである。徴集した銭を京都へ送らせて、物資の調達にあてるという仕組みである。この段別銭の徴集という賦課方法が百姓の反発を招き、相論となるのである。百姓の意をうけて、五月に荘園領主東寺側の雑掌定宴が作成した訴状(9)は、東寺供僧および仁和寺の開田准后（法助法親王）によって六波羅探題に取り次がれ(10)、六波羅の法廷にて裁かれることとなった。

まず、訴状の内容を整理すると、論点は以下の三点になる（一部虫損部分については、陳状より復元）。

①　大番役は、若狭次郎兵衛忠季が建久六年（一一九五）に当国守護に補任されて以来七十五年間、百姓が勤仕したことはないのに、当地頭が今年初めて「巨多銭」を切り宛て、苛酷な譴責をしている。

②　農作業が繁忙の最中である上、「世間艱難折節」であり、大番役の譴責により百姓は安堵しがたく、歎いている。

③　旧例に任せて、大番雑事の賦課を停止してもらいたい。

これに対して地頭側は、七月に陳状を提出し(11)、①〜③の論点に各々対応するかたちで、以下のA〜Cのごとく反論をしたのである。

A　勤仕の先例がなくとも、初めて関東・六波羅より役（段別銭）を勤めよとの命令があった以上、地頭であろうと雑掌であろうと違背はできない。

B　大番役は「一年中不退勤仕之役」であるから、農作業の繁忙期であろうと勤めるものである。繁忙期の勤務となったのは命令に従っただけで、自分から望んだわけではない。

C　関東・六波羅からの下知を、雑掌の身で「停止」させることはできない。また、大番勤仕につき段別雑事を宛て催すのは「傍例」である。

そこで、荘園領主・雑掌側は八月に重訴状[12]を出して再反論し、AとCの論点に関して各々a・cのように述べている。

a　これまでの地頭も三代にわたって大番役を勤仕したが、その際に人夫を召し使うほかは、煩いは無かった。「関東平均御下知状」にも、段別課役の停止がうたわれている。

c　関東・六波羅の下知の内容は大番催促のみで、段別雑事を宛てるべしとの文言はない。「若狭国中大番勤仕之例」は、人夫を召し使うほかに負担はかけない、というものである。

右の双方の主張を見てみると、従来は大番役の転嫁は人夫役のみであったのが、このとき初めて段別銭の賦課を地頭が強行したと思われるのである。

段別銭賦課の根拠として地頭が主張した（A、C）六波羅からの下知とは、文永六年（一二六九）二月二十四日六波羅御教書案[13]と思われるが、その文面はまさに地頭に対する大番催促そのものに過ぎず、雑掌の反駁するように（c）、段別銭のことは一切言及されていない。なんとしてでも、段別銭を賦課しようとする地頭の欲求の強さがうかがい知れよう。また、雑掌が引用した関東平均御下知状（a）とは、建長六年（一二五四）十月十二日の幕府追加法[14]である。すなわち、

一　西国京都大番役事

新補地頭等、充段別課役之条、不可然。長門大峰庄条々御下知内、可充彼用途之由、被載之云々。縦外間雖有如然之御下知、於自今以後者、如前々、夫役雑事之外、一向可被停止也。以此趣可被加下知。

というものである。大番役の村落への転嫁について、段別の課役を禁止し、人夫役に限定するものである。ただし、

この条文中に言及されている「長門大峰庄条々下知」においては、段別課役が指示されていたらしく、段別銭を徴集しようとする地頭の動きとそれに反発する村落・荘園領主側との間で対立が生じつつあった一般的状況と、両者の間で揺れ動く幕府の姿勢とが見て取れる(15)。

ところが、実は文応元年(一二六〇)の追加法(16)によって幕府の姿勢は確実に変化を見せていたのである。

一　京上役事付大番役

諸国御家人、恣云銭貨云夫駄、充巨多用途於貧民等、致苛法譴責於諸庄之間、百姓等及侘傺不安堵由、遍有其聞。然則於大番役者、自今以後、段別銭参百文、此上五町別官駄一疋、人夫二人可充催之。於此外者、一向可令停止也。令定下員数以後、於日来沙汰所々者、就此員数不可加増也。

この追加法によれば、人夫役に加えて段別銭三百文を徴集することが認められているのである。段別銭への御家人の欲求を、ついに幕府側が抑えきれなくなったといえる。太良庄地頭が、相論の場において自己に有利なこの法を持ち出さなかった理由は不明だが、単に知識がなかったか、あるいは「日来沙汰所々」はこの法によって課役の増加をしてはならない、という後半の条項が不利に働くと判断したからであろうか(17)。

その後、同年八月に雑掌はさらに重訴状(18)を作成し、段別銭ではなく、地頭が大番役を勤仕する九十五日間の「日別雑事」(夫役雑事)にしてもらいたいと訴えている。

それでは、なぜ、百姓たちがこれほどまでに段別銭に抵抗するのであろうか。その理由は、同申状によれば、次のようである。

糠藁薪雑米等、百姓所持物也。運上彼物等、於致沙汰者、更不可有百性之費。而於於《(ママ)》宛責難得之銭者、百性侘傺之基、不便次第也。

要するに、人夫役であれば必要物資は身の回りの現物を持参すればよいのに対して、銭を調達するのは大変な苦労である、というのである。銭の調達が困難であることの背景には、西国では相対的に銭の流通が遅れ、米の貨幣機能が依然として強かったことがあった[19]と思われる。それにもかかわらず、地頭が銭の京進を命じていることからもわかるように、都市京都においては、銭はかなり流通していたと推測される。

また、史料に残されている段別銭による徴集の実例が、畿内とその周辺に限られていることから[20]、銭調達が困難な畿内周辺において、逆に御家人の段別銭への欲求が強かったことがわかる。これは、京都に近い地域の御家人にとっては、輸送のための人夫よりは物資調達手段としての銭のほうの必要度が高かったためであろう。ここに百姓と地頭の利害が対立する要因がある。

加えて、以下のような事情が考えられる。建長五年に幕府は、鎌倉中の炭・薪・萱・藁・糠の高値を抑制するため公定価格設定の追加法[21]を発している。ただし、翌年には撤回せざるを得なくなっている[22]が、これは価格が安定したためではなく、おそらく実効がなかったためであろう。注目すべきは、価格統制の対象となった高価格商品が、太良庄の事例において大番役勤仕の必要物資として段別銭算定の根拠となった商品にほぼ重なるということである。鎌倉・京都等の都市においては、炭・薪等の需要の多い商品は必然的に高価格で取引されていたのではなかろうか。

よって、太良庄地頭が京都での商品価格を基準として大番役の段別銭を算定することは、在地の百姓にとっては重い負担となったことは間違いないのである。逆に地頭にしてみれば現物徴集よりも銭の徴集のほうが魅力的であったのである。

以上のように、百姓の反発をうけながらも、地頭・御家人が大番役勤仕に際し百姓に負担を転嫁する場合、人夫役よりも段別銭を強く望み、それを実現しようとしていたことがわかった。

二　百姓名から村落全体へ

それでは、前節で検討した太良庄の相論の結末はどうなったであろうか。それを明確に示す史料は残されていないのであるが、結局百姓は段別銭を納入する羽目に陥ったと想像される。なぜならば、訴訟の五年後の文永十一年（一二七四）の雑掌書状(23)に次のような一節があるからである。

太良御庄、一色田と申し候て、百姓名之外四町八段余候也。其田ニハ、地頭役不勤候之処、今月十六日より、地頭号大番役用途、放使苛責間、庄内不閑候。質物ニ馬共を依取候、所当米不及越之由、歎申候之間、先申遣地頭之許了。

太良庄の一色田は「地頭役」を勤仕しない田であるのにこのたび新たに地頭が「大番役用途」を賦課し、馬を質物として責め取った、というのである。

太良庄の定田は、大きくは百姓名と一色田に二分される(24)。このときには、一色田への大番役用途賦課だけでなく、一般の百姓名へも当然用途の賦課があったと思われるのであるが、一色田のみが問題となっているのである。したがって、一色田への賦課は認められないが、百姓名への賦課は認めざるを得ない、という状況が在地にはすでに存したと推測される。

このようなことから、確証はないが、文永六年以降は百姓名に大番役の段別銭が賦課されることとなり、文永十一年にはさらに一色田にまで賦課の対象が拡大されたと考えたい。

ほかの荘園においても太良庄と同様に、大番役が村落に転嫁される場合は原則的にまず百姓名に宛てられ、さらに対象が拡大されていくという動きが想定される。この想定を裏付けるのが、次に掲げる下総の中山法華経寺所蔵の『破禅宗』紙背文書[25]の事例である。

沙弥寂心謹弁申

国景男申売田京上役間事

件京上役者、存先例守傍例、一国平均所令宛催之間、如此令支配者也。而此国景男令難渋其役之間、点定作毛立札之処、無左右抜棄点札、任自由令苅取作毛之間、且令償其役、且為誡狼藉、所取置質物也。寂心全無過失者也。且売田京上役事、不限当国、余所皆以或如平民取之、或増平民宛也。傍令如此。其上当国先度大番之時、於売田者一切不違平民。然而百姓等見聞傍例之間、不及訴訟歟。而今国景男抜棄点札、苅取作毛致狼藉之上、新申訴訟之条存外事也。早如傍例、任先例可宛取其役之由、欲被仰下矣。仍粗言上如件。

寂心なる人物が「売田」に「京上役」を賦課したのに対して、国景男が難渋したため、寂心側が作毛を点定したが、国景男は点定の札を抜き棄て作毛を刈り取ってしまった。そこで寂心側が質物を取ったところ、国景男は訴訟を起こした、というのがあらましである。

中山法華経寺の聖教紙背文書群は、千葉氏嫡流の千葉介関係の文書という性格を持つ[26]。そして、右の陳状は日付を持たず、かつ折紙であり、守護の法廷に提出され音声と状の中間に位置すると指摘された「日付のない訴陳状」の一例でもあった[27]。また、「先度大番之時」という記述があることから、この陳状に見える「京上役」は大番役の転嫁と見られる。

以上のことから、石井進の次のような指摘[28]が想起される。すなわち、中山法華経寺の『双紙要文』紙背文書には、伊賀国守護千葉氏に提出された守護領における大番役の転嫁についての一群の文書があり、建長元年（一二四九）の千葉介頼胤の大番役勤仕に関わるものと考えられる、というものである。

大番役転嫁という内容の類似性、守護である千葉氏（千葉介）に提出されたという性格の共通性から、右の事例も建長元年の伊賀国守護領を舞台にしたものと考えてよいのではなかろうか。陳状の提出者である寂心は、伊賀国における千葉氏所領（守護領）の代官ではあるまいか。後に述べる伊賀国久吉名は、同じく守護領であり、千葉氏の一族が地頭となっていた。よって、守護領は荘園所職としては地頭職の集積であり、守護千葉介から一族・被官に分与されていた可能性が高い。したがって、寂心は地頭もしくは地頭代であったと考えられよう。

千葉氏が伊賀国の守護職を保持していたことから少々事情が複雑になっているが、極端に単純化していえば、本事例は一御家人である千葉氏が大番役勤仕に際して伊賀の所領に負担を転嫁したものということができよう。

さて、史料の内容においてまず注目すべきは、大番役（京上役）の負担が「売田」と「平民」と対比で述べられている点である。賦課をする御家人側の寂心は、次のように主張している。「当国に限らず他所においても、売田には平民と同様の大番役の賦課、もしくは平民よりも多い賦課がなされている。先の大番のときにも売田には平民同様の賦課をしたが、百姓は他所の例を知っていたので訴訟も起こさなかったのである」と。

「平民」とは平民名、つまり一般の百姓名のことである。ここでも百姓名への賦課についてはまったく問題にされておらず、村落への転嫁が百姓名を基本的な対象としてなされる状況が定着していたものと思われる。それでは、百姓名と対比される「売田」とはなんであろうか。これはおそらく国衙検注の目録やそれを基に作成された惣勘文等に見られる「沽田」[29]と同じで、公事を本名に残したまま沽却された田のことではなかろうか。

名田の一部の寄進・沽却等による移動に際して、本の名に公事負担義務が留保されることは、しばしば行なわれたことである[30]。それに準じたかたちで、御家人支配下の名を離れた「売田」に対しても、百姓名同様に元の所有者に大番役を賦課したことが相論の発端となったということであろう。この伊賀の事例も、一般の百姓名以外にも大番役転嫁の対象を拡大しようとする地頭・御家人の欲求を示すものといえる。

中山法華経寺の『双紙要文』紙背文書には、伊賀国における大番役の転嫁に関するもう一つの興味深い事例が見られる。それは、年月日未詳の伊賀国御家人中原能兼申状[31]で、「伊賀国御家人左近将監中原能兼申、為十一ヶ所御領内久吉名地頭殿、公文役土志夭、称不勤大番、公文名并自余公事田神仏事田等被立注連、雖成苅期、及朽損愁子細事」という事書で始まるものである。この文書についてはすでに石井進が関連文書とともに考察を加えているので[32]、以下それによりつつ若干の私見を付け加えてみたい。

石井によれば、これも建長元年の千葉介の大番役勤仕に関する事例であり、十一ヶ所御領は守護千葉介の所領、その内の久吉名の地頭は千葉氏一門の木内氏の庶子小見六郎なる人物であったという。千葉介の大番役勤仕に際し、久吉名地頭もその負担を分担したであろう。そして、その負担を村落に転嫁したと思われるが、久吉名公文である中原能兼にも賦課をかけたことから事件となったのである。中原能兼は自らも御家人身分であるが、公文役として大番役を勤めたことはない、と大番役の勤仕を拒否した。すると、公文名はもとより、神仏事田まで差し押えられてしまったというのである。

百姓名と異なり、公文名などの荘官名は雑役免であるのが一般的であるが、地頭はそこにも大番役を賦課しようとし、相手が御家人であろうと斟酌しなかったのである。加えて、役負担が拒否されると、除田である公事田や神仏事田まで差し押えを強行したのである。

以上の事例より、田地の種類・所有者の身分にかかわらず、村落全体に大番役の賦課を行なおうとする御家人の姿勢がうかがわれる。また、賦課する側の論理として、大番役が御家人役の転嫁というよりはむしろ公事に準ずるものとして村落住人に受け入れさせようとしていたことが想像される。

おわりに

鎌倉幕府の御家人は、その固有の役である京都大番役を、村落に転嫁していた。その負担は、賦課方法としては人夫役から段別銭へというかたちで強化され、賦課対象としては百姓名からその他の田地へというかたちで拡大されていった。いわば、御家人は大番役という身分固有の役を勤める機会を利用して、村落全体への均一的支配を実現しようとする方向性を持っていたのである。

京都大番役は本来、荘園公領に普く賦課される公役としての性格を持っていたが、それがやがて御家人役に限定されたことは冒頭で触れた。しかし、おそらくは公役としての性格のゆえに、大番役の負担は村落に「公事」に準ずるものとして広く転嫁されやすかったのではなかろうか。御家人役の在地（村落）への転嫁は、御家人役一般に認められていたのではなく、荘園領主の権益を侵害しかねない在地転嫁を認めることは、大きな意味を持っていたことが指摘されている[33]。京都大番役の特殊性が、幕府に対しても、荘園領主・村落側に対しても、御家人が村落へ負担を転嫁する際の強力な説得力となったのである。

つまり、本来公役であった京都大番役を担う身分として御家人が位置付けられていたことが、荘園公領制下の「職」を越えた権限を獲得する根拠を御家人に与え、村落支配の深化を促す結果となったといえよう。御家人身分であること自体が、村落支配に与える影響は、決して小さくなかったのである。

注

(1) 五味克夫「鎌倉御家人の番役勤仕について（一）」（『史学雑誌』六三編九号、一九五四年）。

(2) ここでいう「基盤」とは、経済的基盤の意であって、在地性を意味するものではない。むしろ、地頭層については都市領主的性格、在地遊離性が指摘されている（入間田宣夫「守護・地頭と領主制」『講座日本歴史三　中世一』東京大学出版会、一九八四年）。

(3) 石井進『日本中世国家史の研究』（岩波書店、一九七〇年）など。

(4) 三田武繁「京都大番役と主従制の展開」（『鎌倉幕府体制成立史の研究』吉川弘文館、二〇〇七年。初出一九八九年）。

(5) 網野善彦『中世荘園の様相』（塙書房、一九六六年）、新城常三『鎌倉時代の交通』（吉川弘文館、一九六七年）など。

(6) 文永六年二月二十四日六波羅御教書案（『東寺百合文書』ェ四。『鎌倉遺文』一四巻一〇三八九号。東寺百合文書の番号は京都府立総合資料館の目録番号による。また『鎌倉遺文』に関しては、以下『鎌』一四—一〇三八九のように略す）。

(7) 京都大番雑事注文案（『東寺百合文書』ェ一一。『鎌』一四—一〇四三二）。

(8) 網野注5書。

(9) 文永六年五月二十八日太良庄雑掌申状案（『東寺百合文書』な一五。『鎌』一四—一〇四四三）。

(10) （文永六年）五月三十日祐遍申状案（『東寺百合文書』ェ五。『鎌』一四—一〇四四四）、（文永六年）六月一日開田准后御教書案（『東寺百合文書』ェ六。『鎌』一四—一〇四四六）、文永六年七月五日六波羅下知状案（『東寺百合文書』ェ七。『鎌』一四—一〇四五四）。

(11) （文永六年）七月二十三日太良保地頭代陳状案（『東寺百合文書』ェ一二七。『鎌』一四—一〇四六二）。

(12) 文永六年八月二日太良庄雑掌重申状（『東寺百合文書』ェ九。『鎌』一四—一〇四六七）。

(13) 『東寺百合文書』ェ四（『鎌』一四—一〇三八九）。

(14) 佐藤進一・池内義資編『中世法制史料集　第一巻鎌倉幕府法』（岩波書店）三〇〇条。以下、幕府追加法の引用および番号は同書による。なお、このときには実際に追加法の案が証拠書類として提出されており、その実物が『東寺百合文書』ェ三と思われる。

(15) 全般的な状況としては、鎌倉中期以降、御家人役と平均役との二重賦課による百姓層没落を回避するため、幕府によって一連の御家人役転嫁禁止規定が発せられたとみなされる（上杉和彦「国家的収取体制と鎌倉幕府」『鎌倉幕府統治構造の研究』校倉書房、二〇一五年。初出一九九四年）。

(16) 追加法三三三条。

(17) 厳密には、地頭の重陳状・三陳状は現存していないため、地頭が文応元年の追加法三三三条を絶対に引用しなかったと断言することはできない。高橋典幸「御家人役研究の一視角」（『鎌倉幕府軍制と御家人制』吉川弘文館、二〇〇八年。初出一九九九年）は、文永六年の雑掌三訴状に見える「但如西国平均御下知状者、被停止段別課役畢。其色目銭三百文歟」の文言が三三三条の「段別銭三百文」に由来すると見て、地頭が三三三条を引用したと解している。ただ、訴状の「色目銭三百文」は、その直前の「西国平均御下知」（建長六年の追加法三〇〇条）の運用規定と見るべきで、やはり三三三条は法廷に持ち出されなかったと考えたい。

(18) 文永六年八月十六日太良庄雑掌重申状（『東寺百合文書』な一六。『鎌』一四―一〇四七六）。

(19) 網野善彦「貨幣と資本」（『網野善彦著作集第十二巻　無縁・公界・楽』岩波書店、二〇〇七年。初出一九九四年）。

(20) 伊藤邦彦「鎌倉幕府京都大番役覚書」（『鎌倉幕府守護の基礎的研究　論考編』岩田書院、二〇一〇年。初出二〇〇五・二〇〇六年）。

(21) 追加法二九六条。

(22) 追加法三〇二条。

(23) （文永十一年）十月二十四日定宴書状（『東寺百合文書』ェ一〇。『鎌』一五―一一七三八）。

(24) 網野注5書。

(25) 年月日未詳沙弥寂心陳状（『中山法華経寺所蔵破禅宗七紙背文書』。『鎌』一三―九二六八）。

(26) 石井進「紙背文書の世界」（『石井進著作集第七巻　中世史料論の現在』岩波書店、二〇〇五年。初出一九九一年）。

(27) 笠松宏至「「日付のない訴陳状」考」(『日本中世法史論』東京大学出版会、一九七九年。初出一九七七年)。
(28) 石井進「「日蓮遺文紙背文書」の世界—「双紙要文」紙背文書を中心に—」(注26書。初出一九九一年)。
(29) 富沢清人「検注と田文」(網野善彦他編『講座日本荘園史二　荘園の成立と領有』吉川弘文館、一九九一年)。
(30) 豊田武『武士団と村落』(吉川弘文館、一九六三年)。なお、かつてはこのような本名の統制を「本名体制」と称していたが、近年はほとんど使用されなくなっている。
(31) 『中山法華経寺所蔵双紙要文一紙背文書』(『鎌』一〇—七一三五)。
(32) 石井注28論文。
(33) 高橋注17論文。

第四章　宗尊親王期における幕府「宿老」

はじめに

鎌倉幕府政治史を概観するとき、はじめて皇族将軍として迎えられた宗尊親王の将軍在任期（建長四〜文永三年）は、まことに微妙な時期といえるであろう。

この時期は、執権職に就いた人物に着目すれば、北条時頼・長時・政村の時代であり、最末期の文永元年（一二六四）に時宗が連署となっている。時宗が執権の職に就くのは、次の惟康親王将軍期の文永五年であるから、宗尊期は「時頼の時代」から「時宗の時代」への過渡期ともいえる。

佐藤進一によって提唱された鎌倉幕府政治体制の三段階説によれば、第二段の執権政治から第三段の得宗専制へ移行しつつある時期に相当するであろう。佐藤は「執権政治は、十三世紀の後半に入る頃からようやくその政治体制としての本質的な部分に変化を生じ」、「第三段の政治体制に移行する」と述べている(1)。ただし、得宗専制の「成立」ではなく、あくまでも「移行」の時期であり、佐藤自身も「執権政治の変質解体はほぼ、時宗・貞時二代の間（文永—正安）にある」としている(2)。また、細川重男の研究では、「いわゆる『得宗専制』は時宗政権期に既成事実として成立し、『新御式目』によって制度として確立された」と述べられており(3)、宗尊期はその前段階ということになる。

一方、村井章介は、摂家将軍の九条頼嗣将軍期に起きた「寛元・宝治・建長の政変」の結果、「執権勢力が将軍権力を駆逐し」たとし、宗尊期について「得宗政治の時代はすでに始まっている」と述べている。(4)すなわち、佐藤・細川両説にあっては、宗尊期は執権政治の最終段階と見なされるのであり、村井説においては得宗専制の出発点と位置付けられるのである。いずれにせよ、宗尊期は、得宗専制が成立しているのかどうかの評価がむずかしい、きわめてきわどい段階にあったということであり、北条氏と将軍権力との対抗関係など、複雑な政治状況にあったことは間違いないであろう。

この微妙な時期の主要な史料となるのが、いうまでもなく『吾妻鏡』の宗尊将軍記である。宗尊将軍記の特徴の一つとして、儀式関係の記事が多いという点があげられる。とりわけ、鶴岡八幡宮放生会の将軍参詣の供奉人選定に関する記事は、宗尊が将軍に就任する建長四年（一二五二）以降に集中して見られることが、石田祐一によって指摘されている。(5)

右のような記事の偏在が生じたのは、石田が考察しているように、『吾妻鏡』の編纂方針が将軍ごとに異なり、宗尊将軍記については供奉人選定を担当した小侍所の記録が利用されたため、と考えるべきであろう。(6)当該期の小侍所別当がほぼ一貫して金沢実時であったという事実と、『吾妻鏡』の編纂が金沢氏の手によるという五味文彦の指摘を(7)合わせて勘案すれば、その可能性はますます高くなってこよう。

さて、『吾妻鏡』には供奉人選定に限らず、鶴岡八幡宮放生会に関する豊富な記事が見られ、すでに永井晋の詳細な研究(8)によって、『吾妻鏡』に見える放生会関係の記事を基に、放生会全体の流れが復元されている。以下、本章においても同研究によるところが大きい。宗尊将軍記においても、放生会供奉人選定の手続きに関する詳細な記事が含まれ、次のような興味深い記事に遭遇することができる（以下『吾妻鏡』については、吉川弘文館刊『新訂増補国史大系』

により、単に年月日のみを記す)。

来月鶴岡八幡宮放生会、将軍家依可有御参宮。於小侍所書整供奉人交名等。所謂、有可着布衣之人。有可着直垂帯剣之壮士。又有可為随兵者。今日先廻布衣散状。其中於宿老之可然者、可参候宮寺廻廊之由云々。(建長五年七月八日条)

随兵事、今日被廻散状。書様、

右来八月放生会可有御社参。各帯布衣可致供奉之状、依仰所廻如件。

右来八月放生会可有御社参。各為随兵可致供奉之状、依仰所廻如件。

右来八月放生会可有御社参。各兼可致参向廻廊之状、依仰所廻如件。(同九日条)

毎年八月十五日に行なわれる鶴岡八幡宮放生会の将軍参詣の供奉人は、主として行列先頭の先陣随兵、直垂を着し帯剣して将軍の車の左右を固める者、布衣下括の姿で将軍の車の直後に従う五位・六位の者、行列後尾の後陣随兵によって構成されていた(寛元二年八月十五日条など)[9]。

しかしながら、布衣にて供奉すべき五位・六位の者の中で、「宿老之可然者」は、将軍参詣の行列には供奉せず、八幡宮の廻廊に参候することになっていたことがわかる。この宿老に対しては、布衣の供奉人とは別の文言を持つ散状(催促状)が廻されたのである。彼らは、あらかじめ八幡宮上宮の廻廊に到着して将軍を待ち受け、参拝を終えた将軍とともに舞楽を観覧するのである(建長五年八月十五日条など)。

もっとも、後にも触れるように、『吾妻鏡』中で、放生会将軍参詣の際に御家人が廻廊に参候した例は、建久五年(一一九四)には早くも見えている。しかし、廻廊に「宿老」をあらかじめ参候させる手続きになっていたことを記す記事は、右の建長五年(一二五三)七月八日条の記事が初見かつ唯一であり、しかも廻廊に参候する人物の名がほぼ毎年にわたって記載されているのは宗尊将軍記のみの特徴である。

逆にいえば、宗尊将軍記において、放生会将軍参詣の時に廻廊に参候している人々が、当時「宿老」と呼ばれる一定の集団に属していたということになる。

よって、本章では、『吾妻鏡』宗尊将軍記の放生会関連記事から、宗尊期の「宿老」を検出し、執権政治から得宗専制へと移行しつつあるこの時期に、「宿老」という地位がどのような意味を持っていたかを考察することにしたい。

一　鎌倉幕府の「宿老」

宗尊期「宿老」の分析を行なう前に、宗尊期以前の幕府「宿老」についても、概観しておきたい。

そもそも辞書をひもとけば、「宿老」の意味にはいくつかあることがわかるが、鎌倉幕府の「宿老」に直接関連するのは、①「経験が豊かで物事に詳しい老人。年功を積んだ老巧な人。長老」、②「武家の重臣」（小学館『日本国語大辞典』による）の二つであろう。本章で対象とするのは、もちろん②である。

では、『吾妻鏡』全体における「宿老」の語の使用状況は、どのようなものであろうか。福田豊彦監修『吾妻鏡・玉葉データベース（CD-ROM版）』（吉川弘文館、一九九九年）によって「宿老」の使用例を検索したところ、三十八件が検出された。

このうち、三件（建久四年三月十三日、建保七年正月二十九日、弘長元年二月二十日条）は僧侶に関する例、一件（弘長元年八月十日条）は陰陽師に関する例である。これら四件は、年長者（経験年数の長いもの）の意味で用いられている。また、一件（文治五年九月十三日条）は、陸奥・出羽両国の領民に関する例で、ここでの「宿老」は村々の長老・古老といった意味合いである。

さらに、二件（貞応二年六月十八日、延応元年四月二十五日条）は、「宿老祇候人」としてあらわれている例で、得宗被官の上層メンバー、いわゆる御内宿老を意味していると思われる。

その他、一般的な「年功序列」という意味で使用されている例が、一件（文応元年七月二十五日条）だけ見いだされる。

以上の例を除いた三十件が、幕府御家人についての使用例である。そのうち、明らかに「長老」の意味で用いられているものは、二件（仁治二年正月二十三日、同年十一月四日条）で、「宿老」と「若輩」が対比されるかたちで使用されている。残りの二十八件は、いずれも「重臣」の意味で使用された例と考えられる。

ちなみに、幕府重臣の意味で使用された二十八件について、将軍の任期ごとの件数を見てみると、次のようになる（正式の将軍就任以前の時期も考慮し、また『吾妻鏡』の残存していない年は除いたため、年代の区分は将軍の任期と完全には一致しない）。

源頼朝期	治承四年（一一八〇）〜建久六年（一一九五）	八件
源頼家期	正治元年（一一九九）〜建仁三年（一二〇三）	二件
源実朝期	建仁三年　〜承久元年（一二一九）	三件
九条頼経期	承久元年　〜寛元二年（一二四四）	十一件
九条頼嗣期	寛元二年　〜建長四年（一二五二）	二件
宗尊親王期	建長四年　〜文永三年（一二六六）	二件

ほぼ、任期の長短に比例した件数となっており、幕府創設以来、一貫して「宿老」の存在が認められるといえよう。

なお、「宿老」という呼称は、いうまでもなく幕府の正式な職名ではない。したがって、厳密にいえば、「宿老」の語の使用法・含意は、『吾妻鏡』の将軍年代記ごとの性格に規定される側面もある。その一方で、「宿老」の語は一種の敬称であることから、無限定に使用されることは考えられない。また「宿老」の語が持つ「重臣」という一般的な意味自体は、『吾妻鏡』全体を通じてほぼ共通と思われる。そこで本章では、「宿老」という固定的な組織が鎌倉時代に連続して存在したとは考えず、各将軍記ごとに、実態はともかく御家人社会で「重臣」と認識された御家人の集団が、それぞれ「宿老」と表現されたと考えておきたい。

では、最初に、頼朝期の八件の中で、「宿老」の具体的な顔ぶれが記されている六件について、以下に人名をあげて、初期幕府「宿老」の具体相を考察してみたい。[10] 人名の記載順は史料上の順序にしたがう。

治承四年（一一八〇）十一月四日条

千葉常胤　平広常　三浦義澄　土肥実平

文治二年（一一八六）十二月一日条

千葉常胤　小山朝政　三善康信　岡崎義実　足立遠元　安達盛長

文治三年九月九日条

三浦義澄　足立遠元

建久元年（一一九〇）十月三日条

千葉常胤

建久二年十二月一日条

三浦義澄

建久三年八月二十四日条

三浦義澄

以上のように、相模の三浦義澄、下総の千葉常胤を筆頭にして、大名と称されるような関東の錚々たる豪族領主たちの名が並んでいる。初出である治承四年十一月四日条の記事に見える「宿老」が、常陸の佐竹秀義を攻撃するための「群議」に参加したメンバーであったことからもわかるように、幕府初期の宿老は、まさに軍事的・経済的に将軍頼朝を支えた重臣と位置付けられるであろう。

ところで、建久五年八月十五日条によれば、放生会将軍参詣の際に一条高能が廻廊に参着している。この場合の高能の立場がどのようなものであるかは不明であるが、「宿老」というよりは将軍頼朝の親戚（高能は頼朝の甥）という立場によるものと思われる。

また、建久六年八月十五日条では、数人の御家人が「召しに依り」廻廊に参候している。彼らが「宿老」であるとの語句はどこにも見あたらないが、これまでに検出された頼朝期「宿老」と対比するため、以下に人名を列挙してみる。

山名義範　毛呂季光　千葉常胤　三浦義澄　小山朝政　八田知家　比企能員　足立遠元

右の顔ぶれのうち、千葉・三浦・小山・足立はすでに「宿老」として検出されており、八田・比企についても豪族領主として「宿老」に加わるに不足はないと思われる。だが、山名・毛呂については大豪族とはいいがたいものがあり、この顔ぶれ全体を「宿老」と見ることはできないように思う。よって、一条高能の例も合わせて、この時期における放生会廻廊参候者と「宿老」とは一応無関係と考えておきたい。

初期宿老の顔ぶれの中に、北条時政の名が全く見えていないことにも注意をはらっておく必要があろう。北条時政は、将軍頼朝の舅であるにもかかわらず、幕府内の地位は決して高くなく、「宿老」の一員としては認められていなかったのである。このことは、そもそも北条氏が、伊豆の在庁官人出身とはいうものの、三浦・千葉のごとき東国豪族領主層とは相当異なった族的規模および族的性格を持っていた、という佐藤進一氏の指摘[(11)]に全く合致する。

続いて、執権政治期の「宿老」の状況を見るため、頼経期十一件のうち、具体的人名のあがっている七件について、同様に列挙してみることにする。〔　〕内は当時の役職である。

承久三年（一二二一）五月二十一日条
　三善康信
承久三年五月二十三日条
　北条義時　大江広元　中原季時　三善康信　二階堂行村　葛西清重　八田知家　二階堂行盛　加藤景廉　小山朝政　宇都宮頼綱　二階堂基行　三善康清　大井実高　中條家長
貞応三年（一二二四）閏七月一日条
　葛西清重　中條家長　小山朝政　結城朝光
貞応三年十月一日条
　三浦義村　小山朝政　中條家長
寛喜三年（一二三一）九月二十三日条
　三浦義村　武藤資頼
貞永元年（一二三二）十一月二十八日条
　中條家長〔評定衆〕　二階堂行盛〔評定衆、政所執事〕

嘉禎三年（一二三七）七月十九日条

三浦義村〔評定衆〕

頼経期の宿老は、三浦・小山・葛西・結城・八田等の東国豪族領主が中心を成しているが、そのほかに、大江広元・三善康信の両者を始め中原・二階堂といった法曹官僚系の人々もかなり見られることが特徴である。また、武蔵横山党の一族で必ずしも大豪族とはいえない中條家長の名が頻出している点も注目される。家長は八田知家の養子であり、嘉禄元年（一二二五）の評定衆設置時点から死去の嘉禎二年まで、長らく評定衆を務めている。概してこの時期の「宿老」は、執権政治を支える有能な実務者としての性格が濃いようである。中條家長のみならず、三浦義村、二階堂行盛も評定衆であり、二階堂行村、二階堂基行、結城朝光も評定衆を務めている。

実はこの時期についても、放生会に御家人が廻廊に参候した事例が、延応元年（一二三九）八月十五日条に見られる。ただ、この年は将軍参詣がなく連署北条時房が代理で奉幣を行なっている。参考のため、廻廊参候の人物を列挙してみよう。

後藤基綱　遠山景朝　若槻頼定　二階堂行義

右の顔ぶれは、すでに検出した頼経期「宿老」と全く重複するところがない。このメンバーが「宿老」であることを示す語句も全くなく、どのような性格を持つ者かは不明であるが、少なくとも彼らを「宿老」とは認めがたい。よって、頼朝期と同じくこの時期においても、放生会の廻廊参候者を「宿老」と位置付ける慣習は存在していなかったと考えてよいであろう。

いっぽう、執権政治を主導した北条氏は、頼朝期と同様にほとんどその名が見られないが、承久三年五月二十三日条（承久の乱の際に上洛軍に加わらず鎌倉に残った「宿老」の顔ぶれである）の筆頭に北条義時の名があることから、「宿老」の一員に成り上がったとも見なしうる。

しかしながら、実際には、実朝暗殺後の北条政子執政や執権制の成立などを経て、北条氏は「宿老」たちの頭上を一気に飛び越えて、宿老の一段上に位置する権力を手中に収めるようになっていたのではないかと思われる。つまり、北条氏は「宿老」の中心メンバーではなく、あくまでも「宿老」とは一線を画すような立場で勢力を伸張していったと思われるのである。

たとえば、貞応三年閏七月一日条は、伊賀光宗反乱事件に関わる記事であるが、政子が頼経を伴って北条泰時邸に移り、まず三浦義村を呼び寄せて協力を取り付けた後に、他の「宿老」を招集して同じく協力を要請している。ここでは、北条氏は頼経の後見という立場にあり、宿老の一歩外側にいる。

また、同じく貞応三年十月一日条では、北条泰時が宿老を自邸に招き盃酒を勧めており、執権として宿老衆の掌握に務めている様子がうかがわれる。さらに、嘉禎三年七月十九日条では、執権北条泰時の嫡男時頼の流鏑馬稽古のために、「宿老」が参集しており、家格の面はともかくとして、実質的な政治権力の面では執権北条氏が宿老衆よりも優位に立ちつつあることは明らかであろう。

二　宗尊期「宿老」の検出

さて、いよいよ宗尊期「宿老」を検出する作業に取りかかりたい。

先に述べたように、建長五年（一二五三）七月八日条では「宿老之可然者」が放生会の際に八幡宮廻廊に参候させることが記されている。このような記事が記されたのは、おそらくはこの年以降に「宿老」と目される人物の廻廊参候が恒例化したからであろう。

実は、前節で掲げた建長五年七月八日条のほかに、宗尊期の放生会の記事で、廻廊参候の人物が「宿老」であると明記したものはない。しかし、供奉人が「当時出仕衆」という限定された御家人集団の中から選定され、供奉人勤仕が一種の家格の裏付けとなったということを勘案すると[12]、少なくとも宗尊期の廻廊参候の人物が「宿老」と呼ばれる集団の中から選定されたことは間違いない。

よって、『吾妻鏡』宗尊将軍記の放生会関連記事から、廻廊参候の人物を検出することにより、「宿老」の主要な顔ぶれを知ることができる。ただし、宗尊将軍任期十五年間のうち建長七年、正元元年（一二五九）、弘長二年（一二六二）、文永元年（一二六四）の四年は、そもそも『吾妻鏡』の記事が欠けている。さらに、建長四年、文永二年、文永三年の三年分については、放生会の際に廻廊に参候した宿老の記載がない。そこで、残りの八年分について、放生会の記事から検出される宿老の名を列挙してみたい。すでに永井晋によって、当該期六年分の廻廊参候者の一覧表が作成されているが[13]、より詳細に検討を加えるため、あらためて年ごとの人名を挙げていくことにする。人名の記載順は史料上の順にしたがい、（　）内は史料上の表記、〔　〕内は当時の役職等を示す。また、＊以下の文により適宜注記を加えている。

建長五年八月十五日条

北条重時（奥州）〔連署〕

北条時頼（相州）〔執権〕

狩野為佐（前大宰少弐為佐）

後藤基綱（佐渡前司基綱）〔引付衆〕

結城朝広（前大蔵少輔朝広）
内藤盛時（内藤肥後前司盛時）
藤原親光（安芸前司親光）
北条政村（前右馬権頭）〔評定衆、一番引付頭人〕
北条朝直（武蔵守朝直）〔評定衆、二番引付頭人〕
二階堂行義（出羽前司行義）〔評定衆〕

＊政村以下の三人は、「召に応じて」急遽参加したものである。

建長六年七月十四日条

町野康持（備後前司）〔引付衆〕

＊この年、八月十五日条には廻廊に参じた宿老の記載がなく、七月十四日条に「可参廻廊之人々」を催したところ、備後前司が故障を申したとの記事がある。よって、康持が「宿老」として参候の催促をうけたことだけが判明するのであって、実際には康持は当日欠席した可能性が高い。

康元元年（一二五六）八月十五日条

北条政村（陸奥守）〔連署〕
若槻頼定（伊豆前司頼定）
狩野為佐（前大宰少弐為佐）〔引付衆〕
二階堂行義（出羽前司行義）〔評定衆〕
（刑部大輔入道成猷）

二階堂行久（常陸入道行日）〔評定衆〕

＊刑部大輔入道については不明である。

正嘉元年（一二五七）八月十五日条

北条政村（相模守政村）〔連署〕

北条長時（武蔵守長時）〔執権〕

北条朝直（武蔵前司朝直）〔評定衆、一番引付頭人〕

中原親員（大隅前司親員）

狩野為佐（前大宰少弐為佐）〔引付衆〕

町野康持（備後前司康持）〔引付衆〕

梶原景俊（梶原上野前司景俊）

正嘉二年八月十五日条

北条政村（相州）〔連署〕

北条長時（武州）〔執権〕

北条朝直（武蔵前司朝直）〔評定衆、一番引付頭人〕

中原親員（大隅前司親員）

大江能行（江石見前司能行）

梶原景俊（上野前司宗俊）

＊上野前司宗俊は、景俊の誤記であろう。

文応元年（一二六〇）八月十五日条
北条長時（武州）〔執権〕
　北条義政（左近大夫将監義政）
　　北条宗政（相模四郎）
二階堂行方（和泉前司行方）〔評定衆、四番引付頭人、御所奉行〕(14)
武藤景頼（大宰権少弐景頼）〔評定衆、御所奉行〕
後藤基政（壱岐前司基政）〔引付衆〕
中原師連（縫殿頭師連）〔引付衆〕
大曽根長泰（上総前司長泰）〔引付衆〕
＊この年、将軍病気のため、長時が代理として参詣した。なお、『関東評定衆伝』では「長時朝臣為御代官。舎弟義政并相模四郎宗政供奉。行方、景頼、基政、師連、長泰参廻廊。」とされており、義政・宗政は供奉を勤めたのみで、宿老として参候していたわけではないとも考えられる。『吾妻鏡』でも「武州為御使、被神拝。舎弟左近大夫将監義政并相模四郎、和泉前司行方（中略）参廻廊。」となっており、相模四郎のあとの「供奉」が脱漏した可能性もある。
弘長元年八月十五日条
北条政村（相模守政村朝臣）〔連署〕
北条長時（武蔵守長時）〔執権〕
北条朝直（武蔵前司朝直）〔評定衆、一番引付頭人〕
弘長三年八月十五日条

北条政村〔相州〕〔連署〕
北条長時〔武州〕〔執権〕
北条時宗〔左典厩〕〔小侍所別当〕
　＊時宗は翌年に連署となる。

ところで、前節で触れたように、『吾妻鏡』宗尊将軍記の中で、「宿老」という語句そのものが記されている事例は、わずかに二件である。そのうちの一件は、これまでも何度か取り上げている建長五年七月八日条で、放生会の際に「宿老」を廻廊にあらかじめ参候させる、という記事である。

もう一件は、建長六年十二月十二日条である。記事の内容は、御所で評定が行なわれた後、北条時頼〔相州〕を将軍御前に召して酒宴があり、「御一門若輩」と「宿老」がその座に加わった、というものである。たまたまこの年は、放生会における宿老参候の記事を欠いているため、参考までに「宿老」として名のあがっている人物を、いままで同様に列挙してみる。

後藤基綱〔佐渡前司基綱〕　二階堂行方〔和泉前司行方〕　狩野為佐〔前大宰少弐為佐〕

いずれも放生会における「宿老」として検出されている人物であり、宗尊期においては、放生会の廻廊参候の人物が、日常的にも「宿老」として遇されていたことをあらためて証明しているといえよう。

三　宗尊期「宿老」の性格

頼朝期の宿老は、旗揚げ以来将軍頼朝を支えてきた東国の豪族領主たち、頼経期の宿老は、豪族領主もしくは評定衆として組織されるような、北条氏主導の執権政治を支えた官僚・御家人たちであった。では、宗尊期の「宿老」の性格はどのように規定することができるであろうか。永井晋は、廻廊参候は「五位以上の位階を持つ宿老級の幕府高官・御家人が勤めた巡役」であると的確に指摘しているが[15]、政治的立場も加味して、先に検出した人名をもとに、より詳細に特徴を探ることにしたい。

第一に指摘できることは、執権・連署がほぼ一貫して登場することである。おそらく記録の残らない年においても、執権・連署の宿老としての参加が不可欠であったのではなかろうか。

なお、康元元年（一二五六）に執権時頼の名がないのは、少々不審であるが、同年七月十七日条で時頼が内々出家の意志を漏らしていることに関係するのではなかろうか。結局、同年十一月二十三日に彼は出家を遂げ、執権職を長時に譲っている。時頼が欠席したこの年に関しても、連署政村が「宿老」として参候しているのであり、執権・連署の恒常的参加という事実は揺らがない。

執権・連署が「宿老」の恒常的メンバーとなっているということは、初期幕府においては「宿老」とは認められていなかった北条氏が、執権・連署という役職を通じて「宿老」の筆頭という位置付けを獲得したともいえよう。文応元年（一二六〇）には将軍の代理として執権長時が参詣し、その許に他の宿老が参候するというかたちになっており、宿老筆頭としての執権の姿が浮かび上がってくるような光景である。

第二の特徴は、前代の頼経期に将軍の近臣であった人物とその子孫、および当代将軍宗尊の近臣が多く含まれている、ということである。

青山幹哉は、『吾妻鏡』に見える頼経近習結番リスト四種を分析し、登場回数の多い人物を一覧表にしている[16]。この表に名が見え、かつ宗尊期「宿老」として名を連ねている人物には、狩野為佐[17]、大江能行、後藤基綱・基政父子、結城朝広、武藤景頼、二階堂行方が該当する。また、宿老の藤原親光は、頼経近臣藤原親実の子である。さらに、武藤景頼・二階堂行方は、ともに宗尊期の御所奉行を務めている。後藤基政も、青山作成の宗尊近習一覧表（七種の近習結番リストにおいて登場回数が多い者の一覧）に名が見えており[18]、宗尊近臣と目される。

中原師連は中原師員の子であるが、師員は近習リストには名が見えないものの、青山によって頼経期における将軍の「蔵人頭」的存在と指摘されている人物の一人である[19]。師員自身も、弘長三年（一二六三）以降二階堂行方に替わって御所奉行を務めており[20]、将軍近臣的性格を持っていた。

もう一人の中原姓の宿老である中原親員は、系譜がよくわからない人物である。ただし、中原師員の子孫が後に家名とする「摂津」を名乗ったり（正嘉二年正月一日条など）、「員」の字を実名の一部に持ったりすることなどから、あるいは師連と同様に師員の子ではないかと思われる。

このように、かつて将軍近臣であった、もしくは現在将軍の近臣であるような人物が多く含まれていることは、「宿老」が将軍を支える重臣であるということをアピールするのに役立っていると思われる。宗尊親王期が、執権勢力と将軍勢力の衝突である寛元・宝治・建長の政変を経た後に開始されたことを考えると、執権北条氏側が将軍近臣を懐柔するための一種の妥協人事とも考え得る。

ただし、かつて頼経近臣であって宗尊期に「宿老」に列している者の大半は、現任将軍宗尊の近臣ではないのであり、武藤景頼も「得宗側に立った御所奉行であった」と評価されている[21]。加えて、将軍権力と対抗関係にあった執権・連署（北条氏）が「宿老」の筆頭と考えられること、「宿老」のメンバーが評定衆・引付衆とイコールではなく宗尊近習の一覧表ともほとんど重複しないこと、などからもわかるように、「宿老」の地位はかなり形式的なものであり、現実に将軍権力を支える勢力とはいえないであろう。

むしろ、北条氏が執権・連署という役職を梃子に、みずからを将軍重臣の筆頭と位置付けるために「宿老」を組織しているのではなかろうか。頼朝期「宿老」の中核であった東国豪族領主がほとんど見られず、二階堂・中原といった法曹官僚系の氏族が目立つようになっていることも、宗尊期「宿老」が政治的影響力とは遊離した名目的「重臣」であることを示唆していよう。

右の推測を裏付けるのが第三の特徴で、いったん名越光時の乱で失脚しその後復帰した者が三名も含まれていることである。

寛元四年（一二四六）に時頼を排除しようと起こされた名越光時の乱に連座して、当時評定衆であった後藤基綱・狩野為佐・町野康持は失脚している。ところが、いずれも宗尊の将軍就任とともに引付衆として復帰、「宿老」として遇されている。村井章介が指摘するように、彼ら三人が光時の乱に続く宝治合戦において三浦方に与同せず時頼側についたことは、その後の復活によって明らかである(22)。

彼らは時頼に服従することで引付衆として復活を果たすのであるが、ついに評定衆には復帰できず、その政治力は大きく減退しており、北条氏の意をうかがう立場に転落している。北条氏は、彼らを名誉職的な「宿老」に列することでわずかな恩を売って懐柔し、頼経近臣であった基綱・為佐の存在によって、「宿老」に将軍重臣という意味合いを持たせたのであろう。

第四の特徴は、政治的には全く無力であるが名門の家柄出身の者が見られる、ということである。

その一人は、若槻頼定である。彼はほとんど無名の人物であるが、源義家七男義隆の孫にあたり、清和源氏庶流ということになる。いわば、頼朝の遠縁にあたるわけで、彼が「宿老」に加えられているのは、幕府にとって珍重すべき家柄であること以外には理由が見あたらない。

いま一人は、梶原景俊である。彼は、初期幕府を支えた重臣でありながら頼朝の死後追討された梶原景時の子孫である。梶原氏はまったく衰退してはいたが、頼朝に重用された景時の子孫という家柄は、幕府草創期の記憶につながる家として尊重はされていたと思われる。

政治的影響力を持たない弱小氏族ではあるが、かつての名門として著名な家柄の者、あたかも江戸幕府の高家を連想させるような人々が、「宿老」とされていることは、「宿老」が政治的影響力から遊離した形式的なもの、名誉職的なものであることの証拠となる。

以上の四つの特徴から、宗尊期「宿老」は、北条氏が中心となって組織された名誉職的な地位と考えられる。

おわりに

執権政治が確立し、さらに得宗専制へと移行し始めたのが、宗尊親王の将軍期であった。この時期に、北条氏を中心とした「宿老」という集団が組織されたことは、どのような意味を持つのであろうか。

頼経期に実際には宿老の上に立つ権力を掌握していた北条氏が、いよいよ形式面での整備に取りかかり、北条氏の家格を「宿老」の筆頭、すなわち幕府重臣の第一として位置付けようと図ったということであろう。宗尊期「宿老」は、「北条氏は将軍を支える幕府重臣たちの筆頭である」という一種の虚構を演出するための装置である、ともいえるのである。北条氏は、自らの家柄を荘厳するために、「宿老」という称号を利用し、放生会という晴れの場で表現してみせたのである。

「宿老」に将軍近臣的な経歴を持つ人物が含まれるという点で、「擬制将軍近臣」という性格が見られるのは、いまだ完全には消滅していない将軍勢力を懐柔する意図もあったからであろう。

したがって、北条氏の絶対的優位が名実ともに認知されれば、もはや「宿老」の存在は無意味である。宗尊期末期の弘長元年（一二六一）に至っては、「宿老」は執権・連署のほか北条一門から一名が加わるのみの構成となっている。「宿老」の存在意義が失われつつある証左であろう。

ついに弘長三年には、宿老の構成は、執権・連署、そして得宗時宗の三人となったのである。このとき、「宿老」時宗は、連署就任直前であり、弱冠十三歳であった。このことは、得宗が名実ともに幕府政治の中心にあるということと、将軍重臣としての「宿老」が完全に空洞と化したことを示している。やはり、得宗専制の時代は始まっているのである。

弘長三年八月十五日条によれば、この年の放生会に廻廊へ参候した「宿老」はすでに述べたように、執権・連署・得宗時宗の三名、そのほか北条一門若輩の北条業時・時輔・顕時が「御桟敷」に参じたとある。放生会の主役はいまや北条氏で、他の宿老の影も形も見えない。

八幡宮放生会の桟敷に注目した盛本昌広は、文永二年（一二六五）の放生会では倹約を理由に得宗時宗以外の桟敷が中止されたという事実から、「儀礼を見物する主体が将軍から得宗に移りつつあることを示している」と指摘する[23]。弘長三年以降、「宿老」を廻廊に参候させる慣習が続いたかどうかは定かではない。おそらく、放生会において将軍参詣を待ち受けて上宮廻廊に「宿老」が参候するという儀礼は弘長三年を最後にして途切れ、得宗以下の特権的立場にある人々（得宗専制を支える人々）が見物のための桟敷を構えるように変化したものと思われる。

一方、宗尊期「宿老」であった後藤基政、および「宿老」の子孫の面々、すなわち狩野為佐の子為成、町野康持の子政康、藤原親光の子親定、二階堂行久の子行清、といった人々は、やがて六波羅評定衆として姿を現すことになる[24]。

宿老の子孫は、鎌倉から京都へと遠ざけられたのであった。狩野為佐ら復活組も、「宿老」の肩書きを必要としなくなった得宗にとっては、もはや用済みの存在であったのである。

宗尊期に続く得宗専制期幕府について、得宗被官を含めた家格秩序を分析した細川重男の研究によれば、最上層の「寄合衆家」とその下の「評定衆家・執事補佐家」を上層部とする家格秩序が、役職を基準として形成されていたという。[25]そして、元亨三年（一三二三）の『北条貞時十三年忌供養記』によって、当時「宿老」と呼ばれていたのは寄合衆家の人々にほかならなかったことを明らかにしている。[26]

宗尊期「宿老」の氏族のうち、細川が検出した寄合衆家十八家[27]に加わっているのは、北条氏を除外すると、わずかに摂津氏（中原師連子孫）・二階堂氏行有系（二階堂行義子孫）のみである。

以上より、宗尊期「宿老」と得宗専制期「宿老」がまったく別のものであることは、明白である。宗尊期「宿老」は、役職を基準とした家格ではなく、きわめて基準のあいまいな、不安定な名誉職的家格であった。その中で、執権・連署（北条氏）のみが一貫してその家格を維持していたのである。

宗尊期「宿老」は、執権政治から得宗専制への移行の過程で北条氏に利用され、やがてその存在意義を失って消滅していったのである。

注

（1）佐藤進一「鎌倉幕府政治の専制化について」（『日本中世史論集』岩波書店、一九九〇年。初出は一九五五年）。
（2）同右。
（3）細川重男『弘安新御式目』と得宗専制の成立」（『鎌倉政権得宗専制論』吉川弘文館、二〇〇〇年。初出一九九三年）。
（4）村井章介「執権政治の変質」（『中世の国家と在地社会』校倉書房、二〇〇五年。初出一九八四年）。なお、寛元四年（一二四六）の名越光時の乱、宝治元年（一二四七）の宝治合戦、建長三年（一二五一）の了行法師陰謀事件を、「将軍勢力と執権勢力の対立および後者による前者による継起的な撃破」という共通性から「寛元・宝治・建長の政変」と呼ぶことが、同論文において提唱されている。

（5）石田祐一「放生会と弓始の記事について」（『中世の窓』八号、一九六一年）。

（6）同右。

（7）五味文彦「『吾妻鏡』の構想」（『増補吾妻鏡の方法—事実と神話にみる中世—』吉川弘文館、二〇〇〇年。初出一九八九年）。

（8）永井晋「『吾妻鏡』にみえる鶴岡八幡宮放生会」（『神道宗教』一七二号、一九九八年）。

（9）将軍外出の供奉人については、五味克夫「鎌倉幕府の番衆と供奉人について」（『鹿児島大学文科報告』七号、一九五八年）などを参照。

（10）以下、人名の比定にあたっては、御家人制研究会編『吾妻鏡人名索引』（吉川弘文館、一九七一年）、安田元久編『吾妻鏡人名総覧』（吉川弘文館、一九九八年）、福田豊彦監修『吾妻鏡・玉葉データベース（CD-ROM版）』（吉川弘文館、一九九九年）付属人名索引、等を参照した。また、役職については『関東評定衆伝』（『群書類従　補任部』）、注3細川著書所収「鎌倉政権上級職員表」等を参照した。

（11）佐藤進一「北条義時」（『日本歴史講座　第三巻』河出書房、一九五一年）、同注1論文。

（12）五味克夫注9論文。

（13）永井注8論文。

（14）御所奉行については、青山幹哉「鎌倉幕府将軍権力試論—将軍九条頼経〜宗尊親王期を中心として—」（『年報中世史研究』八号、一九八三年）を参照。同論文によれば、御所奉行制は宗尊親王期に確立（『吾妻鏡』における「御所奉行」の語の初見は文応元年）し、二階堂行方・武藤景頼がその任にあたり、他者を引き離して将軍に直に接していたのが彼ら二人であったという。

(15) 永井注8論文。
(16) 青山注14論文。
(17) 狩野為佐は少々気になる人物である。伊豆の豪族狩野介の一族であるが、一族中で評定衆を務めたのは彼のみであり、頼経期には将軍の内御厩別当を務めるなど近臣としての活動がめざましい(青山注14論文参照)。ちょうど頼経期にあたる安貞二年(一二二八)から嘉禎三年(一二三七)にかけて、為佐がなぜか摂津氏を名乗っていることと、何らかの関連があるようでもあるが、詳細は不明である。福田以久生「相模国狩野庄と狩野氏」(御家人制研究会編『御家人制の研究』吉川弘文館、一九八一年)参照。
(18) 青山注14論文。
(19) 同右。
(20) 五味文彦「『吾妻鏡』の構成と原史料」(五味注7書)。
(21) 青山注14論文。
(22) 村井注4論文。
(23) 盛本昌広「鎌倉幕府儀礼の展開」(『鎌倉』八五号、一九九七年)。
(24) 森幸夫「六波羅評定衆考」(『六波羅探題の研究』続群書類従完成会、二〇〇五年。初出一九九一年)。
(25) 細川注3書。
(26) 同右。
(27) 同右。

第五章　北条時村と嘉元の乱

はじめに

嘉元の乱とは、嘉元三年（一三〇五）に起きた鎌倉幕府の内紛である。侍所の頭人で得宗家の内管領でもあった北条宗方が、得宗貞時の命と称して連署北条時村を討ったものの、貞時によって討伐は誤りとされ、逆に宗方が誅されるという事件であった（1）。

この事件は、霜月騒動ほど著名ではないが、得宗政権の構造を象徴的に示すものと思われる。『保暦間記』は、宗方が執権の師時を滅ぼそうと企み、「時村其比仁体也ケレバ、先彼ヲ討テ、其後師時・煕時等ヲモ討ト」したように記している。すなわち、宗方と師時の対立が根本であり、時村はそれに巻き込まれたかのように説明されている。

しかしながら、嘉元の乱について綿密な分析を加えた細川重男は、乱の背景に得宗と北条氏庶家の対立を想定し、北条氏庶家の最長老であった時村を抹殺して庶家側をいっきに圧倒しようとしたものの、「これに失敗して、自己の責任回避のため、片腕ともたのむ宗方を切り捨てた」という大変興味深い見解を示している（2）。

たしかに、時村殺害を伝え聞いた公家の日記に「誅さる」とあり（3）、貞時の「下知」により宗方が討手となったとの記事もあることから（4）、得宗貞時が関与していたことは間違いない。ただし、細川が主張するように、貞時が時村殺害を主導したかどうかは定かではない。むしろ、宗方が貞時を説得して下知を出させ、率先して時村殺害を実行したものと考えたい。宗方の策略に乗ったものの反発が激しいことに驚いた貞時は、さっさと宗方を見捨てたのである。討手十一人の斬首と宗方の誅殺という結末は、宗方の甘言に乗せられたあげく信用を失った貞時の、冷たい怒りによるものではなかろうか。

貞時と時村という対立図式が成立するか否かについては見解を異にするが、細川が明らかにしたように、宗方の主たる攻撃目標は、やはり師時ではなく時村であったと思われる。そこで、本章では、北条時村という人物に着目し、なぜ彼が討たれねばならなかったかという視角から嘉元の乱を考察してみることにしたい。

一　時村の六波羅探題赴任

1　北条氏略系図

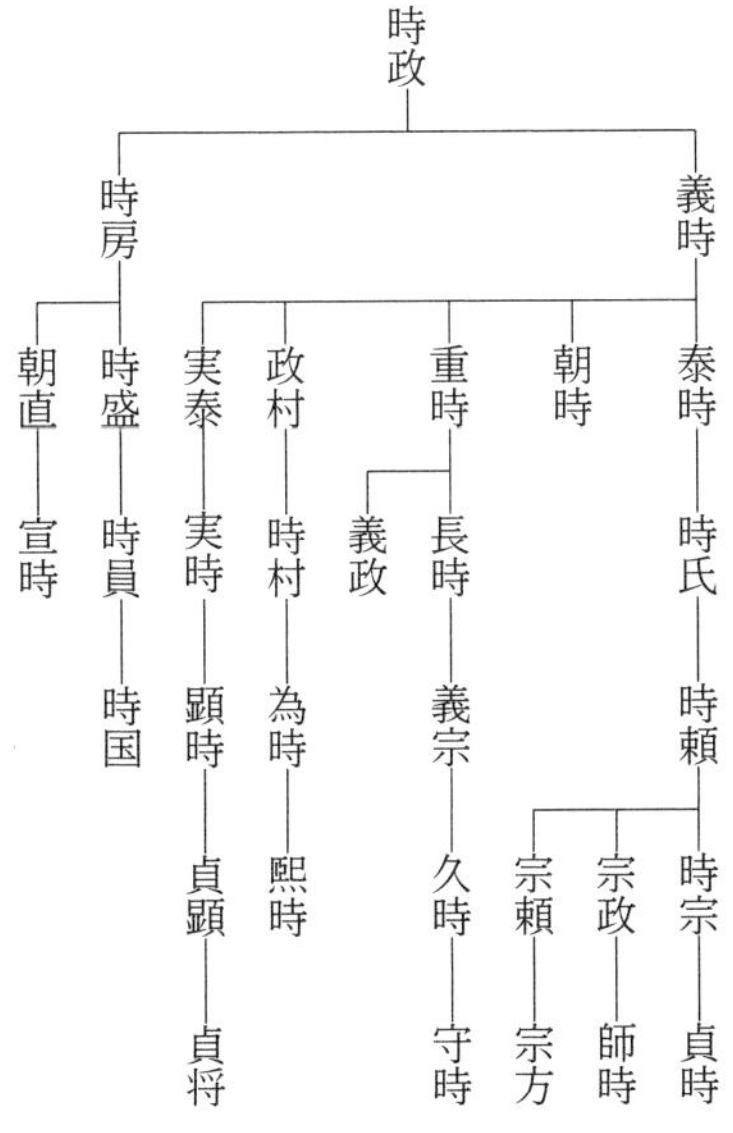

北条時村は、『尊卑分脈』によれば、嘉元三年（一三〇五）に六十四歳で死去しており、逆算すれば仁治三年（一二四二）の生まれということになる。父は、義時の子で執権も務めた政村である。母については、『尊卑分脈』には記載がないが、『北条系図』（『群書類従　系図部』）によれば三浦重澄女である。

文永六年（一二六九）、二十八歳で引付衆に任じられた時村は、執権政村の息ということもあってであろうか、翌文永七年には評定衆に加えられ、文永八年には陸奥守、父の没後の文永十年には二番引付の頭人を兼ねた。(5)

このように、順調に幕府の要職コースを歩んでいた時村であるが、建治三年（一二七七）になって、突然六波羅探題北方として京都へ赴くこととなる。(6)

幕府の要職を経た後に六波羅探題に任命される事例は、どちらかといえば例外的である。それでは、なぜこのタイミングで、時村は六波羅探題に任命されたのであろうか。

一つには、任務の重要さから、時村の能力と経験に幕府の期待が懸けられた、ということが考えられる。蒙古襲来への対応や、探題の組織整備のために、六波羅探題には有能な人材が必要とされていたことは事実であろう。時村上洛にさきがけて開かれた寄合において、「奥州（時村）被申、六波羅政務条々」が事細かに定められていることからも、(7)幕府がいかに六波羅探題の任務を重視していたかがうかがわれる。

この点については、すでに森茂暁の指摘がある。(8)森の表現をそのまま借りると、「時村の北方就任が幕府の多大な期待を担うものであったことは時村が評定衆・二番引付頭人を経歴した幕府要人であること、前執権北条政村の息であることによってもうかがわれるが、それまでの探題の多くが十〜二十歳代という若年だったにもかかわらず、時村が三十六歳の壮年であることにも明白」なのである。

また、六波羅探題の南方には北条時国が補任されていたのであるが、南北両探題のうちのリーダー的存在である執権探題はあくまでも時村であったことを、森幸夫の研究(9)により知ることができる。すなわち、時村は幕府（得宗政権）から、六波羅探題府を主導することを託されていたのである。

ところが、時村が六波羅に派遣された理由はもう一つ考えられるのである。それは、政治的な力をつけることを警戒されて政権の中枢から遠ざけられたため、ということである。いかに六波羅探題が重要なポストであるとはいえ、鎌倉から遠く離れては政治運営に直接タッチすることは難しい。

時村が得宗政権から警戒された理由は、父政村が、かつて義時死後に泰時を退けようとする陰謀にかつぎだされ、執権の座に据えられそうになった（伊賀氏の乱）ということもあろう。それにもまして考えられることは、五味文彦が推測するように、時村が安達泰盛と御内人の対立に巻き込まれたということである。五味によれば、まず建治二年に安達泰盛の弟時盛が突然出家し、建治三年四月には連署北条義政（姉妹が泰盛の妻）が出家して信濃へ籠もり、そして時村の六波羅探題赴任が決定し、「評定衆から泰盛派はつぎつぎに抜けていった」[10]ということになるのである。

一連の事件との関係から見て、時村が泰盛派と目されていた可能性は高いと思われる。加えて、時村と安達氏とは血縁的な関係があったのである。『尊卑分脈』によると、時村の姉妹が、泰盛の弟顕盛の妻となっており、二人の間に生まれた宗顕は、後に霜月騒動において泰盛とともに討死している。

それでは、時村の六波羅探題赴任の真の理由はいずれであったのか。それは、両方であったということになろう。時村が探題の困難な任務をこなすのに適任であったことは事実であろうし、なおかつ、得宗政権を支える御内人から見れば、政権中枢から遠ざけることもできる一石二鳥の人事であったろう。

さて、六波羅探題に着任した時村は、得宗政権の「期待」に応えて、不穏な動きを見せることもなく、ひたすらに探題の任務に邁進していったようである。

一例として、弘安四年（一二八一）十月の春日社神木入洛事件について見てみよう。この事件は、春日社領大住庄と石清水社領薪庄の相論に関して、春日社の神木が京都に入ろうとし、それを防ごうとした六波羅の武士と衝突したというものである。[11]その結果、乱暴を働いたとされる在京武士（御家人）を流罪に処すよう、幕府から六波羅へ指示が出されたのであるが、時村は「神木入洛を防ぐようにという勅を受けて在京武士に命じたのに、処罰などしたら、今後は在京武士に命令ができなくなる。探題の命令に従った結果、衝突を起こすことになったのであるから、在京武士に罪はない」と幕府に抗議し[12]、気骨のあるところを見せている。

こうした時村の個人的活躍もあって、時村の時期は六波羅探題府の制度発展史上の画期と評価されるのであるが、その具体的内容については森茂暁の詳細な研究[13]に譲りたい。

政務に励む一方で時村は、六波羅探題在任中に京都・奈良の寺社とも交流を持つようになっていた。弘安四年十月六日、時村の使者として叡禅法橋なる者が奈良西大寺の叡尊を訪れ、「春日社神木が一昨日入洛した。勅により阻止しようとしたのだが、神に対して畏れがないわけではない。どうであろうか」と述べて、意見を求めている[14]。叡尊がどのように答えたかは不明だが、時村が個人的な相談をもちかけるほど両者の関係は密になっていたのである。

遡れば、時村が上洛する以前の弘長二年（一二六二）に叡尊が鎌倉に下向した折に、時村が叡尊の許を訪ねている。しかし、このときは「不能対面」ということで、代わりに忍性が会見して斎戒を授けている[15]。したがって、両者の間に密接な交流が生じたのは、やはり六波羅探題に就任して以降のことであろう。

弘安六年には叡尊が六波羅に赴き、時村と対面している[16]。また、叡尊が復興した奈良法華寺では、鎌倉時代末期には叡尊を始めとする寺の関係者の忌日に仏事を行なっていたが、「毎年勤行亡者忌日」の一つとして四月二十三日の「左京権大夫時村等忌日」が挙げられている[17]。時村は、叡尊と交流を持つだけでなく、何らかの保護・援助も与えていたのであろう。それを裏付けるのが、『西大寺田園目録』（『西大寺叡尊伝記集成』所収）裏書に見える「百貫文六波羅殿武蔵守時村施入」という記述で、六波羅探題在任中の時村が西大寺に百貫文を寄付したことが知られる[18]。

この他にも、建治四年には、時村は被官の河原口二郎兵衛を使者として京都祇園社に馬を寄進している[19]。

さらに時村は、父政村には及ばないものの、歌人としても知られており、弘安元年成立の『続拾遺和歌集』以下、六種の勅撰和歌集に計十四首の和歌を採られている。[20]よって、明証はないものの、和歌を通じての交流も少なからずあったものと想像される。

以上のような交流を通じて、時村は在京中に人脈を広げていったものと推測される。時村のこのような側面は、安達泰盛が「京都の政界や文化人と昵近な教養人であったこと」[21]と相通じるところがあるという点は注目されよう。

概して、時村の六波羅探題北方としての勤務態度は、幕府の期待に十分応えるものであったといえる。

二　得宗政権と時村

時村は、六波羅探題在任中の弘安五年（一二八二）八月に、武蔵守に任じられた。[22]武蔵国は、元暦元年（一一八四）から鎌倉幕府滅亡まで一貫して将軍家知行国（関東御分国）であった。武蔵守の地位は、承久元年（一二一〇）の北条泰時補任以降は北条氏が独占し、特に文永年間からは国務は執権・得宗に相伝され、武蔵守は庶子家から出されるようになった。[23]
庶子家から武蔵守に任じられた者の顔触れを見てみると、極楽寺流（長時・義政・久時・守時・時村・煕時）、大仏流（朝直・宣時）、金沢流（貞顕・貞将）のように、得宗家に対して相対的に忠実といえる家から出されている。そして、執権・連署となって政権のために尽くした者も多い。
このようなことから、時村が武蔵守に補任されたということは、得宗政権からの信頼を獲得したことを示すといってよかろう。
そもそも、得宗政権、とりわけ御内人勢力から安達泰盛派と見なされて遠ざけられたと思われる時村であったが、

2　時村の花押の変化
左：弘安８年，右：弘安４年（東京大学史料編纂所編『花押かがみ　三』による）

鎌倉から物理的に遠く離れた六波羅で任務に没頭した結果、泰盛とも御内人とも適度な距離を置くことになったのであろう。派閥の争いから身を避け、組織としての「得宗政権」に忠実に働いたことから、御内人の警戒も解け、得宗個人の信頼も得たものと思われる。

ところで、時村は生涯に一度、花押の形状を劇的に変えている。すなわち、弘安四年五月まで見える前期の花押と、弘安八年七月以降に現れる後期の花押とが、全く形状の異なるものなのである（図2参照）。

前期の花押は、佐藤進一によれば北条時政の花押の系統をひくものであるが[24]、かなり奔放な形であり、五味文彦は「自己主張型の花押」と評している[25]。後期の花押は、一転しておとなしいものとなる。この後期の花押は、時村が得宗政権への忠誠を表すために、より無難な型に改めたものではなかろうか。とするならば、前期の型から後期の型への変化は、弘安五年の武蔵守補任が契機となったと考えられよう。

時村は以前に比して安達泰盛と距離を置くようになったと推測されるものの、泰盛本人が「得宗政権」を支える存在であったから、時村が得宗政権に忠誠を尽くす限り、両者の関係が完全に疎遠となってしまうことはなかったであろう。時村は、武蔵守に任じられるに先立って陸奥守を辞任しており[26]、後任の陸奥守には泰盛が任じられている。北条氏以外の者が陸奥守となるのは珍しいことであり、あるいは、この時に両者間で何らかのやりとりがあったとも想像される。

弘安七年四月、北条時宗が死去する。得宗の死去に際し、時村は鎌倉に向かって急ぎ出発したが、下向の途中で引き返す羽目となる。『勘仲記』は、「武家時村、自三河宿被追帰、今明有入洛云々」と伝えている[27]。

この件をもって、時村が謀反の嫌疑をかけられたとする見方もある。[28] しかし、六波羅探題南方の北条時国が、同年六月に「年来之悪行」によって関東に呼び戻されて誅されたことと、[29] 時村が得宗政権に忠実な立場を保っていたことを考え合わせるならば、別の解釈ができよう。つまり、時宗死後の政治的に不安定な時期に、野心を持つと思われる時国のみを京都に残しておくことを警戒した得宗政権が、時村を京都に帰して時国の動きを牽制させたのではなかろうか。時村は、失脚することもなく、同年八月には正五位下に昇進している。

鎌倉では、若年の得宗貞時が執権の座に就き、安達泰盛を中心に弘安の改革が推し進められていた。しかし、御内人の代表者たる平頼綱との対立から、弘安八年十一月には、泰盛とその与党が討たれるという事件（霜月騒動）が発生した。事件後、泰盛の縁者や泰盛派と見られた人々は失脚した。

かつては泰盛派であった可能性のある時村であるが、六波羅探題在任中にその政治的な旗色を鮮明にすることを控えるようになっており、霜月騒動の際にも泰盛のために行動することは全くなかった。泰盛とも御内人とも適度な距離を置いていたためであろうか、霜月騒動後も、時村の地位には何らの変化もなかったのである。

三　関東下向後の時村

たび重なる政争の渦に巻き込まれることなく、六波羅探題の職務を全うした時村は、弘安十年（一二八七）八月に関東へ下向した。[30] 鎌倉到着後の十二月には、大仏（北条）宣時が八月に連署となったことから生じた欠を補って、一番引付の頭人となっている。[31] 時村が京都から呼び戻されたのは、このためであったろう。

一般に引付頭人は、番数が若いほど上位である、とされている。[32] つまり、時村の一番頭人就任は、六波羅探題時代の得宗政権への忠誠度と職務経験の豊富さが評価されたものといえよう。また、引付頭人は評定衆から任じられるのが通例であるので、時村もおそらくは頭人就任と前後して評定衆に加えられたものと推測される。

続いて正応二年（一二八九）には、得宗の私的会議・寄合のメンバーに迎えられている[33]。これによって、時村は得宗貞時政権の名実ともに中枢に位置することになったわけである。

時村の一番引付頭人の地位は、永仁元年（一二九三）まで不動であったと見られるが[34]、この年の三月二十三日に奇妙な事件が起きている。

事件について『鎌倉年代記裏書』は、「伊東刑部左衛門尉祐頼、於時村朝臣宿若宮小路前、被殺害訖」と伝えている[35]。一方、『武家年代記裏書』の記事では、「伊東刑部左祐頼、被殺害了於武州時村之亭也」とされている[36]。また、当時鎌倉に居住していた醍醐寺の僧親玄の日記には、「今日伊藤刑部左衛門、於途中被打頸云々」と記されている[37]。それぞれ、記述に微妙な差はあるが、伊東祐頼という人物が時村の宿所周辺で殺害される、という事件があったことがわかる。

しかし、これらの記事からは、いったい誰が、何の目的で伊東祐頼を殺害したのかは判然とせず、時村自身が事件に関与したかどうかも不明である。

そこで、この事件の前後の出来事に目を向けてみると、約一ヵ月後の四月二十二日に平禅門の乱が起きていることが注目される。先の霜月騒動においてライバル安達泰盛を打倒した平頼綱であったが、その権力増大が危険視され、ついに得宗貞時の命によって、子息助宗とともに討たれたのである[38]。

平禅門の乱の後、金沢（北条）顕時・宇都宮景綱・長井宗秀等、霜月騒動で失脚した泰盛派の人々が復活していることは、夙に指摘されている[39]。また、いち早く貞時に投降した頼綱の息宗綱が、「宇津宮入道」に預けられていること[40]からも、平禅門の乱が泰盛派による頼綱に対する一種の復讐戦の様相を呈していたことは事実であろう。

ここで想起されることは、時村がかつては泰盛に近い立場にあったと考えられることである。六波羅に遠ざけられたことから泰盛派としての言動を控えて保身を果たした時村であったが、心中の奥深いところでは泰盛への共感を持ち続けていたのではなかろうか。

『親玄僧正日記』は、注目すべき事実を伝えている。平禅門の乱に際し、「打手武蔵七郎等」が頼綱邸に押し寄せたというのである。(41) 頼綱追討軍の中心となった「武蔵七郎」なる人物は実名が判明しないが、その名乗りからあるいは当時武蔵守であった時村の子息の一人ではないかと思われる。したがって、いまや得宗政権の中心人物となった時村が、得宗貞時の意を奉じるかたちをとりながら、泰盛派の復権をも期して平頼綱討伐を主導したとみることも可能である。

再び、伊東祐頼の殺害事件に立ち戻ってみよう。祐頼は伊豆伊東を本拠とし「祐」を通字とする御家人の一族であるが、(42) 彼の同族と思われる「伊東三郎左衛門」や「伊藤太郎左衛門尉」が霜月騒動において泰盛派として滅ぼされているのである。(43) このことから、祐頼本人もまた泰盛派であった、もしくは泰盛派と目されていたと考えられる。想像をたくましくするならば、時村邸において泰盛派を中心とした平頼綱打倒の密談がもたれ、何らかの意見の齟齬から祐頼が殺害されたのではなかろうか。

いずれにせよ、平禅門の乱の結果、権力は得宗貞時に集中し、引付の廃止と執奏の設置が断行された。そして、得宗の手足となる執奏には、金沢顕時を始め、復権した霜月騒動の失脚者が任命された。(44) 平禅門の乱とその前後の動きにおいて大きな役割を果たしたと思われる時村は、執奏の筆頭に名が挙げられている。この人事は、得宗の側近としての活躍を期待してのものであろう。

翌永仁二年には、早くも執奏は廃止され、引付が復活する。時村は一番引付の頭人に再び任じられ、正安二年（一三〇〇）まで引き続き在職したものと見られる。(45) また、永仁三年には寄合の構成員として時村の名が見え、(46) おそらくその前後も一貫して寄合衆であったと思われる。

時村は、正安三年には連署に就任し、(47) 得宗政権の支柱たることを幕府の職制の上でも強く印象付けている。一方、同年に二十三歳の若さで評定衆に列して以来、急速に地位を高めつつあったのが、北条宗方である。(48) 嘉元三年（一三〇五）の段階で、時村は連署、宗方は得宗家の内管領にして侍所頭人であり、両者は得宗政権を支える二本の柱であった。この両者がついに衝突したのが嘉元の乱である。

おわりに

霜月騒動は、得宗外戚安達泰盛と内管領平頼綱の対立が主因であったが、元来は泰盛も頼綱もともに得宗政権を支える存在であった。(49) 五味文彦によれば、得宗の支配すべき領域のうち、私的領域（御内）を代表したのが頼綱、公的領域（公方）を代表したのが泰盛であり、「霜月騒動は、その両者の政治的均衡が破綻したことからおきた事件にすぎない」(50) のである。

嘉元の乱もまた、得宗政権を支える二者の対立に起因する。時村の立場は泰盛に擬することができ、一方の宗方は頼綱に擬することができる。時村は得宗政権の支柱的存在であったために、政権内の主導権を一手に握ろうとした宗方に狙われたのであった。しかし、霜月騒動の時点に比して圧倒的に独裁の度を強めていた得宗貞時は、宗方の戦略が支持を得られないと知るや、容赦なく宗方を抹殺したのである。

嘉元の乱は、まさに霜月騒動の再現であったが、当事者がともに北条氏一門となっている点で、得宗専制体制の末路を示唆している。すなわち、得宗の専制が強化されるに伴って、その支持基盤は弱小化し、政争も一門内部のものとなっていくのである。結局、嘉元の乱は、霜月騒動の縮小再生産だったのである。

注

（1）嘉元の乱の詳細については、『国史大辞典』（吉川弘文館）「北条宗方の乱」の項（川添昭二執筆）、網野善彦『日本の歴史10 蒙古襲来』（小学館、一九七四年）、細川重男「嘉元の乱と北条貞時政権」（『鎌倉政権得宗専制論』吉川弘文館、二〇〇〇年。初出一九九一年）、菊池紳一「嘉元の乱に関する新史料について―嘉元三年雑記の紹介―」（北条氏研究会編『北条時宗の時代』八木書店、二〇〇八年）、森幸夫「九代連署　北条時村」（日本史史料研究会監修・細川重男編『鎌倉将軍・執権・連署列伝』吉川弘文館、二〇一五年）などを参照。

（2）細川注1論文。

（3）『実躬卿記』嘉元三年四月二十七日条。

（4）『春日若宮神主祐春記』嘉元三年四月二十八日条（東京大学史料編纂所架蔵写真帳『勧修寺旧蔵記録　一二四』所収）。

（5）『関東評定衆伝』。

（6）『尊卑分脈』など。

（7）『建治三年記』十二月十九日条。

（8）森茂暁「六波羅探題の『洛中警固』」（『鎌倉時代の朝幕関係』思文閣出版、一九九一年。初出一九八八年）。

（9）森幸夫「南北両六波羅探題の基礎的研究」（『六波羅探題の研究』続群書類従完成会、二〇〇五年。初出一九八七年）。

（10）五味文彦『大系日本の歴史5　鎌倉と京』（小学館、一九八八年）。

（11）『興福寺略年代記』（『続群書類従　雑部』）弘安四年の項、など。

（12）『勘仲記』弘安五年二月一日条。

（13）森注8論文。

（14）『金剛仏子叡尊感身学正記』（奈良国立文化財研究所編『西大寺叡尊伝記集成』）弘安四年十月六日条。

（15）『関東往還記』（平凡社『東洋文庫』）弘長二年七月二十一日条。同記によれば、時村の叡尊訪問に先がけて、父政村や政村正室・政村新妻（時村の母）らが叡尊から受戒しており、時村の叡尊訪問は両親らの勧めによるものと考えられる。また、興味深いことに、同記ではほとんどの幕府関係者の訪問が「参」と記されているのに対して、同日条では時村が「来臨」と記されている。後に時村と叡尊が懇意になった段階で、書き改められたものであろうか。
（16）『金剛仏子叡尊感身学正記』弘安六年十月八日条。
（17）『法華滅罪寺年中行事』。『大和古寺大観　五』（岩波書店、一九七八年）において、田中稔が紹介している。奥書によれば、元亨二年（一三二二）に記されたものである。
（18）『関東往還記』（平凡社『東洋文庫』）弘長二年七月二十一日条についての、細川涼一による注記によって指摘されている。
（19）『社家記録』（『増補史料大成　八坂神社記録』）建治四年三月二十日条。
（20）『新編国歌大観　一勅撰集』（角川書店、一九八三年）、名古屋和歌文学研究会編『勅撰集付新葉集作者索引』（和泉書院、一九八六年）による。
（21）村井章介「安達泰盛の政治的立場」（『中世の国家と在地社会』校倉書房、二〇〇五年。初出一九八八年）。
（22）『関東評定衆伝』建治三年の北条時村の項。
（23）菊池紳一「武蔵国における知行国支配と武士団の動向」（『埼玉県史研究』一一号、一九八三年）。
（24）佐藤進一『増補花押を読む』（平凡社、二〇〇〇年。初出一九八〇年）。
（25）五味注10書。
（26）『関東評定衆伝』。
（27）『勘仲記』弘安七年四月十七日条。
（28）網野注1書、五味注10書など。
（29）『武家年代記』建治元年の北条時国の項。

(30)『関東評定衆伝』、『尊卑分脈』など。
(31)佐藤進一「鎌倉幕府職員表復原の試み」(『鎌倉幕府訴訟制度の研究』岩波書店、一九九三年。初出一九八三〜八七年)。
(32)岡邦信「鎌倉幕府後期に於ける訴訟制度の一考察」(『法制史研究』三五号、一九八五年)。
(33)『鎌倉年代記』正安三年の北条時村の項。
(34)佐藤注31論文。
(35)『鎌倉年代記裏書』永仁元年三月二十三日条。
(36)『武家年代記裏書』永仁元年三月二十三日条。
(37)『親玄僧正日記』(東京大学史料編纂所架蔵写真帳)永仁元年三月二十三日条。
(38)『親玄僧正日記』永仁元年四月二十二日条、『武家年代記裏書』同日条など。
(39)佐藤進一注31書。
(40)『親玄僧正日記』永仁元年四月二十二日条。
(41)同右。
(42)『系図纂要』藤原氏四・伊東。
(43)『熊谷直之氏所蔵梵網戒本疏日珠抄紙背文書』安達泰盛乱聞書(『鎌倉遺文』二一—一五七三四、一五七三六)。石井進「霜月騒動おぼえがき」(『鎌倉武士の実像—合戦と暮しのおきて—』平凡社、二〇〇二年。初出一九七三年)参照。
(44)『鎌倉年代記』永仁元年条。
(45)佐藤注31論文。
(46)『永仁三年記』。
(47)『関東評定衆伝』など。
(48)細川注1論文。
(49)村井注21論文。

(50)　五味文彦「執事・執権・得宗―安堵と理非―」（『増補吾妻鏡の方法―事実と神話に見る中世―』吉川弘文館、二〇〇〇年。初出一九八八年）。

第六章　『親玄僧正日記』と得宗被官

はじめに

『親玄僧正日記』は、鎌倉末期の醍醐寺僧親玄の日記である。正応五年（一二九二）から永仁二年（一二九四）までの三年分が自筆原本のかたちで現存しており、京都市伏見区の真言宗醍醐派総本山醍醐寺に所蔵されている。室町期の醍醐寺座主満済の日記『満済准后日記』に混入するかたちで伝来していたが、岩橋小弥太によって親玄の日記であることが知られるようになった(1)。

原本の写真が東京大学史料編纂所に架蔵されている（架蔵番号六一七三―二八五）ほか、親玄僧正日記を読む会によって全文翻刻がなされている(2)。

『親玄僧正日記』は、一般に著名な日記とは言い難い。それは、現存している記事がわずか三年間のみということもあるであろうし、筆者の親玄がさほど有名な人物ではないということもあろう。しかしながら、伊藤一美氏(3)・石田浩子氏(4)らの研究によって、京・鎌倉を結ぶ存在として活躍した、関東真言の中心的人物としての親玄の事績が明らかとなってきている。そこで、まずは親玄の略年譜を掲げてみたい（表3参照）。

親玄は久我（源）通忠の子で（図4参照）、『問はずがたり』の作者後深草院二条は従姉妹にあたる。京都の醍醐寺に住し、覚洞院の親快より法流を伝授された。幕府将軍久明親王および得宗北条貞時の護持僧として、正応二年ごろ

3　親玄の略年譜

年	事項	典拠
建長元年（一二四九）	久我通忠息として誕生。	『密宗血脈鈔』 *1
文永九年（一二七二）	醍醐寺覚洞院の親快より受法。	『血脈類集記』 *2
建治二年（一二七六）	親快没。地蔵院管領をめぐり実勝と対立。	『密宗血脈鈔』
	（この間に鎌倉へ下向）	
正応二年（一二八九）	関東に滞在。 *3	
正応五年	日記の始め。鶴岡八幡宮別当頼助より受法。権僧正に任じられる。	『親玄僧正日記』
永仁元年（一二九三）	平禅門の乱に遭遇。	『親玄僧正日記』
永仁二年	日記の終わり。	
永仁六年	醍醐寺座主に任じられる。	『醍醐寺座主次第』 *4
正安元年（一二九九）	座主を辞す。	『醍醐寺座主次第』
	（この間に京都へ上洛）	
嘉元元年（一三〇三）	醍醐寺座主に再任。	『醍醐寺座主次第』
嘉元三年	座主を辞し、再び鎌倉へ下向。	『醍醐寺座主次第』
徳治元年（一三〇六）	東寺長者に加えられる。大僧正に昇任。	『東寺長者補任』 *5
徳治二年	東寺長者を辞す。	『東寺長者補任』
元亨元年（一三二一）	鎌倉永福寺別当在任。	『鶴岡八幡宮寺社務職次第』 *6
元亨二年	没。年七十四。	『常楽記』 *7

＊1　『続真言宗全書』所収。なお、『醍醐寺文書』第二五八函九八号『舎利法』の本奥書に「正応四年（一二九一）九月十一日、於関東若宮別当坊記之。（中略）法印親玄〈生年四十三〉」とあることから、逆算して、建長元年（一二四九）の生まれであることは確実である。

＊2　『真言宗全書』所収。

＊3　石田浩子「醍醐寺地蔵院親玄の関東下向—鎌倉幕府勤仕僧をめぐる一考察—」（『ヒストリア』一九〇号、二〇〇四年）によれば、『正嫡相承秘書』（東京大学史料編纂所架蔵影写本）所収の親玄夢想記に「正応二年十二月十七日夜、於関東雪下坊感夢想」とあることから、親

玄の関東下向は正応二年十二月以前、ということになる。

＊4　『醍醐寺文書』第一二六函一四号（東京大学史料編纂所架蔵写真帳）。

＊5　『群書類従　補任部』所収。

＊6　同右。

＊7　『群書類従　雑部』所収。『常楽記』は忌日を三月十六日とするが、『醍醐寺文書』第一一八函五号（醍醐寺過去帳）では三月十七日とする。なお、同史料については、高橋慎一朗「『醍醐寺過去帳』の分析」（科研報告書『東寺における寺院統括組織に関する史料の収集とその総合的研究』研究代表者高橋敏子、二〇〇五年）を参照。

には鎌倉へ下向したと思われる。(5) 幕府の推挙により鎌倉に留まったまま醍醐寺座主に任命され、のちに一旦上洛するが再び鎌倉へ下向している。

日記が残されているのは、ちょうど親玄の最初の鎌倉在住の時期で、しかも日記の中間地点にあたる正応六年（永仁元年）には「平禅門の乱」に遭遇している。

平禅門の乱とは、正応六年四月に、得宗被官の中心的存在であった平禅門（頼綱）および子息飯沼助宗らの一族が、謀反の疑いにより得宗北条貞時によって滅ぼされた事件である。

4　久我氏略系図

通親—通光—通忠—通基—通雄—長通
通親—証空
通忠—親玄
通忠—小坂禅尼
通光—雅忠—後深草院二条
通光—道朝

『醍醐寺座主次第』の親玄の項には、

正応六年飯沼判官謀反時、於関東修仏眼法、供僧廿人大法云々、

賞二ヶ所、

とあって、このときに親玄が得宗のために祈禱を行ない、その恩賞によって二ヵ所の所領を得たことをうかがわせる。

このように、親玄は、鎌倉にあって得宗（日記では「太守」と表され

ている）の周辺で活動をしていた人物である。よって、『吾妻鏡』のような幕府関係の基本史料が存在しないこの時代においては、幕府政治史を研究するための貴重な史料といえる。

そこで、本章では、『親玄僧正日記』に見える得宗被官の活動に関する記事に着目し、平禅門の乱の以前と以後の状況を比較し、北条貞時政権の性格の変化を明らかにしてみたい。

一　平頼綱一族

得宗被官平氏は、平家一門出身で治承・寿永の乱後に北条氏の庇護下に入った氏族である。得宗被官長崎氏も、同氏から後に分かれた流れである(6)。とりわけ、弘安八年（一二八五）の霜月騒動で安達泰盛が討伐されて以降、得宗被官平頼綱の一族が実権を掌握したことは、すでに先学の指摘するところである(7)。

頼綱と、その子息宗綱・（飯沼）助宗（図6参照）(8)について、日記の記事を年月日順に掲げてみよう（表5参照）。なお、記事中（　）内は、筆者注である（以下同じ）。

正応六年（一二九三）四月二十二日条が平禅門の乱の記事であり、それより以前の記事を見てみると、頼綱を始め宗綱、助宗の活動が知られる。

正応五年二月二十七日条では備州等のこと、同年五月二十日条では佐伯庄（同年十一月十一日条に「佐伯庄等事、問答了」と見える）のことで各々申状を助宗に提出しており、助宗が所領の訴訟に関与していることがわかる。

正応五年閏六月には、「仲寛」なる人物が再三にわたり頼綱を訪ねて、書状を渡そうとしている。仲寛は京都より使者として下向してきた人物と思われ（同月二十二日条）、訴訟の申状を持ち込んできたものと推測される。同年十一月二十五日条では、「七条僧正」道朝の書状が宗綱のもとに届けられているが、道朝は親玄と同じく醍醐寺僧で、かつ久我氏の出であった（図4参照）。よって、親玄の仲介により何らかの訴状が届けられた可能性が高い。

また、正応六年一月十二日条によれば、得宗貞時の鶴岡八幡宮参詣に頼綱が付き添っていたようであり、頼綱の得宗側近としての姿が表れている。

しかしながら、そのわずか数ヵ月後には、乱によって頼綱・助宗は敗死、宗綱は佐渡へ流されることになる。

5　平頼綱と宗綱・助宗の活動

年月日	『親玄僧正日記』の記事
正応五・二・二七	今日備州等事、申状付飯沼（助宗）了、
正応五・三・三〇	今日自佐々目力者一人進発上洛了、飯沼（助宗）同進発云々、
正応五・五・二〇	佐伯申状付飯沼（助宗）了、但不対面、伯耆房請取云々、
正応五・閏六・二四	仲、向禅門（頼綱）宿所、依物忌不及問答云々、
正応五・閏六・二五	仲寛、雖向禅門（頼綱）宿所、不請取状、
正応五・閏六・二六	仲寛、向禅門（頼綱）宿所、付書状了、
正応五・一一・二五	七条僧正（道朝）、平左衛門尉（宗綱）之許へ遣状、使者向云々、
正応六・一・一二	相州（貞時）社参歟、禅門（頼綱）又参了、
正応六・四・一〇	今夕僧正（頼助）、被向禅門（頼綱）之許了、無対面、指合云々、
正応六・四・二二	殿中以外騒動、可被打平禅門（頼綱）之故也、（略）合戦以前平左衛門宗綱参云々、（略）果然（頼綱）并飯沼左野左衛門入道（助宗）於一所自害之由風聞了、
正応六・六・一四	飯沼（助宗）縁者召取之由有其聞、
永仁二・四・二一	今日可来之由太守（貞時）被示了、（略）所願之旨趣、平入道（頼綱）等一廻相当之間可訪、但非追善之儀云々、

6　平氏・長崎氏略系図

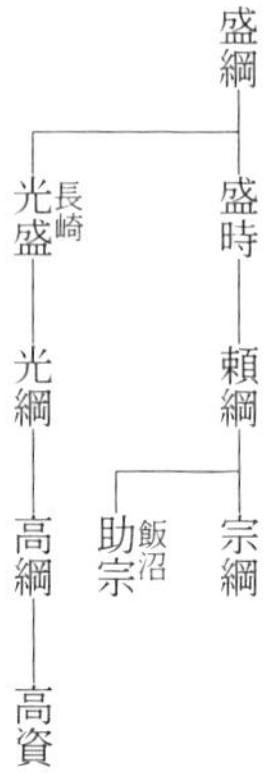

一方、乱以後の記事は当然のことながらほとんどなく、乱の余波で助宗の縁者が捕らわれた記事（正応六年六月十四日条）を除けば、わずかに一例である。それは、平禅門の乱のちょうど一年後の記事（永仁二年四月二十一日条）であり、貞時より親玄に対して頼綱等の「一廻」にあたり祈禱を依頼するものである。興味深いのは、「但し追善の儀に非ずと云々」とあることで、決して平氏一族の名誉が回復されたのではないようであり、むしろ彼らの祟りを恐れての祈禱ではないかと思われる。

二　長崎氏一族

平禅門の乱後、平頼綱一族に替わって得宗被官の中心的存在となったのが、長崎高綱以下の長崎氏である（系図6参照）。以下、乱の前から時間を逐って関連の記事をすべてあげてみよう（表7）。

平禅門の乱以前の記事はわずかに三例である。しかも、親玄は最初の記事（正応五年九月十三日条）では「長崎木工」を「長崎ムク」、「南条」を「何条」と記しており、当初はあまりなじみのない人物であったようで、よくわからないままに記しているのが微笑ましい。

乱後には、急激に長崎氏の関連記事が増えている（十三例）。ただし、記事に登場しているのは、ほとんどが「長崎木工左衛門」という人物である。

この人物が長崎氏嫡流の光綱・高綱のいずれでもないことは、永仁二年（一二九四）四月二十三日条で「長崎木工左衛門」と「長崎左衛門父子」が書き分けられていることより察せられる。得宗被官交名として知られる徳治二年

7　長崎氏の活動

年月日	『親玄僧正日記』の記事
正応五・九・一三	自太守使者有之、（略）於殿中北斗護摩七ヶ日可勤修云々、使者長崎ムク（木工）左衛門尉・何条（南条）二郎左衛門尉両人也、
正応五・九・二〇	今日北斗護摩結願了、（略）巻数ハ長崎木工左衛門尉付之了、
正応五・一一・二〇	自今日孔雀経護摩始行之、山内禅尼祈也、奉行長崎木工左衛門尉、
	（平禅門の乱）
永仁元・八・六	申刻天陰他方大風吹歟、怖畏無極之由、以長崎木工左衛門尉、殊可祈念之由、被示送、
永仁元・九・六	六字護摩自同日始之、仍今日同又結願了、（略）奉行長崎木工左衛門尉也、
永仁元・一二・一〇	長崎来云、何事為祈禱可宜哉云々、
永仁二・二・一六	長崎新左衛門（高綱）為使者入来、大方使節也、仁王経護摩七ヶ日於社頭可勤仕云々、
永仁二・三・二三	長崎木工左衛門尉、為使者入来了、鴨一双或屋ノ上宿云々、
永仁二・三・二四	木工左衛門、為日色事被示了、
永仁二・三・二五	木工左衛門尉、為使者入来了、日色立直体也、
永仁二・四・一九	太守（貞時）対面了、木工左衛門数剋対面、
永仁二・四・二三	今日播磨局着帯、加持愚身又勤之、（略）向西南方可勤之由、長崎木工左衛門示之、（略）長崎左衛門父子（光綱・高綱）并前兵庫頭已下済々成群、
永仁二・六・一三	木工左衛門、丹三郎為使者入来了、
永仁二・六・一八	開眼布施砂金十両銀剣一腰、木工左衛門并丹三郎随身之、
永仁二・一〇・一七	木工左衛門、宗耀等入来了、
永仁二・一〇・二一	播磨局産平安、（略）奉行木工左衛門可参向之由示送、仍馳向了、

（一三〇七）五月日相模円覚寺毎月四日大斎番文（『円覚寺文書』）[9]でも、「長崎左衛門」（高綱）と同じ一番に「長崎木工左衛門尉」が結番されており、高綱と別の得宗被官であることが明らかである。

この長崎木工左衛門なる人物は、系譜上の位置付けはもちろん、実名すら明らかではない。したがって、長崎氏の傍流の人物であろう。しかしながら、年未詳三月十五日長崎光綱書状（東京大学史料編纂所架蔵影写本『大慈寺文書』）は、肥後守護たる得宗の意を奉じたもので、宛所となっている「長崎木工左衛門尉」は、守護代と考えられる。また、永仁二年四月十九日条では、親玄が貞時に面会したついでに木工左衛門に対面しており、得宗に近侍している様子がうかがわれる。よって、得宗被官として、ある程度の活躍をしていた人物と考えてよいであろう。

次に、高綱・光綱を含めた長崎氏全体について記事の内容を見てみると、得宗貞時や、山内禅尼（貞時母）・大方（貞時室）・播磨局（貞時妾）らのための祈禱関連の使者を務めたり、祈禱そのものの奉行として登場したりする例がほとんどである。他方、訴訟関係の記事は皆無である。

以上のことから、乱前の平頼綱一族と比較すると、乱後の長崎氏一族は、同じく得宗被官の中心にあるとはいえ、政権内の地位は相対的に低下しているように思われる。

三　矢野倫景

貞時政権の性格を探るという観点から、日記の中で特に注目されるのが、矢野倫景という人物である。彼は、平氏・長崎氏のような得宗被官の中心的存在ではないが、乱の前後を通じて記事が多い。

そもそも矢野氏は、太田氏・町野氏と同じく三善康信の子孫で、代々評定衆を務める法曹官僚の家である。倫景自身も、永仁三年（一二九五）に評定衆の地位にあったことが知られている。[10] 倫景は、活動時期等から考えて、倫経の子ではないかと思われる[11]（図8参照）。

日記の時期には彼は豊後権守を名乗り、寺社奉行の任にあった。[12] したがって、父祖以来の法曹官僚として活躍していたといえる。では、関連の記事を年月日順に列挙してみよう（表9）。

まず目に付くのは、寺社の訴訟に関与している記事で、正応五年（一二九二）三月二十六日条では親玄が申状を提出している。おそらく、同四月十五日条にみえる「備州事」に関わることで、親玄の所領すなわち醍醐寺の所領についての訴訟ではないかと想像される。永仁二年七月二十日条では、「六条若宮」の闕所の事書が倫景に提出されている。六条若宮は、左女牛若宮もしくは六条八幡とも呼ばれ、京都における源氏の鎮守として頼朝以来幕府の崇敬する社で、代々醍醐寺僧が別当を務めていたが[13]、当時まさに別当職を巡って相論が出来していたのであった。

右のような記事は、倫景の寺社奉行という役職を考慮すれば当然の内容といえよう。しかしながら、倫景は寺社以外の訴訟にも関与していたようである。

たとえば、正応五年十二月八日条では「文箱」を受け取っているが、これは親玄の甥にあたる久我通雄（系図4参照）の文箱であった（同七日条）。同九日条では「国安」なる者が倫景を訪れているが、彼は同じく久我家の雑色であった（同四日条）。京都より幕府法曹官僚の倫景を頼るとすれば、やはり所領関係の訴訟が絡んでいると思われる。第一節で触れた七条僧正道朝の事例と同じく、久我氏出身の親玄が仲介役を果たしたことは、想像に難くない。

一方で、倫景は祈禱にも関与している。彼の役職である寺社奉行は、本来は

8　矢野氏略系図

9　矢野倫景の活動

年月日	『親玄僧正日記』の記事
正応五・三・二六	申状付矢野了、
正応五・三・二七	矢ノ宿所へ後素一、皮子十一合遣之、
正応五・四・一一	矢野之許へ被遣使者事、何条事候哉之由気色之由薬院使（丹波長光）申候也云々、
正応五・四・一五	二宮向矢野宿所了、備州事、可披露之由領状云々、
正応五・四・二七	奥州（宣時）之許へ慶賢向了、矢野同向了、
正応五・四・二八	矢野、奥州許へ向了、
正応五・四・二九	慶賢向矢野之宿所了、
正応五・一二・八	今日文箱、矢野請取云々、
正応五・一二・九	国安向矢野之許了、
正応五・一二・一七	申状披露之由、矢野申之云々、
	〔平禅門の乱〕
永仁元・八・二一	宮律（重基）向矢野之許了、
永仁元・一〇・二一	五壇異国御祈明日依為守殿（貞時）衰日、今日結願了、巻数付矢野豊後倫景了、
永仁二・六・二六	桑原・矢野等、自殿中被差遣了、
永仁二・七・二〇	今日六条若宮事、闕所事書、矢野請取云々、
永仁二・一二・六	今日五壇護摩結願了、巻数付矢野畢、

寺社の訴訟の窓口を職務内容とし、祈禱そのものとは無関係のはずである。つまり、祈禱への関与は寺社奉行としてのものではない。

さらに、永仁元年十月二十一日条によれば、彼は異国調伏の五壇法の奉行を務めているが、修法の結願日が貞時の衰日を考慮して定められていることから、この祈禱は得宗貞時の主導するものと思われる。幕府の五壇法の主催権が貞時の次の得宗高時のころまでには将軍から得宗へ移る、という指摘[14]を考え合わせるならば、まさに主催権が得宗に移りつつあることを示す記事といえよう。とするならば、倫景は得宗主催の祈禱の奉行を務めていたということになる。おそらくは、永仁二年十二月六日条も、得宗主催の五壇法の奉行を倫景が務めた例であろう。

また、永仁二年六月二十六日条によれば、倫景は得宗被官桑原某[15]とともに、「殿中」すなわち得宗邸[16]からの使者を務めている。

以上のようなことから、矢野倫景は、法曹官僚であると同時に得宗を支える存在、広義の得宗被官であったといえるのではなかろうか。

右の推測を裏付けるのが、『永仁三年記』(『増補続史料大成』)によって、同年には倫景が寄合衆の一員として確認できるという事実である。加えて、先に触れた徳治二年(一三〇七)の得宗被官交名(円覚寺毎月四日大斎番文)の十番においても、「矢野民部大夫」なる人物の名が見えている。倫景その人ではないと思われるが、同族であろう。さかのぼれば、倫景の祖父と思われる倫長も、実は得宗時頼・時宗の側近であった[17]。

よって、倫景が広義の得宗被官と考えることは可能と思われるが、今一度日記の記事に戻ってみると、平禅門の乱後にとりわけ得宗被官的色彩が強くなっていることがわかる。このことは、貞時政権の性格に密接に関わっているのである。

おわりに

これまでの考察の結果から、貞時政権の性格の変化は、次のようにまとめることができよう。貞時政権は、平禅門の乱以前は平頼綱一族が政権の中枢として突出するかたちであったが、乱以後には法曹官僚を含めた広範な人々を基盤とするかたちへと移行した。あくまでも『親玄僧正日記』を中心に分析した結果ではあるが、平禅門の乱後の寄合衆の構成が、得宗被官の後退、法曹官僚の進出という特色を持つこととも矛盾しないことから、蓋然性の高い結論ではなかろうか。(18)

注

(1) 岩橋小弥太「親玄僧正と其の日記」(『国史学』二号、一九三〇年)。
(2) 親玄僧正日記を読む会「親玄僧正日記」(『中世内乱史研究』一四～一六号、一九九三～九五年)。
(3) 伊藤一美「鎌倉における親玄僧正の歴史的位置」(『鎌倉』九七号、二〇〇三年)。
(4) 石田浩子「醍醐寺地蔵院親玄の関東下向―鎌倉幕府勤仕僧をめぐる一考察―」(『ヒストリア』一九〇号、二〇〇四年)。
(5) 土谷恵「東下りの尼と僧」(『新日本古典文学大系　月報』五二、一九九四年)。
(6) 平氏・長崎氏に関する研究成果として、森幸夫「平・長崎氏の系譜」(安田元久編『吾妻鏡人名総覧』吉川弘文館、一九九八年)がある。
(7) 佐藤進一『鎌倉幕府訴訟制度の研究』(岩波書店、一九九三年)など。
(8) 長崎氏の系譜に関しては不明な部分が多く、諸説あるが、ここでは細川重男「得宗家執事長崎氏」(『鎌倉政権得宗専制論』吉川弘文館、二〇〇〇年。初出一九八八年)によった。なお、森注6論文では、細川説とは異なる系譜を提示している。
(9) 竹内理三編『鎌倉遺文』三〇巻二二九七八号。この文書が、得宗被官の名簿としての性格を持つことについては、佐藤注7書。
(10) 佐藤注7書。
(11) 矢野八郎貞倫なる人物が、日記の時期にほぼ重なる正応五年に政所奉行人、永仁三年に引付奉行人として知られる(佐藤注7書)が、倫景との関係は不明である。倫景の兄弟、もしくは矢野庶流の者であろうか。

（12）佐藤注7書。
（13）海老名尚・福田豊彦「『六条八幡宮造営注文』について」（『国立歴史民俗博物館研究報告』四五集、一九九二年）など参照。
（14）森茂暁「五壇法の史的研究」（『中世日本の政治と文化』思文閣出版、二〇〇六年。初出一九九四年）。
（15）注9に引く円覚寺毎月四日大斎番文の六番に「桑原新左衛門尉」が見えている。
（16）鎌倉後期に「殿中」の語が一般に得宗邸を指すことについては、五味文彦「執事・執権・得宗―安堵と理非―」（『増補吾妻鏡の方法―事実と神話に見る中世―』吉川弘文館、二〇〇〇年。初出一九八八年）。
（17）同右書。
（18）細川重男「嘉元の乱と北条貞時政権」（『鎌倉政権得宗専制論』吉川弘文館、二〇〇〇年。初出一九九一年）。

第七章　都市周縁の権力

はじめに

1　都市の出入り口

日本の中世都市の特徴としてしばしばいわれることのひとつに、「ヨーロッパの中世都市に見られるような都市の周囲を取り囲む市壁が、日本では一般的に欠如している」、ということがある。ただし、日本の中世都市においても、法令の施行範囲などに関しては、都市領域が観念上は存在していた。たとえば、京都においては「洛中」、鎌倉においては「鎌倉中」といった言葉が都市の領域を表現していた。そして、都市の出入り口にあたる周縁の場所が、市壁に代わるものとして、都市の内部と外部を空間的に区別する機能を果たしていたのである。

中世鎌倉の周縁部には、交通路が山稜部を越えて鎌倉へと入るためのいくつかの坂（山頂部を削って道を通した坂で、「切り通し」とも呼ばれる）が存在した。その坂の周辺には、極楽寺坂と極楽寺、大仏坂と鎌倉大仏、巨福呂坂と建長寺などのように、北条氏の邸宅もしくは北条氏ゆかりの寺社がセットで存在していた(1)。このことは、幕府の実力者北条氏が、鎌倉周縁の坂を、都市の出入り口として重要視し、みずから掌握しようとしたことにほかならない。

2　京都の七口と関所

一方、京都においては、鎌倉後期以降は周縁の出入り口に朝廷が関所を設置したことが知られる。一五世紀後半からは、それらの諸口を「七口」と総称するようになるが、その場所は必ずしも固定されておらず、数もまた七ヵ所に限定されるものではなかった。(2)

朝廷が七口に設置した関所は「率分関」と呼ばれ、諸官庁にそれぞれの関所の通行税(関銭)の徴集権が分与される性格のものであった。(3)

関所が置かれた京都周縁の出入り口は、通常は関銭の徴集によって公権力が流通を掌握し税収を得る場所であったが、室町時代には土一揆によってしばしば封鎖されることにもなった。諸口が封鎖されることによって、京都内部ではただちに飢饉が発生することになり、むしろ都市京都は本来このような閉塞的構造を持つとの指摘もある。(4)また、諸口を封鎖するという土一揆の行動は、京都の外部から内部に圧力をかけ、交通路を遮断するという行為によって、内部の領域を掌握していることを象徴するものであったのである。(5)

京都の七口は、まさに物資が流入する都市生活の生命線であり、都市領域の外縁を象徴する場でもあった。本章では、とりわけ、七口のうち、「朽木口」と呼ばれた出入り口とそれに付随する関所に注目したい。この朽木口は、室町時代には蓮養坊という寺院が継続的に関与していた点が特徴的である。一般に、率分関の実務責任者(代官)は頻繁に交替する傾向にあったが、蓮養坊は例外的に長期にわたって都市の出入り口である朽木口とその関所に関与していたのであり、その実態を探ることで、都市と宗教権力の関係の一端を明らかにできるものと思われる。

なお、朽木口の関銭徴集権を保有した山科家の、当主の日記『言国卿記』・『言継卿記』や、家人の日記『山科家礼記』などの関係史料に恵まれていることも、朽木口の実態解明にあたっては好条件となろう。

一　朽木口と高野蓮養坊

1　朽木口の立地

朽木口と蓮養坊については、すでに佐藤和広の研究において、多くの関連史料とともに言及されているが[6]、蓮養坊という寺院の性格については、いま少し総合的に考察してみる余地があると思われる。

では、「朽木口」は具体的にはどの地点にあったのであろうか。その名称からは、近江の朽木（滋賀県高島市朽木）にあったと考えることも可能であるが、「丹波口」や「鞍馬口」などの呼称も参考にして考えるならば、むしろ朽木へ通じる出入り口、という意味の呼称であろう。以下に述べるように、高野の蓮養坊との密接な関係などから類推して、高野（京都市左京区上高野）に存在したと見るのが妥当であろう[7]（図10）。

また、以下のような事例も、根拠となろう。たとえば、『山科家礼記』（以下、『家礼』と略す）の応仁二年（一四六八）四月四日条に、「朽木口御月宛」の一貫文を受け取って借金の返済に宛てたことが記されているが、同じものが翌五日条では「高野関請取」と表現されており、朽木口が高野の関と同一であることを示している。さらに『言国卿記』（以下、『言国』と略す）の明応七年（一四九八）六月二日条には、「昨日、高野朽木口関の公用七十疋、到ると云々」とあって、「高野関」と「朽木口関」が同一であることがわかる。

京都の北東部からは、高野、八瀬、大原、朽木を経て、若狭へ街道が通じており、大原の先の「途中」から東に折れれば、琵琶湖畔の堅田へ到達する[8]。高野の地は、まさに京都の北東の出入り口にあたっているのであり、朽木口は、大原口、坂本口（西坂本）、八瀬口と呼ばれる口と同一の機能を有する関所であったと考えられる[9]。

朽木口は、朝廷の内蔵寮が管轄する率分関の中の一つであったが、実際には内蔵頭を世襲した山科家が代々支配し関銭の徴集権を保有しており、(10)一種の所領と化していた。しかし、室町後期以降は率分関の運営に幕府の関与が不可欠となっており、(11)関所の設置権そのものも、実は室町前期の嘉吉ころにはすでに幕府に移行していたのである。(12)さらに、応仁の乱後には、幕府が直接手を下して関所を撤去したり、現地に停廃命令を出したりするなど、上位権力としての介入を強めていた。(13)京都を支配する公権力にとって、郊外の諸口に設けられた関所の維持は、重要な意義を持っていたのである。

10　高野周辺図（国土地理院発行1万分の1地形図「岩倉」をもとに作成）

朽木口の関所は山科家が実質的に支配していたのであるが、さらにその下で、蓮養坊という寺院（僧侶）が代官（実務責任者）として関銭を徴集していたことが『家礼』などの関係史料によって知られる。

2　蓮養坊の登場

『家礼』文明十二年（一四八〇）正月二十六日条には、当時の蓮養坊の当主が幕府に提出した証拠書類として、故祖父が応永二年（一三九五）に定めた朽木口の通行料一覧表が掲げられている。よって、室町前期の応永ごろから、蓮養坊は朽木口に関与するようになり、以後は代々の蓮養坊の当主が関所代官を務めたものと思われる。

ところで、「蓮養坊」の名が史料上に初めて現れるのは、応永元年九月二十三日の山城守護結城満藤奉行人奉書（『尊経閣文庫所蔵　高野蓮養坊文書』）であり、所有する所領への臨時課役や夫役の負担を免除された文書である。[14]応永ごろには、蓮養坊が朽木口（高野）付近に拠点を確立していたことが想像され、ほぼ同時に山科家の朽木口関所の代官として起用されるようになったものと思われる。関所周辺の在地の有力者が関所の運営に関わることは、中世後期には広く見られる現象であった。[15]

3　比叡山と高野

ここで、蓮養坊が本拠をおいた高野とその周辺の性格について考えてみたい。高野、およびその南に隣接する修学院・一乗寺の周辺は、比叡山の西の麓という意味から「西坂本」と称されていた。比叡山の東側の麓には同じく「東坂本」と呼ばれる地域が広がっており（滋賀県大津市）、延暦寺の里坊や商工業者が集中する、一種の宗教都市となっていた。従来は、坂本といえば東坂本のことを指すものと思われており、比叡山にとっての西坂本の意義は東坂本に比して軽視されがちであったが、実は中世には西坂本や河東（京都の鴨川以東の地域）にも比叡山の大拠点があったことが指摘されている[16]。

その中でも、高野は西塔橋を経て比叡山西塔へ至る松尾坂の起点となる場所であった[17]。この道は、西塔を経てさらに東坂本へ通じており、「西塔越」と呼ばれていた。山科言国も京から坂本へ行く際に、「高野を経て西塔越」をしたことが『家礼』文明三年（一四七一）十月十六日条に見えている。

また、西坂本には、比叡山の鎮守である赤山社（赤山禅院）、比叡山末寺の雲母寺などが存在し、雲母坂が比叡山東塔へと通じていた。さらに、「開根坊町」・「安養坊」・「守禅庵」などの町名が現在も残っており、かつて比叡山関係の寺院もしくは僧坊が存在した可能性もある。

東坂本と比較して、西坂本のみが持つ地理的な特徴は、比叡山と京を結ぶ通路にあたっている、ということである。雲母坂に代表されるように、西坂本は、比叡山の衆徒が京の朝廷などに対して強訴を発動する際の経路ともなっていた。

永享六年（一四三四）に日吉社の神輿が西坂本の修学院付近に振り捨てられた際には、高野蓮養坊が「近所」であるということから、神輿を赤山社に移すよう幕府管領から命じられている（『満済准后日記』同年十月七日条）。このことは、蓮養坊の本拠地高野が、山門の強訴の道筋に近い場所であるとともに、赤山社という比叡山の西麓の拠点にも近いということをよく示していよう。

高野を含む西坂本の地域は、比叡山の西側の前線基地だったのであり、高野蓮養坊は、その代表的存在であった。

4　関銭の納入

さて、関所代官として蓮養坊は、現地における関銭徴集の実務を任されるかわりに、関所領主ともいうべき山科家に対して一定額の関銭を納入する、という関係にあった。納入される側の山科家の記録には、関連する記事が頻繁に見いだされる。『家礼』や『言国』の中から、いくつかあげてみよう。

『家礼』文明十二年（一四八〇）五月二日条

一、八百文高野月宛去月分、請取一貫十七文、これを出す。今二百十七文は三月分なり。菅出雲持ち来るなり。

『家礼』延徳四年（一四九二）三月一日条

一、朽木口御月宛七百文、蓮養これを納む。

『言国』明応七年（一四九八）九月一日条

一、朽木口の関公用、高野蓮養方ヨリこれを納む。七十疋なり。

『言国』文亀元年（一五〇一）八月二日条

一、朽木関公用三百五十文閏六月分也、高野蓮養之を出す。閏六月請取、これを遣わす。予の判なり。

「月宛」もしくは「公用」と表現されているのが朽木口の関銭のことであり、蓮養坊から山科家へ、月ごとに一定額を納入することになっていたと想定される。実際の納入額は、右の事例を見てもまちまちであるが、月に七百文（七十疋）前後が一般的であったようである。関銭が納入されると、山科家からは蓮養坊に対して「請取」（受領書）が渡される仕組みであった。

5　朽木口周辺への影響力

蓮養坊は、単に山科家の代官という立場のみで関所に関与していたわけではなかったようで、次のような室町幕府奉行人連署奉書（『土御門文書』）が存在する。

土御門修理大夫有春朝臣申す諸口雑務料の事。新関の類にあらざるの上は、先規のごとく、その役に随うべきの旨、奉書を成されおわんぬ。早く之を存知し、違犯の輩之あらば、有春朝臣の代に合力せらるべきの由、仰せ出され候なり。仍て執達件のごとし。

天文六（一五三七）

六月二十七日　　晴長（諏訪）（花押）

貞兼（治部）（花押）

蓮養坊

幕府から蓮養坊に対して、土御門有春に協力して、「諸口雑務料」の支払いに違反する者があれば取り締まるよう命じたものである。「諸口雑務料」とは、本来は率分関と同様に朝廷の収入となる関銭であったが、当時は土御門有春が徴集権を有していた。この関銭の詳細は不明であるが、七月と十二月の年二回、日数を限定して京都周辺の諸口で徴集したものであった(18)。山科家の関銭徴集が、代官である蓮養坊に完全に依存する状態であったことから推測すれば、右の幕府の命令は、実際には、朽木口に関して、雑務料徴集の実務を蓮養坊に委任するものであったと思われる。

このように、蓮養坊は朽木口という関所の運営全般に関わって権限を保持していたと考えられるが、さらに周辺の通路に対しても影響力を行使しており、幕府の裁判記録に次のような記述がある。

『伺事記録』延徳二年（一四九〇）八月三十日条

一、青蓮院門跡雑掌の申す、山城国八瀬庄河上漁撈相論の事。

高野蓮養の沙汰として通路を差し塞ぐの条、以ての外の次第なり。所詮子細に於いては、御糾明有るべし。通路に至りては、早速開くべきの旨、御下知に預かるべきの由これを申す。その分奉書を成さるべきの由、御定なり。

高野と、隣接する八瀬との間で、川の漁をめぐる争いが起こり、蓮養坊によって八瀬から京へ連絡する道が封鎖されてしまったということが、八瀬の側から幕府へ訴えられているのである。

また、嘉吉三年（一四四三）九月二十六日の室町幕府奉行人連署奉書（『尊経閣文庫所蔵　高野蓮養坊文書』）によれば、比叡山から京へ下る道筋の警護が幕府から蓮養坊に命じられている。

さらには、ある時期には、朝廷の御厨子所率分関のうち八瀬口および今路道下口の代官を、蓮養坊の弟の月性院という人物が務めていたことが知られる（『建内記』嘉吉元年八月三十日条）。八瀬口は朽木口と同じものであり、今路道下口は一乗寺の南の北白川あたりに設置された関所である。[19]

以上の事例から、朽木口（高野）周辺の交通に関しては、関所を含めて、蓮養坊の影響力が強く及んでいたと考えられる。むしろ、蓮養坊がそのような存在であることが背景となって、山科家から朽木口代官に任命されていたのではなかろうか。

二　山科家と代官蓮養坊

1　関銭納入の催促

先に見たように、蓮養坊は朽木口の関所代官として、山科家に関銭を納入することになっていたが、その納入は必ずしもスムーズに行なわれたとは限らなかった。山科家の側から、蓮養坊に対して催促の使者が派遣されることがしばしばあり、以下のような記事が数多く見られる。

『家礼』文明九年（一四七七）五月三十日条

一、蓮養坊へ催促。

『家礼』文明十二年五月一日条

一、高野へ催促。いや《弥》六、これを遣わす。

『言国』文亀元年（一五〇一）六月二日条

一、高野蓮養、関公用不沙汰の間、催促す。三郎衛門尉《大沢重茂》・同筑後罷りおわんぬ。

『言国』文亀元年閏六月六日条

一、公用不沙汰につき、高野蓮養坊へ三郎衛門・筑後両人、朝飯以後罷りおわんぬ。

催促の使者を派遣した結果、首尾良く蓮養坊から五百文も受け取ることができた場合もあるが（『家礼』文明九年十二月二十五日条）、「まだ少しの額しか出せないのですが、何とかしましょう」という返事であったり（『家礼』文明九年三月二十一日条）、「あさってにはお納めいたします」という返事であったり（『家礼』延徳三年二月二十五日）、すんなりとはいかないことも多かった。次のような記事もある。

『言国』文亀二年四月五日条

一、高野蓮養の所へ関公用無沙汰の間、催促のため三郎衛門尉・加賀・筑後三人遣しおわんぬ。晩景帰るなり。

返事同反なり。

催促の使者を三人も送ったが、蓮養坊の返事は「同反」（同じことの繰り返し）であった、というもので、細かい内容は不明であるが、うまくはぐらかされて納入を先延ばしされてしまったと想像される。

このように、蓮養坊からの関銭納入が安定しないものであったにもかかわらず、山科家が蓮養坊を関所代官として起用し続けねばならなかったのは、蓮養坊以外の者では、朽木口での関銭徴集がほとんどあてにできなかったからであろう。

2　関銭納入額の減額

蓮養坊の朽木口関銭徴集に関しては、山科家から代官に任命されていたからこそ名目上は可能なものではあったが、実際には、周辺に影響力を持つ蓮養坊の側が関銭納入に関しては主導権を握っていたようである。

そうした両者の関係を背景に、蓮養坊は山科家への関銭納入額の減額をたびたび申し入れている。

たとえば、『家礼』文明十三年（一四八一）十一月二十九日条に次のような記述がある。

一、高野蓮養二また出で来る。関公用の事。酒のませ候なり。八十疋の証文を六十疋ニなす。又五百文の由候なり。詫事の状候なり。

蓮養坊の使者として二俣という者が、関銭のことで山科家を訪れている。八百文（八十疋）納入を約した証文を六百文（六十疋）に減額修正したのであるが、さらに五百文にしてほしいとの嘆願の手紙を持参したのである。なし崩し的に、納入額が減額されているのである。このときの申し入れの結果がどのようになったかは定かではないが、自力で関銭徴集をすることができない山科家としては、おそらく蓮養坊の申し出た減額を了承するしかなかったのではなかろうか。

『言国』文亀元年（一五〇一）六月九日条にも、同様の事例が見えている。

一、高野蓮養使両人来る石川、袖岡。ヤウヤウ公用五十疋持ち来るなり。小分の儀曲事の由申しおわんぬ。但し海道の儀正体無きの由の間、先日三郎衛門尉・筑後両人罷り、三百五十文に申し定むと云々。その上ハ是非に及ばず。今百十文（百五十カ）ハ未進ニ請取これを遣わす。かの両人ニマキスシニテ酒ヲノマセおわんぬ。請取案此のごとし。

請文この度持ち来るべきの由なり。案文これを調え遣しおわんぬ。

請取申す、朽木口御月宛の事。

合わせて五百文てえり但しこの内百五十文未進分、且これを納む。

右、請取申すところ件のごとし。

文亀元年五月三日　頼久（花押）

蓮養坊の使者の石川と袖岡という者が、関銭の月額五百文（五十疋）分を持参したが、実際には三百五十文しか持参しなかったので、山科言国は「少額であるのは「曲事」（けしからぬ事）である」といっている。しかし、すでにこれ以前に、山科家家人の三郎衛門尉と筑後の二人が蓮養坊のもとを訪れ、街道の交通事情が悪いので関銭を三百五十文にするとしてしまっていたのである。そこで、百五十文は未納のまま、五百文分の「請取」（受領書）を、しかも前月の五月の日付で蓮養坊側に渡している。右の受領書の文案を見ると、「百五十文の未納分はいずれ納める」という但し書きつきの、誠に不思議なものとなっているのである。

このように、関銭納入は完全に蓮養坊のペースで行なわれていることがわかるのであり、納入額の減額についても、山科家側が不満に感じたとしても、結局はそのまま押し切られることになったのであった。

3　鮎その他の進上

蓮養坊は、月ごとの関銭納入を先送りしたり、減額したりしていたのであるが、その埋め合わせというわけであろうか、山科家へ種々の品物を献上している。もっともわかりやすい事例は次のようなものである。

『家礼』文明九年（一四七七）六月二十二日条

一、高野蓮養内者菅出雲守、鮎四十三持ち来り候。酒のませ候。関公用けん《（減）》ずべきわび事ニ出で来り候なり。

関銭減少のお詫びのしるしに、ということで、蓮養坊の使者の菅出雲守が鮎を持参している。

鮎は高野の名産であったこともあり、蓮養坊から山科家に頻繁に進上されていたことが『家礼』・『言国』からわかる。『言国』明応三年（一四九四）七月四日条には、「昨日高野蓮養坊ヨリ、恒例鮎一折此方へ進す」というように記されており、山科家側では「恒例」と認識していたのである。あまつさえ、『家礼』長享三年（一四八九）七月二十二日条には「高野蓮養鮎の事、催促候なり」とあって、山科家側から進上の催促をすることもあったのである。

そのほかにも、納豆（『家礼』寛正四年十二月三十日条）、木（『家礼』文明三年十二月二十四日条）、茶（『家礼』文明十二年正月五日条）、梅一枝と水貝（『家礼』文明十二年二月一日条）、芍薬（『家礼』延徳四年四月十五日条）等々、さまざまな品が山科家に進上されている。

梅一枝や芍薬など、公家の風流心をくすぐるような進上品もあり、代官である蓮養坊が、領主である山科家を儀礼的に尊重しつつ、巧みに自らの地位と実利を維持していた様子がうかがわれる。

三　蓮養坊の存在形態

1　延暦寺配下の僧坊

そもそも、蓮養坊とはいったいどのような存在であったのだろうか。基本的には、比叡山延暦寺の構成員で、「山徒」と呼ばれる身分のものであった。「山徒」とは、延暦寺の上級僧のうち、僧坊を拠点として妻帯・武装する者であり、そのうちの有力者が室町幕府より「山門使節」というものに任命され、幕府と叡山の間の連絡にあたった。[20]

蓮養坊の場合は、高野の地に「蓮養坊」という名の独立した僧坊、すなわち僧侶の住居兼小寺院が構えられ[21]、代々の主人（坊主）が蓮養坊を名乗り、一族や僧坊に所属する僧・俗人を従えて比叡山のために活動をしていたのである。ただし、蓮養坊は山門使節ではなかったようである。

山徒は、延暦寺の強訴の中心となって幕府に圧力をかける存在でもあった。永享七年（一四三五）の山門騒乱の際には、将軍足利義教の比叡山に対する弾圧に抗議して、山徒らが延暦寺根本中堂に火を懸けて自害しているが[22]、その中に蓮養坊の名も見えている（『看聞日記』同年二月十五日条）。

一方、寺院内組織の面からは、山徒は門跡（延暦寺のトップを出すような最有力の院家）の構成員でもあった。蓮養坊は青蓮院門跡に属す山徒であり[23]、文明八年（一四七六）に後土御門上皇の第二皇子（後の尊伝）が青蓮院尊応のもとに入室することが決まった際に、「門徒」の蓮養坊の当主である承覚が太刀を進上している（『言国』同年八月二十二日条）。その後、文明十六年、実際に尊伝が青蓮院尊応のもとに入室した際にも、「御門徒」の蓮養坊承覚が同じく太刀を進上していることが知られる（『華頂要略　門主伝』）。

続いて長享二年（一四八八）、尊伝が出家した折りには、他の青蓮院配下の山徒とともに蓮養坊が百疋を進上しているのである（『華頂要略　門主伝』）。

また、一般に山徒は関所との密接な関係を持っており[24]、蓮養坊が朽木口と密接に関わっていたことも、そうした事例のひとつと見ることができよう。

2　高野郷・長谷郷の支配

蓮養坊は、みずからの本拠地である高野郷を中心に、周辺の長谷郷などを知行していたと見られる。まず、次の室町幕府奉行人連署奉書案（『尊経閣文庫所蔵　高野蓮養坊文書』）を見てみよう。

城州高野郷内□所内の事。忠節有るに依り、妙法院御門跡として蓮養承覚を還補せられおわんぬ。早く彼の令旨に任せて、領知の段、奉書を成されおわんぬ。年貢諸公事以下先々のごとく、その沙汰致すべきの由、仰せ出され候なり。仍て執達件のごとし。

明応九（一五〇〇）
十月二十四日　　長秀（松田）
　　　　　　　　頼亮（松田）

当所名主沙汰人中

内容は、「延暦寺の妙法院門跡から蓮養坊が高野郷の支配領有権を与えられたので、年貢などを蓮養坊に納めるように」と、幕府から高野郷の名主たちに命じたものである。妙法院門跡が蓮養坊に支配権を与えていることから、高野郷が本来は延暦寺領の一部であり、延暦寺構成員であることによって蓮養坊に支配権が給付されたと考えられる。元亀二年（一五七一）の織田信長による比叡山焼討後、明智光秀が洛中洛外の山門領を占拠した中に、蓮養坊領も含まれており、[25]このことからも、蓮養坊の所領が本来は延暦寺領と一体のものであったことがわかる。

また、右の文書には「還補」とあることから、このときはじめて蓮養坊が高野郷を知行したのではなく、以前から知行していたものの何らかの事情で一時的に没収され、復帰したと推測される。

さらに、大永五年（一五二五）七月三十日の室町幕府奉行人連署奉書（『壬生家文書』）は、幕府の造作（工事）のための人足を諸郷から徴発することを幕府から「高野蓮養坊」に伝達するものである。この文書が、蓮養坊に宛てられているということは、蓮養坊が高野郷の領主と認識されていたことを示すものといえる。

永禄八年（一五六五）に摂関近衛家が高野で鷹狩りを行なった際に、現地にて蓮養坊が接待したということも（『言継卿記』同年十二月二十四日条）、蓮養坊が高野郷を支配していたことに関わるものであろう。戦国期の蓮養坊が、上高野の所職売却の際に判を据えたり、所職の買得者から本役を徴収したりするような、領主というべき存在であったことも指摘されている。[26]

長谷郷については、詳細は不明ながら、「聖護院御門跡領同国（山城国）長谷郷半済分山門領半済分諸入免奉行職」を知行していたことが知られ（文亀元年十月九日室町幕府奉行人連署奉書『尊経閣文庫所蔵　高野蓮養坊文書』）、代官として長谷郷の領有支配を任されていたと考えられる。次の室町幕府奉行人連署奉書（『熊野若王子神社文書』）も、蓮養坊の長谷郷支配を裏付けるものである。

若王子雑掌の申す、城州長谷内加増分の事。度々の御下知を成されおわんぬ。しかるに無沙汰と云々。はなはだ然るべからず。早く先々のごとく彼の雑掌に沙汰渡さるべし。更に遅怠有るべからざるの由、仰せ出され候なり。仍て執達件のごとし。

天文三（一五三四）

十一月二日　（飯尾）堯連（花押）

（飯尾）貞広（花押）

高野

蓮養坊

「長谷郷からの年貢を、早く若王子社の雑掌に納めるように」と、幕府から蓮養坊に命じたものである。若王子社が聖護院に属することから、聖護院領長谷郷を蓮養坊が代官として支配していたことを示すものと考えられる。

加えて蓮養坊は、現地支配者として長谷郷の山の管理も司っていたようであり、将軍御所の庭木伐採に際して、「長谷山中」の案内役を命じられている（文明九年閏正月二十三日室町幕府奉行人連署奉書『尊経閣文庫所蔵　高野蓮養坊文書』）。

以上のように、蓮養坊は本拠地高野郷と、隣接する長谷郷を支配する、一種の村落領主的存在でもあったのである。

3　金融との関わり

室町期の公家所領の代官職は、寺僧や土倉などの金融業者が請け負う例が多く、万里小路家が知行していた御厨子所率分関の代官を相国寺大智院の善恂が務めたり、土倉の羽田能登房承兼が望んだりした事例も知られる(27)。こうしたことから、蓮養坊を「高利貸」と見る説もあるが(28)、金融業者としての確証はない。逆に、寅監主なるものから借りた十一貫文について、蓮養坊が徳政による借銭の破棄を幕府に申請していることが記録に残っている（『頭人御加判引付』永正元年十月三十日条）。

それでは、蓮養坊は金融とまったく関わりがないかというと、必ずしもそうとはいえないのである。朽木口の領主である山科家のために金銭を貸与しているのである。『家礼』延徳三年（一四九一）二月十九日条に、「高野蓮養坊栗木柱十五本進せ候なり。ヘイ《塀》ノタメニ。又用銭□□五文子ニテ御用ニ立つべきの由申し候なり」とあって、蓮養坊から山科家側に、五文子（月利五パーセント）の利子を付けて銭を用立ててもよいと、申し出ているのである。『家礼』同二十三日条に、「蓮養坊に右衛門之を遣す。用銭の事なり」とあるのは、おそらくは借金の具体的な相談であろう。

『家礼』延徳三年二月二十七日条も、興味深い。

一、高野蓮養坊弐貫文五文子ニ借り候。当月利平なしの□□月宛請取遣すべき候なり。二月三月四月までの請取これを遣す。三ヶ月也。

冒頭の「蓮養坊」は、後の文章の内容から見て、「蓮養坊が」ではなく、「蓮養坊より」の意味に取るべきであろう。二貫文を「五文子」の利子で借りており、山科家から蓮養坊に、借金証文の替わりに、二ヵ月先の分まで含めた「月宛」（関銭）の受領書を渡している。すなわち、蓮養坊から納める月ごとの関銭を、前借するというかたちになっているのである。

関所代官である蓮養坊が、領主の山科家に対して金銭を用立てながらも、利子を付けているという点では、金融業者的ではある。しかし、山科家以外にも広く金銭を貸し付けているかどうかはまったく不明であるので、やはり蓮養坊が専門の金融業者であるとは断定できないのである。ただ、専門の金融業者である土倉が、そもそもは代官請負業者という側面を持っていたことを想起すれば(29)、蓮養坊が土倉に近い存在であった可能性は十分あるといえる。

四　山徒から土豪的存在へ

1　蓮養坊と村落共同体

戦国期の京都諸口は、一種の村落を形成していたことが知られている(30)。また、諸口の在所の地下人（商人）が関所の実務を行ない、諸口は村落と都市の性格を両義的に合わせ持つ境界的な存在であったとされる(31)。

前節で明らかにしたように、蓮養坊が村落領主的存在でもあったことから、逆にいえば領主蓮養坊の背後には、都市周縁の共同体的なものが存在したと考えられる。すでに、「関所に常駐していて関料を徴収したのは、山科家管掌の関ならば、本所の家司や、山科の郷民で供御人身分を持つもの、なかでも沙汰人に任じられた郷民であった」との指摘もなされている。(32) 蓮養坊が領主として現地住人を動員可能であったからこそ、関所の運営が可能だったのである。また、応仁の乱以前より、現地住人が関所の代官を望んだり、関所の設置や運営に関与したりしていたことも明らかになっている。(33)

ところで、『八瀬童子会文書』の中には、高野に隣接する八瀬の村落共同体のものと思われる算用帳が残されている（補遺四五号文書）。これによると、享禄四年（一五三一）に「蓮養坊若子入免」等として三百六十文、享禄五年に「蓮養坊へ樽代入免」七百文、「高野山手」等に百三十文が支出されている。「酒高野にてかい《買》申し候。則ち山手にて渡し候」との記述もある。したがって、蓮養坊は山手の徴収などを通じて八瀬の村落共同体へも支配を及ぼしていたことがわかるのである。

2　軍事行動と土豪化

蓮養坊などの山徒が一般に武装していたことは先に触れたが、『伺事記録』天文十一年（一五四二）九月七日条によれば「蓮養被官人以下、八瀬庄に於いて稲守地下人殺害刃傷、同じく盗賊等の事」が訴えられており、蓮養坊の被官人（従者）らが武装して八瀬で乱暴狼藉を働いたことがわかる。これまでに見たように、蓮養坊には、菅、石川、袖岡、二俣などの名字を持つ俗人の被官がおり、彼らなどが武装行動の中心になっていたと思われる。なお、彼ら被官たちは、蓮養坊が在京中には在地の管理を委ねられる存在でもあったことが指摘されている。(34)

また蓮養坊は、京都の政治状況に対応して、独自の軍事行動をとることもあった。たとえば、三好長慶が京都で実権を握り、将軍足利義輝が没落した際に、三好方が幕府奉行人を強制的に京へ連れ戻したことがあったが、蓮養坊も連れ戻しに関与している。『言継卿記』天文二十二年八月七日条に、「竜花より昨宵奉公衆・奉行衆上洛と云々。（中略）中澤備前守、治部大蔵丞両人は高野蓮養坊方へ請け取り、今暁京都へこれを送る」とあるのが、その記事である。

また、次のような記事もある。

『言継卿記』永禄十三年（一五七〇）十月三日条

亥刻、山上西塔西谷六坊これを焼く。高野蓮養坊、田中の渡辺両人忍び入り焼くと云々。

これは、浅井・朝倉と信長の坂本合戦に際し、浅井・朝倉方に与同した比叡山を信長が攻撃したときの記事であるが、田中の土豪渡辺氏と蓮養坊が信長方の手引きをして延暦寺西塔を焼き討ちしたというものである。本来は延暦寺の構成員であるはずの蓮養坊が、延暦寺攻撃に荷担しているのであり、その軍事行動は京郊外の土豪としての政治判断によっていると考えるほかはない。

ところで、戦国期の公家吉田兼見の日記『兼見卿記』によれば、蓮養坊の一族は佐竹出羽守・左近允などと名乗っている（天正四年正月二十一日条、同二十七日条など）[35]。さらには、戦国期から近代まで続く高野の土豪として佐竹氏の存在が知られ、上高野周辺には佐竹氏の戦国期の城郭とされる城跡が三ヵ所残っている[36]。中でも、上高野東山の御蔭神社東南の山にある城跡は佐竹氏の本城跡とされる。この山の麓は、ちょうど八瀬へ向かう道筋、および比叡山へ向かう道の起点に近く、あるいはこの山麓付近が朽木口や蓮養坊の所在地であった可能性もある。

以上のような蓮養坊の軍事行動から、蓮養坊は戦国期には延暦寺からは半ば独立して、高野の土豪佐竹氏として活動するようになっていたと考えられよう。

3　幕府との関係

延暦寺の有力山徒である山門使節は、永享の山門騒乱以後には幕府と密接な関係を結び、むしろ衆徒と利害相反する行動もとるようになった。一般の山徒の多くも、幕府の被官人（従者）になっている[37]。

蓮養坊もまた例外ではなく、足利義持三十三回忌仏事にあたり、幕府関係者と並んで五貫文を寄進している（『蔭涼軒日録』長禄三年十二月十七日条）。このことから、幕府と主従関係を持っていたと考えられる。

天文五年（一五三六）には、蓮養坊は将軍足利義晴の「上意」によって相国寺鹿苑院領松ヶ崎の代官職を獲得しているが、これは幕府に対して蓮養坊が「忠節」を尽くしたことによるものであった（『鹿苑日録』同年八月七・八・九日条）。

では、蓮養坊の「忠節」とはどのようなものであったのだろうか。右の天文五年の事例では詳しいことは不明であるが、次の記事から幕府との関係は明らかである。

> 当院（相国寺鹿苑院）領松崎、土一揆の蜂起の罪科に依って、家数十間これを放火す。高野蓮養衆四五百人馳せ向かいて、これに合力す。蓋し上意を以てなり。
>
> 『蔭涼軒日録』寛正三年（一四六二）十月二十九日条

土一揆の根拠地として松ヶ崎が幕府の命で放火されたとき、蓮養坊配下の者がこれに協力しているのである。すなわち、蓮養坊は幕府の軍事力の一部として期待される存在だったのであり、幕府への「忠節」とは祈禱のような宗教的奉公ではなく、まさに軍事行動を通じての奉公だったのである。また、蓮養坊が五百人もの人数を動員していることが注目されるが、このことは先に見たように蓮養坊の配下に村落共同体があったからこそ可能であったと思われる。

蓮養坊が軍事力を媒介として幕府と密接な関係を持ったことから、必然的に幕府内部の主導権を巡る抗争に巻き込まれることにもなった。享禄四年（一五三一）には、蓮養坊の「館」が木沢長政・柳本甚次郎の軍勢によって焼き討ちされている（『二水記』同年二月三日条）。これは、近江亡命中の足利義晴および細川高国方の拠点と見なされて、攻撃を受けたものと見られる。

以上のような幕府との関係から浮かび上がってくる室町後期〜戦国期の蓮養坊の姿は、やはり京都郊外の土豪というものである。

おわりに

これまで見てきたように、中世において、都市京都の周縁に位置する朽木口とその周辺は、現地の高野に基盤を置く蓮養坊という僧坊が支配していたのである。蓮養坊は比叡山延暦寺という大寺社（宗教権力）の末端として高野に勢力基盤を置く一種の小寺院組織であったが、宗教的側面は次第に希薄となり、村落共同体を支配しつつ武装して軍事行動を行ない、一種の「土豪」的存在へと転化していったのである。

一方、都市京都の平穏を実現するため、幕府をはじめとする京都の支配者は、北東部における蓮養坊の活動に依存するところが大きかった。

朽木口の関所代官を蓮養坊が長期にわたって任されていたのも、蓮養坊が関所周辺の在地を実質的に支配していたからと思われる。なぜならば、率分関からの収入を確保するためには、単に金融業者などに代官を請け負わせるだけでは不可能であり、在地武士の力に依存しなければならないという一般的状況があったのであり[38]、蓮養坊のような存在こそがまさに関所代官としては最適であったといえるからである。

京都周縁の口（関所）が、大寺社と隣接しているような事例もある。東寺口と東寺、法性寺口と東福寺などがそれにあたる。さらには、都市周縁の支配に宗教権力が関わっていたことを示唆している。

都市周縁の出入り口が、寺社勢力（宗教権力）およびその配下の在地人集団の活動によって維持されるということは、中世都市における支配の分権的側面を反映したものといえる。そもそも、室町期京都の支配権は、幕府が朝廷の保持していた市政権を徐々に獲得していくというかたちで推移し[39]、また個々の地主のもとに多くの権限が留保されており、絶対的「都市領主」の欠如、といった状況があった。そうした中で、京都北東部に大きな影響力を持った延暦寺のような宗教権力が、都市支配の面で担った部分は小さくはなく、蓮養坊もその末端として機能していたのである。そして、都市支配の分権的側面を担うことによって存在感を増した蓮養坊は、独立した世俗勢力へと転化していったのである。

注

（1）石井進『石井進著作集第九巻　中世都市を語る』（岩波書店、二〇〇五年）、高橋慎一朗『武家の古都、鎌倉』（山川出版社、二〇〇五年）。
（2）相田二郎『中世の関所』（吉川弘文館、一九八三年。初版一九四三年）、奥野高広『皇室御経済史の研究』（国書刊行会、一九八二年。初版一九四二年）、河内将芳『中世京都の民衆と社会』（思文閣出版、二〇〇〇年）、瀬田勝哉『増補洛中洛外の群像―失われた中世京都へ―』（平凡社、二〇〇九年）。
（3）奥野注2書。
（4）東島誠「日本中世の都市型飢饉について―京都を素材として―」（『比較都市史研究』一二―一号、一九九三年）。
（5）酒井紀美『日本中世の在地社会』（吉川弘文館、一九九九年）。
（6）佐藤和広「中世関所に関する一考察―内蔵寮率分関を中心として―」（『駒沢大学史学論集』一八号、一九八八年）。

（7）同右。
（8）水本邦彦「京街道を歩く」（同編『街道の日本史三二　京都と京街道』吉川弘文館、二〇〇二年）。
（9）佐藤注6論文、河内注2書。
（10）相田注2書。
（11）川島優美子「中世後期における京都周辺の関の構造」（『学習院史学』二九号、一九九一年）。
（12）田端泰子『日本中世の社会と女性』（吉川弘文館、一九九八年）。
（13）高谷知佳「室町幕府の首都支配と関所政策」（『中世の法秩序と都市社会』塙書房、二〇一六年。初出二〇〇七年）。
（14）佐藤注6論文。
（15）たとえば、戦国期の近江国高嶋郡において、幕府や権門領主が領有する関所の、実質的な設置者・経営者が在地領主層であったことが指摘されている（松澤徹「戦国期在地領主の関所支配」『早稲田大学教育学部　学術研究（地理学・歴史学・社会科学編）』四八号、二〇〇〇年）。
（16）伊藤正敏「叡山門前としての京―門前河東とフォブール洛中―」（河音能平・福田榮次郎編『延暦寺と中世社会』法蔵館、二〇〇四年）。
（17）武覚超『比叡山三塔諸堂沿革史』（叡山学院、一九九三年）。
（18）奥野注2書。
（19）河内注2書。
（20）豊田武『豊田武著作集第三巻　中世の商人と交通』（吉川弘文館、一九八二年）、下坂守『中世寺院社会の研究』（思文閣出版、二〇〇一年）。
（21）高橋慎一朗「寺院における僧坊の展開」（『中世都市の力―京・鎌倉と寺社―』高志書院、二〇一〇年。初出二〇〇七年）。
（22）今谷明『戦国期の室町幕府』（講談社、二〇〇六年。初版一九七五年）、下坂注20書。
（23）下坂注20書。

(24) 同右。
(25) 早島大祐「織田信長の畿内支配―日本近世の黎明―」(『日本史研究』五六五号、二〇〇九年)。
(26) 酒匂由紀子「戦国期京都の「土倉」と大森一族―天文一五年の分一徳政令史料の再検討―」(『日本史研究』六二五号、二〇一四年)。
(27) 新田英治「室町時代の公家領における代官請負に関する一考察」(寳月圭吾先生還暦記念会編『日本社会経済史研究　中世編』吉川弘文館、一九六七年)。
(28) 田端注12書。
(29) 中島圭一「中世京都における土倉業の成立」(『史学雑誌』一〇一編三号、一九九二年)。
(30) 下坂守「京都の復興―問丸・街道・率分―」(『近世風俗図譜　第三巻　洛中洛外(一)』小学館、一九八三年)。
(31) 河内注2書。
(32) 田端注12書。
(33) 高谷注13論文。
(34) 酒匂注26論文。
(35) 『兼見卿記』天正十三年十二月十七日条によれば佐竹出羽守は兼見室の兄弟であり、蓮養坊の一族と兼見とは縁戚関係にあることになる。また、『賀茂別雷神社文書』天正九年七月分職中算用状には「蓮養出羽守ニ酒」の一文が見られ、佐竹出羽守が蓮養坊に属する、もしくは蓮養坊の坊主である可能性がある。以上は、金子拓の教示による。
(36) 山下正男「京都市内およびその近辺の中世城郭―復原図と関連資料―」(『京都大学人文科学研究所調査報告』三五号、一九八六年)。
(37) 豊田注20書。
(38) 新田注27論文。
(39) 佐藤進一『日本中世史論集』(岩波書店、一九九〇年)。

Ⅱ　浄土宗西山派と寺院社会

第一章　証空の小坂住房をめぐる一考察

はじめに

法然の弟子善恵房証空（一一七七〜一二四七）を祖とする浄土教団の一派は、一般に「西山派」もしくは「西山義」と呼ばれている。現在その流れの末に位置する三つの宗派（いわゆる西山三派）も、西山浄土宗（総本山光明寺）・浄土宗西山禅林寺派（総本山禅林寺）・浄土宗西山深草派（総本山誓願寺）と、いずれも「西山」を称している。

証空の門流が西山派と呼ばれるのは、証空が京都西山の善峯寺の別所である往生院（後の三鈷寺）[1]を本拠としたことによるのであり、生前にすでに「西山善恵房」と呼ばれている例がある（『明月記』嘉禎元年十二月二十日条）。また、没後も西山往生院の華台廟に葬られている。

ところで、応長元年（一三一一）に凝然の編んだ『浄土法門源流章』（『続群書類従　伝部』）によれば、

証空初住小坂弘法、後移西山、弘通浄教

とあり、証空が西山に拠点を置く以前、「小坂」というところに居住していたことがわかる。しかし、この小坂の住房については、証空の遺跡として後に寺院堂舎が建立された形跡はなく、関係史料もほとんど存在せず、今日では所在地をたどる手がかりすらない。西山往生院が三鈷寺として現在まで存続し、『三鈷寺文書』等の史料にも恵まれていることとはおよそ対照的である。

それにもかかわらず、『浄土法門源流章』では「小坂証空大徳」とも書かれて小坂が強く意識されていることからもわかるように、証空の初期の活動拠点として小坂住房は重要な意味を持っていたと思われる。

そこで本章では、証空の小坂住房のおおよその場所を推定し、空間的特色を明らかにするとともに、証空が小坂に住したという「記憶」が、どのようなかたちで人々の間に残されたかを考察することにしたい。

一　小坂の位置

1　祇園の小坂

証空の住した小坂という地名が、京都のどのあたりに位置するかを明確に示す中世の史料は、残念ながら見あたらない。近世の地誌によれば、祇園付近と醍醐寺の南付近にその地名が見られる。証空の著作『自筆抄』（『観門義』）の行間に記される筆録の場所に、(2)「祇園ノ房」、「祇園」が頻出することから、醍醐の小坂ではなく祇園付近の地名であることは間違いあるまい。

しかしながら、正確な位置は定かではなく、『京都市の地名』（『日本歴史地名大系』平凡社）の「祇園村」の項にも次のように記されている。

「三鈷寺縁起」に善恵上人証空が建久元年（一一九〇）より建暦二年（一二一二）まで「居吉水之辺小坂」とみえる小坂は、綾小路宮小坂殿の所在から現祇園神幸道辺りと推察されるが確定しがたい。

ちなみに、右の記事に見える『三鈷寺縁起』は、延宝三年（一六七五）に鉄空純固によって編まれた『西山善恵上人略伝』に付されているものを指すと思われる。『京都市の地名』の記述が引用した文は、正徳元年（一七一一）成立

の『山城名勝志　巻第十四』（『新修京都叢書　第十四』）の「小坂」項にある、

三鈷寺縁起云善恵上人証空、自建久元年迄建暦二年、居吉水之辺小坂、

という記事であろう。しかし、実際には、『西山善恵上人略伝　付三鈷寺記并縁起』（大正大学所蔵版本）の『三鈷寺縁起』の部分には該当の記述はなく、『西山善恵上人略伝』に、

恵（証空）、自建久庚戌迄建暦壬申、栖遅吉水辺小坂、

との記述がある。これより、近世初頭に証空の小坂住房が吉水辺すなわち祇園周辺と考えられていたことがわかるのである。なお、「吉水」は法然の住房の所在地で、祇園の北東、現在の知恩院付近である。

さらに付言すれば、証空の小坂居住が建久元年から建暦二年とされているのは、証空が建久元年に法然に入門して、建保元年（一二一三）に西山善峯寺往生院へ移っているからであろう。ただ、証空は法然の室に入っていることから、当初は吉水の法然の住房におり、建永二年（一二〇七）の法然配流以後に小坂に移ったと考えるほうが妥当であろう。(3)

次に、近世の地誌では小坂の位置についてどのように記されているかを見てみよう。『山城名勝志　巻第十四』の「小坂」の項には、

或云祇園社南曰鳥居與捨山王社之間、綾小路宮小坂殿此辺歟、

とある。

大正四年（一九一五）刊行の地誌『京都坊目誌　下巻之十五』（『新修京都叢書　第二十』）の「小坂」項では、

詳ならす。相伝ふ今云ふ祇園神幸道是なりと。往時其西に綾小路ノ宮あり之を小坂殿と称す。

とある。神幸道は、天保十一年（一八四〇）刊行の『祇園新地細見図』(4)などによれば、祇園社の南門前・鳥居の南を東西に通る道で、現在もその名が残っている。また、文政元年（一八一八）九月七日の祇園社務執行等願書(5)に付された

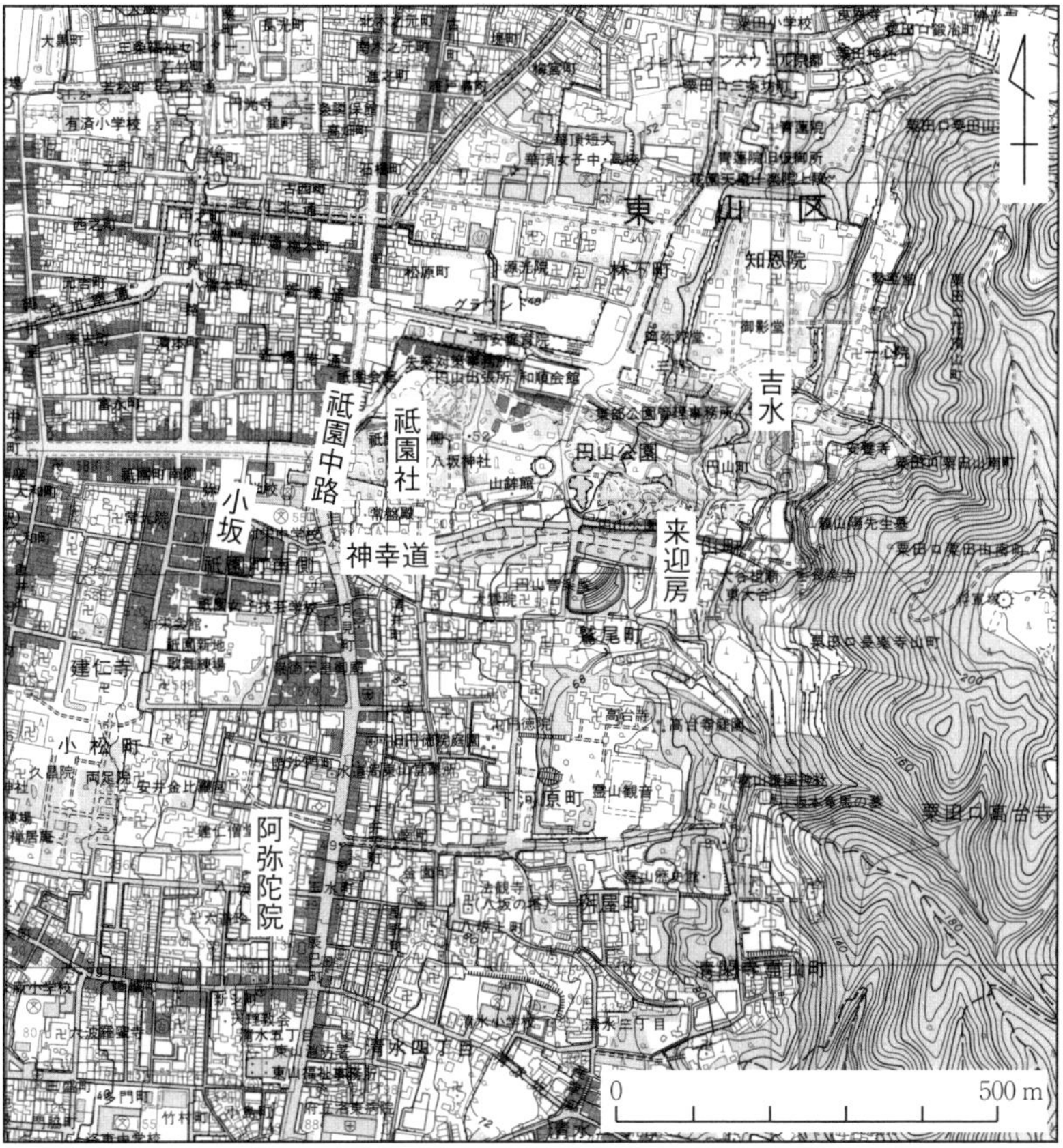

11　小坂周辺図（国土地理院発行 1 万分の 1 地形図「京都御所」「東山」をもとに作成）

指図によれば、南門鳥居前を東西に通る道のうち、鳥居より西を「神幸道」、東は「長楽寺道」として区別している。『山城名勝志』のいう「鳥居と捨山王社の間」も、鳥居から西へ向かうことになり、文政の指図のいう「神幸道」と同じことである。したがって、小坂は祇園社の南あたり、特に西南方面ということになる。

2　綾小路小坂殿

さて、『山城名勝志』と『京都坊目誌』のいずれにおいても、小坂の位置比定の手がかりとして「綾小路宮小坂殿」があげられている。そこで、綾小路宮小坂殿について今少し詳しく触れてみたい。

小坂殿が登場する代表的な中世史料は、『徒然草』第十段で、徳大寺実定の寝殿の屋根に鳶がとまらぬように縄を張ったという話に関連して、

　綾小路宮の、おはします小坂殿の棟に、いつぞや縄を引かれたりしかば、

とある。

『妙法院門跡伝』（東京大学史料編纂所架蔵謄写本）などによれば、「綾小路宮」と呼ばれた人物には、後高倉院と北白河院陳子の間に生まれた尊性法親王と、亀山天皇と三条公親女の間に生まれた性恵法親王がおり、いずれも天台宗山門派の妙法院門跡である。『妙法院門跡伝』では、性恵に「号綾小路小坂殿」と記しており、生存年代も考慮するならば『徒然草』の綾小路宮は性恵のことと考えられるが、性恵より前の尊性も同じ綾小路小坂殿に住していたと考えてよかろう(6)。

もっとも、『妙法院門跡伝』には、尊性の前の院主実全権僧正が建仁二年（一二〇二）に「綾小路房」において天台座主補任の「宣命」を受けたともあるから、尊性以前にすでに綾小路の住房が存在したと考えることもできる。

右より、妙法院門跡の住房が小坂にあり、そこに住した門跡が「綾小路宮」を称したと推測されるのであるが、明治に編纂された『京都府寺志稿　妙法院志稿』（東京大学史料編纂所架蔵謄写本）にも、

本寺ハ本ト叡山三千坊ノ一ニシテ叡山ニ在リシカ、其後法親王在住トナルニ及ビ八阪ノ地ニ移ル、京都古図ニ祇園社ノ西南建仁寺安井観勝寺ノ北ニ於イテ一区ヲ画シ、小阪綾小路宮ト称スル、

とある。

さらに、同史料は、小坂殿が建仁寺に隣接していた証拠として、『太平記』巻第二十一「佐渡判官入道流刑事」の例をあげる。すなわち、佐々木導誉が、自らの家来が妙法院の紅葉を折り取って咎められたことを恨み「妙法院ノ御所」を焼き討ちした際に、建仁寺が延焼しているのである。

また、『山城名勝志　巻第十四』の「小坂殿」の項では、

小坂綾小路末ニ宮レリ、故ニ綾小路宮トモ申スニヤ、

として、洛中の綾小路を東に伸ばした辺りに存するとしている。綾小路の延長線は、ほぼ神幸道にあたる。

以上を総合して考えると、妙法院の小坂殿は祇園社の西南、現在の神幸道と東大路の交わるあたり、ということになる。

3　祇園社の史料に見る小坂

小坂が祇園社の至近の場所であることから、当然のことながら門前一帯を社領とする祇園社の史料にも「小坂」の地名が散見される。綾小路宮小坂殿の関連史料が主として近世以降のものであったので、中世史料の裏付けを得るためにも祇園社の中世史料から考察を加えてみたい。

まず、『社家記録　六』（『増補続史料大成　八坂神社記録二』）は、至徳二年（一三八五）における「社辺下地」の地子を記したものであるが、これには「小坂北」や「小坂」という地名が見えている。よって、中世の小坂が祇園社近辺の地名であることが明らかになった。

次に、『祇園社記　雑纂第三』（『増補続史料大成　八坂神社記録四』）所収の、応永三十年（一四二三）七月の祇園社執行宛某書下に着目してみたい。この史料には、「小坂殿坊跡祇園中路敷地事」という事書がある。この「小坂殿坊跡」こそ、妙法院門跡の小坂殿の跡のことと思われる。そして、小坂殿が「祇園中路」に接していたことがわかるのである。

では、祇園中路はどこにあたるのであろうか。現在まで定説はないが、ただ『祇園社記　雑纂第二』（『増補続史料大成　八坂神社記録四』）所収の南北朝期の社辺敷地并田畠注文には「祇園西門前四条面南頬地」について「東限祇園中小路」とあり、祇園社西門前を南北に走る道であることは確かである。さらに同史料には「祇園南門前地」について「西限祇園中小路東頬、南限高橋通大堀、北限祇園南築垣」とあって、祇園中道が祇園社南築垣と交差することが判明する。

したがって、祇園中路は祇園社西門のすぐ西を南北に通る道、すなわち現在の東大路ということになる。『京都坊目誌　下巻之十五』の「祇園中道」項が「相伝ふいまのこつぽりより八軒と呼ぶ所是なりと」とするのも、同じく東大路の祇園社門前付近を指し、同じことである。

次に、『八坂神社文書』の応永二十二年祇園社領地子納帳という史料を取り上げてみたい。同史料中には、「小坂西頬」という地名表記が見られる。このことより、小坂が南北方向に通る道（坂）であることがわかろう。先に言及した神幸道は東西方向の道であるから、少なくとも小坂と神幸道はイコールではない。祇園中路のごく近くを、平行して通ることになるが、祇園中道より東側では祇園社の神前になってしまうことから、西側と考えるべきであろう。

以上の考察の結果、小坂は祇園社の東南方向、現在の弥栄中学と歌舞練場の中間あたりの一画ということになる。

二　証空と小坂

証空の小坂住房は、祇園社の東南に存在した。このことは、証空にとってはどのような意味を持っていたであろうか。小坂の空間的意味を考えるならば、何よりも法然の居住した吉水に近いということが指摘できよう。たとえ、証空が小坂に住するようになったのが法然配流の後であったとしても、その近隣に住することは法然の面影を偲ぶ意味があったであろうし、より現実的には、法然留守中の吉水住房を間近で見守る意味があったであろう。

また、慈円の住房の存した吉水、祇園社、そして妙法院の小坂殿と、この一帯は天台宗山門派（比叡山）の影響力の強く及ぶ範囲であったと思われ、慈円の庇護を受けた証空が建永の法難以後京都にとどまるについては好ましい場所であったろう。

さらに、嘉禄三年（一二二七）の念仏弾圧の際には、念仏者として「祇園西大門弟子三人」が見られ[8]、小坂周辺が念仏僧の多く集まる空間であったことがわかる。加えて、小坂に隣接する六波羅という空間もまた信仰の場としての性格を色濃く持っており[9]、念仏僧が住房を構えるのに適した環境にあったともいえる。

なお、ちょうど証空が小坂に拠点を置いていた時期に、妙法院の綾小路宮小坂殿には尊性法親王が居住していた。尊性の母は北白河院陳子であり、証空は彼女の問いを受けて、念仏についての教えを授けていることから[10]、あるいは尊性との間にも何らかの交流があったかもしれない。

ところで、証空よりやや時代が下がった鎌倉後期に「小坂禅尼」と呼ばれた人物がいる（本書九九頁の図4参照）。この人物は、久我通忠の娘と考えられている。[11] 源（久我）通親の子である証空と同じく、[12] 久我氏の出身である。このことを考え合わせると、小坂と久我氏の間に何らかの関係を想定し得るかもしれない。[13] さらに時代は下るが、久我通忠の曽孫長通が「小坂大納言」と称していることも注目される。[14] ただ、小坂禅尼は醍醐寺の勝俱胝院という子院の院主であり、醍醐寺南方の小坂に因むものと考えたい。

証空は、やがて建保元年（一二一三）には西山往生院に本拠を移すのであるが、その後も時として小坂住房を利用したことは、建保三年から嘉禄二年（一二二六）にかけて証空が著した『自筆抄』（『観門義』）の筆録場所として「祇園」が散見されることから知ることができる。

より具体的には、『観経疏序分義自筆鈔』巻一[15]に、建保五年十一月二日に「祇園ノ房」にて筆録したとの書き込みがあるのを始めとして、『往生礼讃自筆鈔』巻五[16]の嘉禄二年四月十一日「祇園」の書き込みまで、頻出している。ちなみに、祇園の房での筆録は、十五日前後の日に行なわれていることが比較的多いようである。何らかの意味があるのか、興味深い点ではある。

『自筆鈔』は、寛文十一年（一六七一）に空覚[17]によって『要義釈観門義鈔』（略して『観門義』と称される）と題して刊行されている。その空覚の跋文に、[18] 筆録の場所が列挙されており、「小坂」と「祇園」とを区別している。しかし、「小坂」という書き込みは管見の限り大谷大学蔵写本の『観経疏散善義自筆鈔』に一ヵ所見えるのみで、[19] また「西山」を「善峯」と言い換えている例もあることから、同一の場所と見なしてよいと思う。

さて、本章冒頭でも述べたように、後世に証空その人および門流は、主として「西山」もしくは「西山義」と称される。浄土系系譜類で最古のものと思われる永和元年（一三七五）成立の『吉水法流記』[20]では、証空以下の系譜を

「西山」としており、永和三年成立の『法水分流記』[21]では「西山義」として「又号小坂義」と注記している。永正三年（一五〇六）成立の『浄土惣系図』（『円通寺文書』所収[22]）では、「号西山証空上人」とされている。以後の系譜類も大差なく、南北朝・室町時代には一般に「西山」の呼称が定着していたものと思われる。ところが、鎌倉時代には、むしろ証空については「小坂」と称することが主流であったようである。

本章冒頭で触れたように『浄土法門源流章』に「小坂証空大徳」とあるほか、日蓮の『一代五時図』（下総・中山法華経寺所蔵[23]）では法然の弟子をあげて「コサカ　善恵房」としている。

また、同じく鎌倉時代の『観経玄義分聴聞抄』（金沢文庫所蔵[24]）にも「小坂善恵上人」とある。

一方、元亨元年（一三二一）前後の成立と考えられる『法然上人伝記』（九巻伝）巻三上の「善恵上人の事[25]」には、

当世、西山門と号し、小坂義と称するは、彼善恵上人の流也、

とあって「西山」と『小坂』がともに見えており、正嘉元年（一二五七）成立の『私聚百因縁集』巻七（『大日本仏教全書』一四八）にも証空の注に「善恵坊、西山義の元祖」とある。

よって、鎌倉時代から「西山義」の呼称も存在していたことも確かであるが、「小坂」の呼称は主として鎌倉時代に使用され、南北朝時代以降は影が薄くなるということがいえよう。

このことは、西山往生院（三鈷寺）を拠点とする西山派の一流（本山義・本山流）が、南北朝時代以降、急速に確立・発展することと関係があろう[26]。

南北朝期に本山義を大成した人物として知られる仁空実導（一三〇九〜一三八八）の撰にかかる『西山上人縁起[27]』は、証空の基本的伝記史料であるが、本山義の正当性を主張する意図をも持つことはすでに指摘されている[28]。とするならば、同史料が「西山」と証空の関係を強調することはあっても、祖師遺跡としての性格が競合する小坂の地を大きく

取り上げることは考えられない。

はたして、『西山上人縁起』には「小坂」の記述は全くないのである。小坂をはじめとする他の証空ゆかりの地よりも、自らの拠点西山の地を強調する仁空の意図は、同史料の第三巻に、

西山往生院を師跡の本所とは存せられけるにや、されは祖師をは天下こそりて西山上人とそ申める、

とあることからも明らかである。

証空と小坂の関係は、本山義の発展もあって、南北朝時代以降は次第に忘れられ、西山義・西山派の呼称が一般化するものと思われる。

三　証空の弟子と小坂

1　証入の例

証空に関する「小坂」の呼称が定着しなかった一つの原因には、小坂住房が弟子によって相続されなかったこと、したがって教団の拠点たり得なかったことがあろう。

しかしながら、弟子の中には「小坂」の呼称を継承した可能性がある者もわずかに存在する。その一人が、西山派の一流東山義（東山流）の祖となった観鏡証入である。

『吉水法流記』では、証入の注記に「小坂義」とあるのである。同史料の末尾には、永正七年（一五一〇）に康翁が書写した際に書き加えたと思われる血脈譜が収載されている。そこにおいても「観境上人　小坂義」と記されている。

また、『法水分流記』でも、証入の項において「小坂義」と記す異本があることが示されている。

証入の門流を「小坂」と称した例は他に見あたらないため、単なる誤記の可能性もあるが、証入の拠点とした東山・宮辻子の阿弥陀院は、小坂の南に隣接する六波羅の一角に存在したことに注目したい。(29) 一般には、阿弥陀院の所在地に因んで証入の教義・門流は「東山義」もしくは「宮辻子義」と称されるのであるが、阿弥陀院の推定所在地は、六波羅の中でも特に小坂に近いところと考えられるのである。証入は、かつて証空の住房があった小坂近くに拠点を置くことで、小坂の証空の流れを継いでいることを示す、すなわち自らの法流の正統性を主張しようとしたのではなかろうか。

後世の人が、証空の小坂義と混同して証入に対して「小坂義」の呼称を使用したという可能性も確かにあるであろう。しかし、証入の活動拠点が小坂のごく至近の場であることと、彼が証空の有力な弟子であることを考え合わせると、中世の人々が証入の教団を「小坂義」と称していた可能性のほうが高いと思われる。

2　如一の例

いま一人、証空の弟子の中に、小坂との関係をうかがわせる人物がいる。それは、如一という人物で、『法水分流記』において「住高橋見性院、云小坂」という注が付されているのである。

如一の場合も、管見の限り他に小坂の関係史料はなく、誤記の可能性を否定できない。しかし、証入の例に倣い活動拠点の高橋見性院を探ることによって何らかの見通しを得られるものと思われる。見性院という寺院については不明であるが、『吉水法流記』や『浄土惣系図』では如一について「白河高橋住」と記している。如一の住した「高橋」という地名が白河すなわち鴨川以東の地域にあったことがわかる。

興味深いのが『祇園社記　続録第三』(『増補続史料大成　八坂神社記録四』) 所収の康永二年 (一三四三) 三月日某注進

状である。この史料は「祇園社領内」で摘発された犯罪人の住居の処分に関する先例を書きあげたものであるが、宝治三年（一二四九）と延慶三年（一三一〇）の例にそれぞれ「高橋住人」が登場する。右の例より、「高橋」が祇園社周辺の地名であることがわかるのである。

ここで想起されるのが、本章第一節3で取り上げた「祇園南門前地」に関する史料で、「西限祇園中小路東頬、南限高橋通大堀、北限南築垣」とあることから、「高橋」が祇園社の南方、小坂の近隣の地域であると推測できるのである。

また蛇足ながら、『妙法院門跡伝』によると、妙法院門跡尊守法親王（文応元年〈一二六〇〉没）が「高橋宮」と号しており、妙法院門跡の住房が小坂周辺に集中していたことをうかがわせる。

如一の拠点とした高橋が小坂に近いということは、証入の場合と同様のことがいえるわけで、居住地の近さと証空の弟子ということで「小坂」と称されたことがあったのではないかと考えられる。

四　隆寛と小坂

法然の弟子隆寛は、多念義（長楽寺義）の祖とされる人物である。彼はもちろん証空の弟子ではないが、近世の地誌『山州名跡志　巻二』（『新修京都叢書　第十五』）の「長楽寺」の項に次のような記述がある。

> 旧記ヲ按スルニ隆寛ハ当寺ノ地内ニ別院ヲ構テ居セリ、其比封地ノ中ニ小坂アリ、依テ其房ヲ小坂房トイフ、此ノ故ニ隆寛所立ノ念仏安心ノ法脈ヲ小坂義トモ又ハ他念義トモ云フ、

隆寛の系譜を「小坂義」と称したということを示す大変珍しい史料である。しかし、他に隆寛の門流を「小坂義」

と呼んだ例はなく、「多念義」を「他念義」と誤っていることなどからも、明らかに誤解に基づく記事と思われる。ただ、このような誤解が生じた背景は推測しうる。結論を先に述べるなら、隆寛の住房もまた、小坂の近隣にあったのである。

隆寛は、嘉禄三年（一二二七）の念仏停止の際に東国に流罪となり、後に相模国飯山にとどまって一生を終える。鎌倉時代後期成立の『法然上人行状絵図』（四十八巻伝）の第四十四では[30]配流直前の隆寛について、

長楽寺の来迎房にして、最後の別時とて七日の如法念仏をつとめられけるに、

とあって、東国配流まで隆寛が東山長楽寺に「来迎房」という住房を構えていたことがわかるのである。

また、『法然上人行状絵図』第四十四の別の箇所にも[31]、

この律師（隆寛）の義を多念義となつく、又は長楽寺義ともいへり、長楽寺の惣門のうちに居をしめられける故なり、

との記述があり、隆寛が長楽寺の来迎房を拠点としていたことが確かめられる。ちなみに、近世に編まれた『円光大師行状絵図翼賛　巻四十四』（『浄土宗全書　十六』）には、長楽寺総門の注釈として、

相伝、此総門ハ今ノ高台寺ノ北門ノ辺ナリシトソ、

と記している。よって、隆寛の来迎房は長楽寺の西のはずれ、祇園社のすぐ東側あたりに推定することができる。現在の長楽寺の位置からもわかるように、隆寛の住房は、証空の住した小坂にほど近い場所にあったのである。加えて、隆寛と証空は法然門下の中でも特に親しく交流を持っていたと考えられている[32]。教学の面でも、ともに天台の影響を受けつつ他力および安心を重視するという点で、近い立場にあったといえる[33]。

以上のようなことから、本来証空に対して使われていた「小坂義」という言葉が、小坂の近くに住した隆寛に対して誤用されるに至ったと考えられるのである。

おわりに

証空の小坂住房は、祇園社の西南にあり、天台宗山門派と密接な関係を持つ宗教的な空間であった。また、小坂は「信仰の空間」六波羅にも近く、証空が身を置くに適した場であった。後に六波羅は武家地となり、西山派と武士との間に密接な交流が生じたが[34]、それは、証空の住坊が小坂にあり、弟子証入が師証空にならって小坂近くの六波羅に拠点を構えたことも原因の一つであったと思われる。つまり、証空の小坂住坊が、西山派と武士のつながりの遠因となったともいえるのである。

証空が小坂に居住したという事実から、「小坂義」という呼称が発生したが、南北朝時代以降、小坂住房の廃絶、西山三鈷寺教団（本山義）の隆盛という状況の中で、証空とその門流を示す言葉としては「西山」「西山義」が一般化していく。

証空と小坂に関する「記憶」は、証入や如一といった小坂周辺に居住した証空門弟が「小坂」と称されることによって、かたちを変えて残されたのである。しかし、「西山義」の定着によってそれもやがて薄れ、「小坂義」の語も本来の意味を失って、隆寛に対し誤用されることになったのである。若干象徴的に述べるならば、「小坂義」の衰退は、「西山義」「西山派」の発展と表裏一体の関係にあった、といえよう。

注

（1）　現在、三鈷寺自体は前記の西山三派には属さず、独自に「西山宗」を称している。

（2）　西山短期大学編『西山叢書』（同大学刊）による。『観門義』行間の書き込みについては、藤原幸章「大谷大学蔵四帖疏仮名書観門義について」(『大谷学報』一九巻二号、一九三八年)、徳岡亮英「観門義筆録の日付について」(『西山学報』二五号、一九七六年)、同「自筆抄の行間に記入されている地名について」(『西山学報』二八号、一九八〇年)、榊原慶治「西山上人『自筆御抄』筆録の研究」(『深草教学』一五号、一九九五年)等を参照。

(3) 梶村昇『宇都宮一族　法然上人をめぐる関東武者2』(東方出版、一九九二年)一六二～一六三頁。

(4) 『別冊太陽　京都古地図散歩』(平凡社、一九九四年)所収。

(5) 『増補八坂神社文書』(臨川書店)下巻一四三二号。

(6) 尊性法親王および綾小路殿については、高橋慎一朗「尊性法親王と寺社紛争」(本書Ⅰ部第二章)も参照。

(7) 『増補八坂神社文書』下巻二一二九号。

(8) 『民経記』所収嘉禄三年八月二十七日検非違使別当宣(竹内理三編『鎌倉遺文』六巻三六五五号)。

(9) 高橋慎一朗『中世の都市と武士』(吉川弘文館、一九九六年)。

(10) 『女院御書　下巻』(森英純編『西山上人短篇抄物集』)。

(11) 小坂禅尼については、岡野友彦「久我家領荘園の伝領とその相続安堵」(『史学雑誌』九七編四号、一九八八年)、土谷恵「願主と尼」(大隅和雄・西口順子編『シリーズ女性と仏教1　尼と尼寺』平凡社、一九八九年)などを参照。

(12) 従来証空は源通親の猶子(養子)とされてきたが、実子と考えてさしつかえないと思われる。この点に関しては、吉良潤「証空は源通親の実子」(『西山学会年報』六号、一九九六年)参照。

(13) 梶村注3書一六四頁では、小坂の証空住房について「養父の援助で入手したものであろう」として久我(源)通親の関与を示唆しているが、特に根拠はあげられていない。

(14) 『醍醐寺蔵本　伝法灌頂師資相承血脈』(『醍醐寺文化財研究所紀要』一号)の覚雄の項。覚雄は久我長通息。また、久我通忠息で、覚雄の師でもある醍醐寺僧・親玄が鎌倉滞在中に記した『親玄僧正日記』の、永仁元年(一二九三)九月十八日条に、「小坂・醍醐等状事、一遣了」とある。醍醐とは区別される「小坂」に対して、久我氏出身の僧が書状を遣わしていることから、ここにおいても祇園近辺の小坂と久我氏のつながりを想定することはできる。

（15）『西山叢書』第一巻。
（16）『西山叢書』第三巻。
（17）空覚については、大塚霊雲「空覚上人の行実」（『西山学会年報』三号、一九九三年）に詳しい。
（18）『般舟讃要義釈観門義鈔』巻第七（『大日本仏教全書』五六）。なお、同書では「富小坂」となっているが「富」「小坂」の誤りで、「富」は別の地名である。
（19）藤原注2論文参照。
（20）牧哲義「『吉水法流記』『法水分流記』の翻刻とその研究　第一部資料篇」（『東洋学研究』三〇号、一九九三年）による。同史料の書誌については、牧哲義「法然門下の初期の系譜資料―『吉水法流記』と『法水分流記』について―」（『東洋学研究』三一号、一九九四年）も参照。
（21）野村恒道・福田行慈編『法然教団系譜選』（青史出版、二〇〇四年）による。
（22）同右。
（23）東京大学史料編纂所編『大日本史料　第五編之二十三』一九四頁。
（24）同右、一八九頁。この史料の性格については、神奈川県立金沢文庫編『称名寺と浄土教資料』（一九八二年展示図録）に詳しい。
（25）『大日本史料　第五編之二十三』一九九頁。九巻伝の成立時期については、田村円澄『法然上人伝の研究』（法蔵館、一九七二年）第一部第三章「法然伝の系譜」参照。
（26）田辺英夫「本山義の軌跡」（『西山学報』四一号、一九九三年）など。
（27）浄土宗西山三派遠忌記念事業委員会編『西山国師絵伝　浄橋寺本』（西山三派宗務所、一九九四年）による。
（28）池田円暁「実導上人に於ける祖跡の兼帯とその意義」（『西山禅林学報』九号、一九六四年）など。
（29）高橋注9書一二八～一二九頁。なお、同書四一頁の六波羅周辺概念図では、旧宮辻町の位置を中心に考えた結果、阿弥陀院を六波羅蜜寺の南方に推定したが、南北朝期の宮辻子が建仁寺と祇園社との間にあったと考えられることや近世の地誌の記述を中心に再考し、六道珍皇寺付近に訂正することにした。

(30) 『大日本史料　第五編之四』二七頁。

(31) 同右、二三三頁。

(32) 玉山成元「長楽寺隆寛とその行動」(『中世浄土宗教団史の研究』山喜房仏書林、一九八〇年)。

(33) 石田充之『浄土教教理史』(平楽寺書店、一九六二年)など。

(34) 高橋注9書。

第二章　往生講の展開と浄土宗西山派

はじめに

仏教の聖教類の中に、「講式」と呼ばれる種類の典籍が存在する。講式とは何か、といえば、講の式次第であり、「講式はお経をやさしく説こうとする勉強会の式次第」ということになる(1)。中でも、永観の『往生講式(2)』は、阿弥陀如来を讃歎する浄土教的な講式として代表的なものであり、多くの写本が残されている。「民衆の中に浸透していった、最もポピュラーな講式」との評価(3)もある。

ただし、多数の写本の存在は確かに『往生講式』が広く普及していたことを示すものであるが、式次第という性格上当然のことながら各写本の内容に大きな異同はなく、いかに受容されたかは写本自体からは不明である。実際の「往生講」という行事が、『往生講式』に完全に一致する形式で行なわれていたか、またどのような人々によってその行事が担われていたかは、改めて考察する必要がある。そこで本章では、記録類を中心に中世の往生講の実態を探ることで、浄土教普及の一端を解明したいと思う。

一　二つの講式

永観の『往生講式』は、承暦三年（一〇七九）に成立したものと考えられている。[4] 著者の永観は、周知のように東大寺・三論宗系の僧で、後に京都東山の禅林寺に隠棲して念仏三昧の生活を送った。[5] 禅林寺は永観ゆかりの地であるがゆえに、今日「永観堂」の名で知られているのである。『往生講式』は、『往生講私記』もしくは『阿弥陀講式』の別名を持ち、その写本は醍醐寺、高野山、東大寺、大原を中心とする比叡山などに宗派を越えて流布していることが、大谷旭雄の詳細な研究によって明らかにされている。[6]

『阿弥陀講式』の別名にもうかがわれるごとく、往生講が阿弥陀講という名のもとで行なわれる場合もあったと思われ、「往生講」と呼ばれる行事と「阿弥陀講」と呼ばれるものの内容については明確に区別しがたいことは、すでに指摘されているところである。[7] しかし、平経高の日記『平戸記』や近衛家実の日記『猪隈関白記』では、一人の記主が往生講と阿弥陀講を区別して記している。そこで、厳密を期すために、本章では史料上で「往生講」と現れる事例にのみ限定して考察することにする。

さて、永観の『往生講式』のおおよその構成は、

・惣礼（講式そのものには「惣礼」とは記されていないが、金沢文庫蔵『諸経要文伽陀集　上』[8]や随心院蔵『往生講式』[9]によれば、冒頭の部分が惣礼にあたるのは明らかである）
・法用
・表白
・神分
・勧請
・講演　七段

・回向

という次第で表すことができる。講演は七つの段に分かれて、それぞれ式文、伽陀、礼拝からなる。惣礼と回向の部分においても伽陀（仏を讃歎する定型詩に節のついたもの）が唱えられる。また、毎月十五日に修すべきことが記されている。ちなみに、次に触れる真源の講式との対照から述べておくと、管弦の音楽は永観の講式には見られない。ただ、伽陀部分のみを抜き出して編集したものがあるのみである（金沢文庫蔵の『往生講伽陀』(10)および『諸経要文伽陀集　上』）。

一方、永観の『往生講式』の成立とほぼ同じ頃、もう一つの往生講式が誕生していることが注目される。それは、正確には『順次往生講式』(11)というものである。この講式は永久二年（一一一四）の成立で、天台宗比叡山の学僧である真源によって著された(12)。現在知られている写本の存在は、きわめて少ない(13)。そのため、さほど著名ではないが、この講式に則った往生講（厳密には順次往生講というべきか）が、ある時点まで行なわれていたことは確かであろう。

おおよその構成は、

・惣礼
・法用
・表白（述意門）
・講演　九段（正修門）
・回向（回向門）

という次第に要約することができる。講演は九つの段に分かれ、それぞれ式文、伽陀、音楽（雅楽）、催馬楽から成り立つ。表白と回向にも伽陀と音楽が付く。この講式で特徴的なのは、音楽が大量に取り入れられている点である。音楽部分に付属する歌の歌詞のみを抜き出して編集した歌詞集もいくつか見られる。その中の一つが『極楽声歌』で、

天台声明において長く歌い継がれ、京都大原の来迎院に写本が現存する。(14)

『順次往生講式』に見られる雅楽の楽曲名を、各部分ごとに書き上げると、

表白　「想仏恋」、「往生急」
第一段「万歳楽」
第二段「倍臚」
第三段「大平楽破」
第四段「三台破・急」
第五段「裹頭楽」
第六段「甘州」
第七段「郎君子」
第八段「廻忽」
第九段「五聖楽破・急」
回向　「蘇合急」

となる。

このように、平安後期には、三論宗の永観の作った、音楽を伴わない『往生講式』と、天台宗の真源が作った、音楽を含む『順次往生講式』とが成立した。二つの講式は音楽との関係において差異があるが、いずれも浄土思想に基づく点では同じであり、ともに往生講という行事の式次第として利用されたものと思われる。二つの講式の成立を承けて、以後中世には往生講が盛んに行なわれるようになったものと推測される。

二　中世前期の往生講

中世前期には、具体的には往生講はどのようなかたちで行なわれていたのであろうか。まず、実例を二例見てみよう。

A『山槐記』治承二年（一一七八）閏六月八日条

於院長講、次往生講、大相国（藤原師長）已下参入、可有管弦云々、

B『玉葉』治承二年十二月二十三日条

今夕於法皇宮、被行往生講、毎月十五日可為恒例事云々、大相国（藤原師長）已下、堪糸管之輩応召、但外人不入此列云々、

いずれも後白河上皇の往生講の例であるが、Aでは「管弦有るべし」とあり、Bでも「糸管に堪うるの輩」すなわち管弦の得意な人物を召していることから、音楽の演奏が行なわれたことは間違いない。A・Bともに、琵琶の名手として知られる藤原師長が参加していることからも、音楽の側面が重視されていたことがうかがわれる。

さらには、次のような例もある。

C『猪隈関白記』建仁二年（一二〇二）六月二十四日条

今夜於北丈六堂、有往生講事、有楽盤渉調、笙余、利秋、笛景賢、篳篥末遠、琵琶高俊、箏大納言、女房二人、大鼓伊綱、鞨鼓経家卿、鉦鼓家衡朝臣、講了楽猶数曲、及暁分散、

往生講と音楽との強い結びつきを示しており、「講了りて、楽猶数曲」とあって、むしろ楽主体ではないかとの印象すらうける。僧侶の名も出てこず、あるいは俗人のみの音楽の集いかとの疑いも生ずる。

実は往生講と音楽の関連は、永観の『往生講式』以前に遡る。

D『拾遺往生伝　巻下』（『大日本仏教全書』一〇七）

大法師頼暹者、西府安楽寺之学頭也、本住世間、亦好管弦、爰作楽曲、其詞云、帰命頂礼弥陀尊、引接必垂給培、以此曲毎月十五日、招伶人五六、勤修於講演、号曰往生講矣、専営此事、漸及多年、已臨死期、（中略）于時延久年中、[15]

頼暹の没年が延久年中（一〇六九～一〇七四）であるから、永観の『往生講式』以前に非常に音楽的色彩が濃い往生講なるものがあったことがわかる。このことより、永観の講式は、すでにいくつかの形式で行なわれていた往生講の次第を整備したものと位置付けられる。そして、永観の講式では捨象されているものの、Dの史料により、往生講と称す行事が元来音楽と結びつきやすかったことが示されている。[16]

しからば、中世前期の往生講が全くの管弦音楽のみの集いであったかといえば、そうではなかった。

E『教訓抄　拾』（『続群書類従』管絃部）

仁治二年（一二四一）四月廿四日、今出川太政大臣入道殿（西園寺公経）、往生講、打太コ事、蘇合一帖十二拍子、如常、（中略）越天楽加三ト拍子、為胡飲酒、此楽常ハ可加一拍子三ト拍子ノ説、船楽ノ説、依為下高座ノ楽、打此説了、導師礼盤ヨリ下テ、本座ニ向時、加拍子、以是、為下高座ノ習ナリ、

「導師礼盤ヨリ下テ」云々とあり、僧侶もいることは確かで、導師が講式に従って講演をしていたと推測される。その上で、音楽が伴っていたのが一般的な形態であろう。

以上のA、B、C、Eの例は、いずれも管弦音楽が伴っている。ということは、真源の『順次往生講式』によって執行された往生講かと一応は考えられる。しかし、永観の『往生講式』も、鎌倉時代後期には音楽との結びつきが生

じているのである。菊地勇次郎によって紹介された『禅林式聞書』（『醍醐寺文書』四六五函一九号）は、「永観の『往生講式』を恒例式・追善式・管絃講などで行うときの法式や心得などを記したもので、作法・登楽・講式・読式・文点・反音・音仕などについて、問答体も加えて述べて」おり、嘉元四年（一三〇六）の奥書を持つ。[17] その一部を次に掲げる。

F『禅林式聞書』

一、読式一巻之時可心得事、三種之様之有、一ニハ恒例式、二ニハ追善式、三ニハ管絃講之式、皆以口伝アリ、
管絃講之時ハ、管絃ヲムネトスヘキ也、恒例・追善之時ハ、大体如本可読也、

また、鎌倉中期の仏教説話集にも次のような記述が見える。

G『私聚百因縁集　巻第八・永観ノ事』（『大日本仏教全書』一四八）

永観製作往生講、経年月儘、弥々世間深信仰、尋所々、貴賤結契月々勤之、男女合便、時々即行、或奏伎楽唱伽陀、或設供具備香花、

FやGの事例より、永観の『往生講式』が管弦と結びついた形式での往生講が、少なくとも鎌倉時代中期にはすでに広く行なわれていたことが判明する。

さらには、金沢文庫に『往生講次第』（『金沢文庫資料全書七　歌謡・声明篇』）という史料が存在する。成立年は不明であるが、内容は惣礼、第一〜第七段、回向のそれぞれについて、音楽の次第を載せる。構成からみて永観の『往生講式』に対応するものであろう。ただし、五段と回向の部分には「極楽唱歌」の「倍盧」と「五聖楽破・急」なる曲がそれぞれ用いられており、これは真源の講式から音楽部分のみを抜粋した『極楽声歌』によっていることは明らかである。真源の講式の強い影響がうかがわれ、永観の講式が音楽と結びついたごく初期の段階の形態、すなわち鎌倉

時代中後期の形態を示す一例と考えたい。

中世前期の往生講では、その依拠する式次第については永観の『往生講式』と真源の『順次往生講式』とがいずれも影響力を持っていたようである。ところで、いままで見てきた史料では、往生講に参加した具体的な僧侶の名前はおろか所属すら現れてこない。いったい寺院・僧侶としては、どのような立場の人々が主として関わっていたのであろうか。その点を考えるカギを与えてくれるのが、平経高の『平戸記』である。

H『平戸記』寛元二年（一二四四）二月十三日条

次往生講也、刑部卿会合、能声六人修之、定心読式、

I『平戸記』寛元二年七月二十一日条

夜半行順次往生講、定心読式、聴聞之輩満座拭涙、上下多集、念仏之習也、

J『平戸記』寛元三年三月二十八日条

次行順次講、定心読式、自始随喜之涙、聴聞衆緇素女房等成群、

Iでは「順次往生講」とあり、Jでも「順次講」とあることから、真源の『順次往生講式』による往生講かと思われる。もっとも、いずれも楽については触れておらず、音楽を伴った完全な形態で行なわれたかどうかは不明である。

H、I、Jの史料より、定心を始めとする「能声の輩」が往生講を執行していたことがわかるが、伊藤唯真氏の研究(18)によれば、「能声の輩」とは経高の恒例念仏衆であり、定心、敬仏、成願、聞信、性阿弥陀仏、准成などの人々である。そして彼らの立場は浄土宗西山派に近いものであるという。また、Iに「上下多く集う、念仏の習いなり」とあることに象徴されるように、貴族の講でありながら民衆も多く参入しているらしいことが注目されよう。

往生講を行なう僧の素性がわかる例をもう一つあげよう。

K『明月記』元久元年（一二〇四）二月十五日条

今夜此尼上被始懺法、子息僧達許也、（中略）絲竹音曲之遊、及晩鐘、静快已講読往生講式、

「音曲之遊」と往生講とが一体のものとして行なわれたかどうかは定かではないが、静快という僧が『往生講式』を読んでいる。静快は『明月記』の記主藤原定家の兄弟で、天台の僧であり、法勝寺の供僧を務めている。[19][20]

寺院・僧侶に関しては史料が少なく、とりあえず浄土宗西山派および天台宗の僧侶が関与していたことのみを明らかにし得た。

中世前期の往生講についてまとめてみると、真源の講式もしくは永観の講式に基づき、音楽と結びつくかたちで浄土宗西山派や天台系の僧侶が関連して行なわれていた、ということになろう。

三　中世後期の往生講

南北朝時代以降、中世後期には往生講の実態はどのようになっていたであろうか。まずはその典型的な例として、文明九年（一四七七）十二月二十七日の安禅寺殿（後土御門天皇姉の居所）における往生講に関する史料を見てみたい。

L『親長卿記』文明九年十二月二十四日条

今日仰ニ、廿七日可被行往生講之由被思食、可申沙汰、先召二尊院僧可談合云々、即召寄統恵房談仰之趣、申合長老《善空》可申左右云々、立帰申之云、寒中体之上、式等旁難治、雖然仰之上者可参勤云々、此旨然者楽人等可仰、

M『同』文明九年十二月二十七日条

往生講

盤渉調
採桑老只拍子
蘇合三帖
同急
白柱
輪台青海波
竹林楽
千秋楽

N『実隆公記』文明九年十二月二十七日条
於安禅寺殿為勅願二尊院往生講被行之、（中略）僧衆六口也、式師長老《（善空）》、伽陀統恵、楽採桑老、蘇合三帖、同急、輪台青海波、白柱、竹林楽、千秋楽等也、

LやNにみられるように、往生講を執りしきっているのは「二尊院長老」であり、善空（恵篤）という僧である。善空は浄土宗西山派のうち、三鈷寺を本拠とする本山流（本山義）の流派に属し、後土御門天皇の厚い帰依を受け、三鈷寺、二尊院、遣迎院の住持を兼帯し、勅願の般舟三昧院の開山に請じられている。(21) 通常は二尊院に居住していたらしく、「二尊院善空」として現れる。

また、Nにおいて伽陀を担当している統恵は、善空の弟子と思われ、後には般舟院統恵としてみえる人物である。(22)

Mの楽目録には、曲が七項目に分けて書き上げられていることから、永観の講式の講演七段にそれぞれ対応するものと考えられる。曲名も真源の『順次往生講式』には見られないものがほとんどであり、永観の『往生講式』に音楽

が結びついたものと推測される。

善空は他にもしばしば往生講を行なっていることが知られる。その一部を次に掲げる。

O『実隆公記』延徳二年（一四九〇）八月二十八日条

甘露寺（親長）母儀卅三回為明年、仍今年予追善之、往生講請二尊院（善空）行之、奏音楽云々、

P『実隆公記』延徳三年二月十三日条

今日於般舟三昧院、有御逆修往生講、善空上人沙汰云々、堂上地下楽人少々、参入者可尋記、

Oは追善、Pは逆修と、動機は異なっているものの、いずれも楽の演奏があったようであり、音楽が伴う形態は一般的になっていることがうかがわれる。なお、OもPも善空の執行した往生講であるから、Mと同様に永観の講式を使用したものと考えてよいであろう。以下では、善空の他にどのような立場の僧侶が関連していたかに着目しつつ考察を加えていきたい。

Q『実隆公記』明応五年（一四九六）七月十六日条

宗純房、如法念仏作法銘、往生講銘等所望、即染筆了、

宗純は念空と号し、善空の弟子である。(23) 後には三鈷寺、二尊院の住持となる西山派本山流の僧で、Qでは、三条西実隆に「往生講銘」を求めている。これは『往生講式』の銘のことと思われ、宗純自身も往生講と深く関わっていたと思われる。

L〜Qは二尊院関係者の事例であったが、次のR、S、Tは廬山寺の関係者の事例である。

R『元長卿記』文亀二年（一五〇二）五月一日条

今日六七日法事奉修之、有往生講式、竹中読之、

「竹中」とは、廬山寺の竹中坊という子院（『元長卿記』文亀元年二月十三日条、『言継卿記』天文十九年十二月七日条等参照）であり、竹中坊の住持が講式を読んだということになる。残念ながら、当時の住持の名を明らかにすることはできない。

S『実隆公記』大永四年（一五二四）八月二十日条

往生講、良秀大徳読式、

良秀は『実隆公記』に頻出する人物で、廬山寺の僧であることは、『実隆公記』文亀三年十月十三日条等より明らかである。

T『二水記』大永七年十一月二十七日条

早旦謁甘露寺亭、故一品（甘露寺元長）百ヶ日、有往生講、請僧廬山寺之衆也、七口請之、有楽、双調也、

廬山寺は、元来は天台の寺院であるが、南北朝時代に三鈷寺の仁空（実導）が兼帯して以降、浄土宗西山派本山流の拠点となっていた[24]。二尊院も、善空以降は三鈷寺住持の兼帯となっていたから、本山流で同流ということになる。

中世前期には浄土宗西山派の他に、天台宗の僧侶が往生講に関わっていたが、中世後期においても天台宗の関与が見られる。

U『親長卿記』文明三年（一四七一）二月二十七日条

後花園院御月忌始也、（中略）已前籠僧十一人、恵忍上人元応寺長老、良俊大徳福厳寺、（中略）有往生講式長老上人導師也、

元応寺は元は京都岡崎の法勝寺の近くに存した寺で（『法勝寺由緒記』[25]）、鎌倉末期に法勝寺を拠点に天台円頓戒の復興に努めた円観恵鎮が、後宇多上皇の御所を譲り受けて寺となした天台系の円頓戒道場である（『五代国師自記』[26]）。円頓戒の相承という側面では、恵鎮は叡空—源空（法然）—信空—湛空—恵尋という戒脈の下に位置付けられる

（『法勝寺由緒記』）[27]。すなわち、湛空から正覚以下代々の二尊院住持によって相承された二尊院流の円頓戒と、恵鎮からその弟子光宗を通じて相承された元応寺流の円頓戒は、いずれも元は湛空から発しているわけで、大きく見れば近い関係にある[28]。したがって、二尊院を南北朝時代から兼帯するようになった西山派本山流と、元応寺は、戒という側面では近いものがあるといえる。

また、元応寺の天台円頓戒の道場という性格は、戒念一味を称して浄土系の中でも特に円頓戒を重視する西山派全体の立場とも通ずるものがある[29]。

室町時代中期に活躍した天台系の念仏聖真盛（天台真盛宗の祖）も、元応寺流の僧と考えられているが[30]、その真盛の五七日の仏事においても往生講が修された。

V『真盛上人往生伝記　中』[31]

四月初五日（明応四年＝一四九五）、当先師小練忌之辰、元応門下英傑十余人来会西教寺、宿忌往生講一座、導師安養寺、伽陀龍宗寺、

元応寺の関係者が往生講を執行しており、元応寺流と往生講のつながりをうかがわせる。U、Vの例で明らかになったように、天台宗の中でもとりわけ浄土宗西山派に近い立場にある元応寺の関係者が往生講に関与していたのである。

以上より、中世後期の往生講の実態をまとめてみると、浄土宗西山派の本山流およびそれに近い天台宗元応寺の僧侶等が中心となって往生講が行なわれ、音楽を伴う形態が定着していたといえる。依拠した講式は、Mの事例からおそらくは永観の『往生講式』であったと考えられるが、それを裏付けるのが次の史料である。

W『実隆公記』天文二年（一五三三）五月六日条

往生講式愚本寄進禅林寺、書奥書伝遣之、

実隆が、自らの所持する『往生講式』を禅林寺に寄進している。禅林寺は永観ゆかりの寺に他ならず、鎌倉中期の嘉禎のころには「毎月二座の往生講」が修されていたとの伝承もある。(32)また、近衛道嗣の日記『後深心院関白記』永和二年六月二十七日条によれば、この日彼は永観堂（禅林寺）において「往生講草本」を拝見したといい、永観の講式の草本が伝来していたと思われる。その禅林寺に寄進するということは、この『往生講式』が永観の講式であるということを間接的に証明するものである。したがって、『実隆公記』にしきりに登場する往生講もまた、永観の講式に則ったものであった可能性が高い。さらには、次のような史料もある。

X『実隆公記』享禄四年（一五三一）八月二十九日条

三宝院《義堯》往生講式被借用、今日奉之、

実隆から醍醐寺三宝院へ「往生講式」が貸し出されており、これも実隆所持の永観の『往生講式』と思われる。WやXの事例をも踏まえて考えれば、中世後期には永観の講式が広く流布していたと考えてよいであろう。

おわりに

中世を通じて往生講は音楽と結びつきながら行なわれ、それはIやJの事例に見られたように、貴族の主催するものであっても、民衆をも巻き込む宗教的行事であった。特に中世後期には、往生講は、永観の『往生講式』によって、浄土宗西山派本山流の周辺の僧が中心となって行なわれるようになっていた。

本来は、音楽との結びつきが設定されていなかった永観の講式は、鎌倉中期ごろまでには楽が結びつく様式が形成され、中世後期にはそれが定着したのである。このことは、往生講の主たる担い手が西山派であったことに、深くか

かわるのではないかと考えられる。

まず、鎌倉中期には西山派の僧は、H～Jの事例に見られるように、当初から音楽と結びついたかたちで成立した天台系の真源の『順次往生講式』を用いていたと思われる。また、そもそも派祖証空が天台座主慈円の保護下にあったこともあり、西山派は天台色が強いといわれる。[33] よって、西山派は天台系の真源の講式に接する機会が多かったであろう。

その一方で、永観が居所とした禅林寺は、鎌倉後期より西山派の寺院となっている。[34] 西山派は、真源の講式と永観の講式を結びつけ得る立場にあったのである。そう考えるならば、西山派の中でも特に天台色の濃い本山流と、天台宗の中でも特に西山派に近い立場の天台宗元応寺が、中世後期に往生講を担っていくのも当然といえよう。

以上のようなことから、真源の『順次往生講式』にヒントを得て、永観の『往生講式』に音楽を結びつける形態を案出したのは、浄土宗西山派（とりわけ本山流）の関係者ではないかと考えたい。そして、彼らを中心に中世の往生講は展開していったと思われる。

現在、往生講という仏教行事は絶えているが、室町時代以降に西山派本山流の衰退したことが、必然的に往生講の衰退を招いたということがいえよう。

注

（1）山田昭全「講式―その成立と展開―」（『山田昭全著作集　第一巻　講会の文学』おうふう、二〇一二年。初出一九九五年）。

（2）『大正新修大蔵経　八四』。

（3）山田注1論文。

(4) 大谷旭雄「永観『往生講式』の撰時と往生思想」(戸松啓真教授古稀記念論集刊行会編『浄土教論集』大東出版社、一九八七年)。

(5) 永観については、大谷旭雄「永観―念仏宗の人―」(大谷旭雄・坂上雅翁・吉田宏晢『浄土仏教の思想七 永観・珍海・覚鑁』講談社、一九九三年)、五味文彦「永観と『中世』」(『院政期社会の研究』山川出版社、一九八四年)などを参照。

(6) 大谷注4論文。

(7) 伊藤真徹「順次往生講式と極楽声歌」(『平安浄土教信仰史の研究』平楽寺書店、一九七四年)三九〇頁。

(8) 『金沢文庫資料全書七 歌謡・声明篇』(神奈川県立金沢文庫、一九八四年)。

(9) 随心院聖教類総合調査団編『随心院聖教類の研究』(汲古書院、一九九五年)。

(10) 注8に同じ。

(11) 高野辰之編『日本歌謡集成四 中古近古篇』(東京堂出版、一九七九年。一九二八年版の復刊)、伊藤真徹『日本浄土教文化史研究』(隆文館、一九七五年)第4篇浄土教信仰資料、講式研究会「順次往生講式」(『大正大学総合仏教研究所年報』一二号、一九九〇年)等の翻刻がある。

(12) 伊藤注11書、講式研究会注11論文。なお、真源については、井上光貞『新訂日本浄土教成立史の研究』(山川出版社、一九五六年)一九九〜二〇〇頁も参照。

(13) 講式研究会注11論文。

(14) 伊藤注7論文。

(15) 文中の詞「帰命頂礼」云々については伊藤注11書四四頁参照。

(16) この点についてはすでに菅野扶美「『音楽講式』について」(『国語と国文学』六四巻八号、一九八七年)も言及している。なお、本論文の所在については豊永聡美の教示を得た。

(17) 菊地勇次郎「醍醐寺聖教のなかの浄土教」(同『源空とその門下』法蔵館、一九八五年)。

(18) 伊藤唯真「貴族と能声の念仏衆―平経高を例として―」(『浄土宗の成立と展開』吉川弘文館、一九八一年)。

(19)　この史料の存在については、尾上陽介の教示を得た。
(20)　村山修一『藤原定家』（吉川弘文館、一九六二年）二二頁。
(21)　善空については、田辺隆邦「善空上人の教化」（『西山学報』二二号、一九七二年）、辻善之助『日本仏教史　中世篇之四』（岩波書店、一九五〇年、二七三～五頁）、大山喬平編『浄土宗西山派と三鈷寺文書』（思文閣出版、一九九二年）等参照。
(22)　延徳元年十月十日二尊院善空等請取状（『浄土宗西山派と三鈷寺文書』参考3）。
(23)　田辺英夫「本山義の軌跡」（『西山学報』四一号、一九九三年）。
(24)　田辺隆邦「『実隆公記』に現われた西山教団」『竜谷史壇』六四号、一九七一年）。実導については、中西随功「門弟より見たる証空とその浄土教」（『証空浄土教の研究』法蔵館、二〇〇九年。初出一九八九年）も参照。
(25)　東京大学史料編纂所編『大日本史料　第六編之二十』四三三頁。
(26)　同右、三八七頁。
(27)　同右、三九九頁。
(28)　恵谷隆戒『円頓戒概論』（大東出版社、一九三七年）。
(29)　上田良準「証空―白木の念仏―」（上田良準・大橋俊雄『浄土仏教の思想一一　証空・一遍』講談社、一九九二年）、石黒源瞻「西山に於ける円頓戒の問題」（『西山学報』一八号、一九六七年）など。
(30)　色井秀譲『真盛上人』（中山書房仏書林、一九八二年）四八頁。
(31)　色井秀譲・十河泰全・西村冏紹編『訳註　真盛上人往生伝記』（天台真盛宗宗学研究所出版部、一九七二年）。
(32)　『禅林寺縁起』（宇高良哲・福田行慈・中野正明編『京都永観堂禅林寺文書』文化書院、一九九二年、九号文書）。
(33)　菊地勇次郎「西山義の成立」（『源空とその門下』法蔵館、一九八五年）。
(34)　禅林寺『禅林寺誌』（法蔵館、一九一三年）。

第三章　如法念仏の芸能的側面

はじめに

中世日本においては、法然の説いた称名念仏が社会に広まっていくにしたがい、「念仏」とは、「南無阿弥陀仏」と阿弥陀如来の名を唱える宗教的な行為と理解されるようになっていった。しかしながら、実際に念仏が社会に定着する過程では、単純に口に出して唱えるだけではなく、さまざまな芸能的な側面が加わっていたのである。そして、芸能的な念仏は、主として僧侶・教団ではなく庶民の間で伝統芸能・郷土芸能として受け継がれていく。

念仏に関わる芸能としてまず頭に浮かぶのは、踊り念仏であろう。しかし、踊り念仏ほどの見た目の派手さはないものの、節をつけてうたう「詠唱念仏」と呼ぶべきものも存在したことを忘れてはならない。(1)

実は、詠唱念仏の歴史はかなり古く、九世紀にさかのぼる。日本の詠唱念仏の原型となったのは、比叡山延暦寺の常行堂で修された不断念仏であった。この不断念仏は、中国・唐に赴いた円仁が、法照の創始した五台山五会念仏に接し、帰国後叡山に伝えたものである。五会念仏は五種類の旋律を用いて唱える念仏であり、それを移した叡山不断念仏は、すぐれた音楽性によって「山の念仏」と称されて貴族たちに賞賛されたのである。不断念仏は思想面においても大きな役割を果たし、源信によって代表される天台浄土教の背景となったのである。(2)

さて、鎌倉時代に活躍した法然は、専修念仏を説いて今日の浄土系教団の基礎を築いた。法然は、仏の姿を心に思いうかべる観想念仏を重んじる天台浄土教を批判したが、その一方で叡山流の音楽性の高い不断念仏を、「別時念仏」という特定の期間・場所に限定した儀礼のかたちで取り入れることも行なっていたのである。(3)したがって、庶民の間に広まっていった詠唱念仏とは別に、法然門下の浄土教教団においても詠唱念仏の系譜が伝承されていったものと考えられる。

そこで本章では、法然門下の浄土教教団において、中世を通じて行なわれた芸能的な念仏儀礼の存在を指摘し、その意義を明らかにしたいと思う。

一　如法念仏の成立と展開

法然門下によって中世を通じて行なわれたことが知られる念仏儀礼のひとつに、「如法念仏」というものがある。法然が定めた『如法念仏法則』なるものが存在したことが、鎌倉中期成立の『漢語燈録』(『黒谷上人語燈録』の前半部。『大正新修大蔵経』所収)により判明するが、書名が伝わるのみで詳細は不明である。ただ、同じく鎌倉中期成立の『私聚百因縁集』巻八(『大日本仏教全書』所収)によれば、建久七年(一一九六)正月に東山霊山において、法然を先達とする十二人の「時衆」が二十一日間の「如法念仏」を勤めている。よって、法然自身が如法念仏を修したことは確実である。

法然の弟子たちも如法念仏を行なったことが、いくつかの事例からわかる。まず、『民経記』(『大日本古記録』所収)嘉禄二年(一二二六)九月十九日条より、空阿弥陀仏が摂津の四天王寺において如法念仏を行なっていたことが知られる。

また、『法然上人絵伝』巻四十四（通称『四十八巻伝』。『続日本の絵巻』所収）によると、嘉禄三年に法然の弟子たちが流罪に処せられることが決定した際、そのうちのひとりである隆寛は、流罪地の東国に赴く直前に、長楽寺来迎房において「最後の別時」と称して七日間の如法念仏を勤めている。

さらに、鎮西派の祖聖光房弁長についても、安貞二年（一二二八）に肥後の往生院において四十八日間の如法念仏を修したことが、『法然上人絵伝』巻四十六に見えている。このときの如法念仏について、弁長自身は『末代念仏授手印』（『大正新修大蔵経』所収）において「二十有の衆徒を結び、四十八日の日夜を限り、別時の浄業を修し、如法の念仏を勤む」と述べている。

以上の例からもわかるように、法然とその弟子たちによって行なわれた如法念仏は、別時念仏の一形態であったといえる。法然は『七箇条起請文』（『和語燈録』所収。『昭和新修法然上人全集』による）において別時念仏をすすめ、「同行の者が多くいるときはかわるがわる道場に入り、不断念仏として勤めるのもよい」と述べている。すなわち、多数の同朋とともに勤める別時念仏として、不断念仏をすすめているのである。如法念仏も同朋とともに行なう別時念仏であり、詳細は不明ながらも、叡山流詠唱念仏（不断念仏）に近い形態のものであったと推測されるのである。

その後、如法念仏は主として法然の弟子善恵房証空を祖とする浄土宗西山派によって、京都周辺で修されることが多かった。(4) 以下、公家の日記から取材して、時代ごとに具体例をいくつかあげてみよう。

まず、鎌倉後期についてみてみよう。証空没後の西山派は、西谷流・深草流・東山流・嵯峨流・本山流などに分かれるが、(5) 嵯峨流の浄金剛院（椎野寺）において如法念仏が行なわれた事例が、『花園天皇日記』（『増補史料大成』所収）に見られる（元応元年〈一三一九〉九月二日条、元亨三年〈一三二三〉十一月八日条）。

同じ『花園天皇日記』の正中二年（一三二五）十月六日条によれば、如法念仏が中園第（花園天皇の外戚にあたる洞院家の邸宅）において行なわれており、それに引き続く「当麻曼荼羅讃歎」を「頓恵上人」が勤めている。よって、おそらくこのときの如法念仏は、東山流三福寺の示証頓恵を中心とする僧侶によって修行されたものであろう。

南北朝時代については、近衛道嗣の日記『後深心院関白記』（『愚管記』ともいう。『大日本古記録』所収）によって具体例を知ることができる。鎌倉後期と同じく、浄金剛院で行なわれている（応安元年〈一三六八〉四月六日条）ほか、三福寺でも頻繁に行なわれている（同年九月二十七日条、永和三年〈一三七七〉九月十二日条、同五年九月二十七日条など）。

室町時代においては、西山派本山流の寺院での事例が目立つ。たとえば、嵯峨二尊院での事例は、中原康富の日記『康富記』（『増補史料大成』所収）の康正元年（一四五五）八月九日条や、万里小路時房の日記『建内記』（『大日本古記録』所収）の文安四年（一四四七）四月七日条などによって知られる。また、廬山寺での如法念仏は、甘露寺親長の日記『親長卿記』（『増補史料大成』所収）の文明八年（一四七六）九月十六日条や、山科言継の日記『言継卿記』（続群書類従完成会刊の刊本による）天文十四年（一五四五）十月三日条などに見えている。

さらに、同時代の西山派西谷流についても、親長の息元長の日記『元長卿記』（『史料纂集』所収）に記述がある。すなわち、永正八年（一五一一）正月十一日条に、「来る廿五日、故法然上人三百年忌なり。よって西岡光明寺において如法念仏、来る十九日より執行」とあって、現在は西山浄土宗総本山となっている粟生の光明寺において執行されたことがわかるのである。

もっとも、室町時代には必ずしも西山派の専売特許というわけではなく、浄土宗鎮西派によっても如法念仏が行なわれることがあった。なかでも清浄華院で行なわれた例が、『建内記』にしばしば見えている（正長元年〈一四二八〉六月十一日条など）。そのほか、同じく鎮西派の百万遍知恩寺（『親長卿記』文明五年八月二十三日条）や、黒谷金戒光明寺（『建内記』文安四年九月十四日条）などでも行なわれたことが記録に残されている。

江戸時代以降には、やはり主として西山派によって修行されており、元禄五年（一六九二）より始められた京都西山門中寺院の輪番西山忌（証空の年忌法会）に基本線が継承されている。[(6)]この京都西山門中西山忌の如法念仏は、現在もかなり省略されたかたちではあるが行なわれており、九州の西山派寺院においてもこれを修することがあるとのことである。[(7)]また、浄土宗西山禅林寺派総本山の永観堂禅林寺でも法然上人御忌会に如法念仏が修されているが、光明寺では江戸末期まで行なわれていたものの明治以降は六時礼讃（『往生礼讃偈』による法要）に変わってしまっているという。[(8)]

このように、如法念仏は西山派との関係がとりわけ深かった。鎌倉後期以降の京都の浄土教教団の中では西山派の勢力がもっとも強く、関連の記事が貴族の日記に残されやすいこともその背景にあるであろう。しかし、より根本的には、派祖の証空が不断念仏を重視していたという事情が関わっていると思われる。

証空は、西山往生院（後の三鈷寺）や四天王寺、当麻寺などの多くの寺院で不断念仏を始めている。[(9)]不断念仏が勧進活動の一形態として経済的に教団に貢献した、という側面も確かにあろうが、[(10)]ここでは叡山流の詠唱念仏を証空が積極的に継承したということに注目したい。

証空が「如法念仏」という名称の別時念仏を修した、という直接の史料は見あたらない。しかし、不断念仏を重視したことから類推して、証空もしくはその弟子たちが叡山流不断念仏に近い如法念仏を修行した可能性はきわめて高い。このような事情から、鎌倉後期以降に如法念仏が主として西山派によって行なわれることになったのであろう。

二　『如法念仏仮名日記』の分析

中世の如法念仏の具体的な内容を示す史料は多くはなく、特に鎌倉・南北朝期については皆無である。そこで、詳細な内容を示す最古の史料と思われる『如法念仏仮名日記』をとりあげて、中世の如法念仏の実態を分析してみたい。

『如法念仏仮名日記』（以下『仮名日記』と略す）は、室町後期の貴族三条西実隆が、みずからも参加した文明八年（一四七六）九月の後花園天皇七回忌如法念仏について記した詳細な記録である。実隆は、延べ五十七年分にもおよぶ膨大な日記『実隆公記』を残しているが、(11)『仮名日記』は本体の日記を補足する「別記」というべきものである。続群書類従完成会刊行の刊本『実隆公記』の巻九に収録されており、本章でも引用はこれによることにする。

『実隆公記』は、ほとんどすべての自筆原本が残っているが、残念ながら『仮名日記』の部分は自筆本が残っておらず、写本のみが伝わっている。知られている写本は一種類で、『柳原家旧蔵史料』（宮内庁書陵部所蔵）所収の『八講已下法会部類』に引用されている。また、『実隆公記』は原則として漢文体で書かれているが、『仮名日記』は仮名交じり漢文で書かれているために、特に仮名日記と呼ばれているのである。

そもそも三条西実隆は、廬山寺の月峰照雲を戒師として出家したことをはじめ、浄土宗西山派の本山流とは縁が深く、『実隆公記』には西山派関係の記事が豊富に含まれているのである。(12)『仮名日記』もまた、実隆と西山派本山流の交流というものを前提として成立したものである。

では、『仮名日記』によって文明八年の如法念仏のあらましを述べてみよう。後花園天皇七回忌のために如法念仏を修すように、二尊院住持の善空恵篤に対して勅命があったが、てごろな場所がなかったので、天皇ゆかりの禅寺聖寿寺を会場と定めて行なうことになったのである。二尊院善空は、当時の西山派本山流の中心人物であり、三鈷寺などの住持職を兼帯し、後土御門天皇の帰依が厚く、同天皇により伏見の般舟三昧院の開山に迎えられるほか、実隆とも非常に密接な関係にあった(13)。

この如法念仏は、善空以下の九人の本山流僧侶が中心となって勤め、俗人の「供行衆」として六人の貴族がこれに加わった。その顔ぶれは、次の通りであった。

僧衆

二尊院長老・善空　　二和上・頴芳（廬山寺）
三和上・照提（廬山寺）　四和上・臨崇（二尊院、以下同じ）
五和上・統恵　　六和上・中康
七和上・統蓮　　八和上・宗純
九和上　定意(14)

供行衆

庭田長賢　　四辻季春
広橋綱光　　甘露寺親長
忠富王（白川伯家）　三条西実隆

さて、法要は九月二日より始められ、七日間の如法念仏と称されている。基本的には一日三回、初夜（夜の初め）・後夜（深夜）・日中（昼）にそれぞれ如法念仏を修し、これをもって一日と勘定するのであるが、実際には初夜と後夜の間で日が替わってしまうので、暦の上では足かけ八日間で七日分というかたちになる。また各法要では、参加者が交替で、独唱を担当し法要の中心となる「調声」の役を勤めている。実際の暦日と、行なわれた法要の関係を次に掲げておく。（　）内に記したのは、調声担当者の名である。

九月二日　初夜（頴芳）
三日　後夜（照提）日中（善空）初夜（臨崇）
四日　後夜（統蓮）日中（中康）初夜（宗純）
五日　後夜（定意）日中（統恵）初夜（中康）
六日　後夜（統蓮）日中（頴芳）初夜（四辻季春）
七日　後夜（宗純）日中（善空）初夜（統恵）
八日　後夜（臨崇）日中（頴芳）初夜（臨崇）
九日　後夜（定意）日中（中康）

各法要の構成については、初日初夜（開白）の際の記述に、詳細に現れている。『仮名日記』の該当部分を、読みやすいように表記を一部改め、以下に提示してみることにする。なお、法要の構成を明確にするため、いくつかの段階に適宜区切って、順次番号を付けた。

① 調声仏前に進み出て、「先請弥陀」より始めて、「無勝庄厳」「十方恒沙」等の讃を唱え終わりて座につく。手炉・花筥等をかたわらに置きて調声高座に座具をのぶ。大衆これに同じ。

② 「至心敬礼」とうちいでて、五体を地に投じて一礼す。「南無常住」より、大衆同音に誦して、三宝を拝みたてまつり、

③ さらに花筥・香炉等をとりて又進み立ちて、「三奉請」を唱え、大衆「散花楽」を誦し終わりて、

④「道場庄厳」以下の讃を唱え行道して、「弘誓多門」「一切廻心」など、乙に移りて、高らかにうち上げたる程、貴さ身にしむ心ちし侍る。「即証不退入三賢」と唱え終わりて各着座。

（中略）

⑤着座し終わりて、みな塗香三反して、名香をたき、抹香をもる。此間調声鐘を打ち鳴らし、開白の言葉を始む。これ則善道（導）大師の『法事讃』序の文を「到彼無殊斉同不退なり」というわたりまでひきうつして、奥に勅願の旨を述ぶ。

（中略）

⑥又磬を打ち、広懺悔の文を唱え、

⑦八句念仏をいたす。其後行道、異口同音に高声念仏千反して、又着座、小念仏を唱う。此念仏は、西山上人唱え始め給うよし、語り伝えたり。甲乙の移り、八句念仏を模していとありがたく聞こえ侍る。

⑧其後五悔終わりて、

⑨行道を始め「悲喜交流深自慶、不因尺（釈）迦仏開悟、弥陀名願何時聞、荷仏慈恩実難報」と打ちいでたる、

（中略）

⑩さて、回向の讃など果てて、

⑪又着座して、尺（釈）迦・弥陀・観音・勢至等をおのおの三礼し奉り、さらに立ちて花を散らし、先のごとく無言行道一匝して道場を出づ。

右の次第によって示される如法念仏の構成を、先学の分析[15]を参考に、『仮名日記』の①から⑪に対応させて整理すると、次のようになる。

①『法事讃』の召請讃の抜粋
②『法事讃』の三宝礼
③三奉請（『法事讃』上巻の行道讃梵偈の冒頭部分）
④『法事讃』上巻の行道讃梵偈
⑤表白（『法事讃』序文）
⑥『往生礼讃偈』の広懺悔
⑦念仏
⑧五悔（『往生礼讃偈』の略懺悔）
⑨『法事讃』下巻の行道讃
⑩回向の讃
⑪『法事讃』の唱七礼の一部

したがって、すでに指摘されているように、如法念仏は、善導（中国唐代の僧。浄土教の大成者）の編である『法事讃』から偈（定型詩）の部分を抜粋し、『法事讃』の中心である阿弥陀経読誦を念仏に置き換え、『法事讃』の懺悔を同じ善導の編である『往生礼讃偈』の懺悔に取り替えた構成となっているのである。(16)

なお、⑩の回向の讃は、『仮名日記』からはその具体的な内容がはっきりしない。しかし、永禄三年（一五六〇）の書写奥書を持つ『如法念仏作法』（『魚山叢書』鼻第三十六、京都大原勝林院蔵。東京大学史料編纂所架蔵マイクロフィルムによる）では、⑩にあたる部分に「願以此功徳、平等施一切、同発菩提心、往生安楽国」という詞があり、浄土系教団で「総回向」と呼ばれているもの(17)であることがわかる。

そして、二日目（九月三日）後夜以降の如法念仏も、⑤の「表白」が省略されるほかは開白法要と同じ構成であったことが、『仮名日記』に記されている。

『仮名日記』に現れた如法念仏の構成が、はたして法然の時代にまでさかのぼるかどうかは定かではない。ただ、少なくとも全く別の形態であったとも考えにくい。如法念仏という名称それ自体と、法要の構成において中核の⑦の部分に念仏が据えられていることから、念仏を中心にしたものであったことは当然であろうが、『法事讃』や『往生礼讃偈』などから抜粋した偈を随所に取り入れた構成であったと考えたい。室町時代までに徐々に整備されて、『仮名日記』に見えるような構成になったものであろう。

三　如法念仏の音楽性

『如法念仏仮名日記』に見える中世の如法念仏は、その構成や、調声の役が置かれていたことなどから、かなり音楽性の高いものであったことが想像される。そこで、『仮名日記』を中心に、その音楽的な側面をより具体的に明らかにしていくことにする。

如法念仏の中心は念仏であるが、先に掲げた『仮名日記』の記事の⑦「念仏」の部分により、その具体的なありさまを詳しく見てみよう。

まず、「八句念仏」というものが執り行なわれている。これは、「南無阿弥陀仏」を八回（八句）繰り返すものである。各句ごとに異なる旋律が付されており、八句で一曲としてのまとまりを持ち、甲と乙の二種類の曲がある。つまり、八句念仏は念仏ではあるが、声明（仏教声楽）の一つの曲でもあったのである。元来、天台宗大原流の声明曲であったとされていることからもわかるように、きわめて音楽性の高い念仏である。叡山不断念仏には八句念仏という曲そのものは含まれていないが、何らかの影響を受けていることが想像される。

その後、「高声念仏」を千回唱えている。法然は、自分の耳に聞こえるほどの念仏を高声念仏と呼んでいる（『十二問答』。『昭和新修法然上人全集』所収）ことや、千回という回数から考えて、これは音楽的なものではなく、抑揚をつけずに唱える念仏であろうと思われる。

続いて「小念仏」というものが唱えられている。小念仏という形態は、現在はもはや伝わっておらず、どのようなものであったかは不明である(19)。ただし、『仮名日記』には「甲乙の移り、八句念仏を模して」とあって、八句念仏のように、ある種の旋律を持った音楽的な念仏であったことは確かである。また、この念仏が「西山上人」（証空）によって始められたとの伝承を持っていたことが記されており、西山派と音楽的念仏との密接な関わりがうかがわれる。

如法念仏で唱えられる念仏自体が、かなり音楽的性格を持っていたことがわかったが、如法念仏のもうひとつの要素である『法事讃』（正しくは『転経行道願往生浄土法事讃』。『大正新修大蔵経』所収）と『往生礼讃偈』（『大正新修大蔵経』所収。『六時礼讃』ともいう）についても検討を加えておきたい。

先にも若干触れたが、この二つはともに善導の編集した法要の次第書で、多くの偈が収録されている。それらの偈は、しばしば「讃」という声明の一種の名を付して呼ばれているように、声楽曲としても扱われており、旋律をつけて歌われている。

そもそもこの二つの法要次第が、日本における浄土教の声楽曲集として定着したのが、法然の弟子たちが活躍する鎌倉後期であったと思われる。そのことを示すのが、鎌倉後期に兼好が著した随筆『徒然草』の第二百二十七段である。次に掲げてみよう（『新日本古典文学大系』による）。

六時礼讃は、法然上人の弟子、安楽と云ける僧、経文を集めて造て、勤にしけり。其後、太秦の善観房といふ僧、節博士を定めて、声明になせり。一念の念仏の最初也。後嵯峨の院御代より始まれり。法事讃も、同じく善観房始めたるなり。[20]

右の話は、兼好の帰依していた浄土宗の好ましい仏事がともに後嵯峨院の時代から始まった、というものであり、実際にこの時代に『法事讃』が広まったことは他の史料からもうかがわれる。[21]同時に、兼好の時代には、『法事讃』と『往生礼讃偈』が法要次第というよりはむしろ声明（仏教声楽）として定着していたことを物語っている。

また、鎌倉後期成立の『普通唱導集』上本二（東大寺所蔵写本。東京大学史料編纂所架蔵写真帳による）にも、念仏者声明の項に「礼讃・法事讃、聴衆の耳を驚かす」とあって、『法事讃』『往生礼讃偈』の二つが当時の浄土教声明の代表的なものととらえられていたことがわかる。

如法念仏を構成する念仏と『法事讃』・『往生礼讃偈』の偈の実態をふまえると、如法念仏は全体としてきわめて音楽性の高い法要であったといえる。さらに、次の事例では、より芸能的な要素が加わっている。

西山派深草流の京都誓願寺（現浄土宗西山深草派総本山）において、永正十五年（一五一八）四月に仮本堂本尊遷座法要が行なわれている。その次第が、『誓願寺文書』（東京大学史料編纂所架蔵写真帳『誓願寺文書二』による）に残されており、以下関連部分を掲げてみることにする。

次後門伽陀以下如法念仏法則

次無言行道

次無言礼拝

次四智讃賢智付鐃鈦寿清

次楽
次伽陀賢等
次登礼槃（盤）
次礼文、間々ニ可有伽陀。尭珍
次楽
次梵偈
次楽
次四奉請永感
次弥陀経
次念仏
次後唄
次退出楽
（中略）
衆僧廿五人
舞楽人十一人

史料の冒頭に「以下、如法念仏法則」という注記があることからわかるように、このときの法要は如法念仏を中心とするものであったといえる。右の次第に見える如法念仏の構成は、一見すると『仮名日記』の如法念仏とはかなり異なり、どちらかといえば近代の如法念仏(22)の構成に近いものがある。ただ、子細に見れば、「後門伽陀」は『法事讃』

召請讃の一部であり、「梵偈」は『法事讃』上巻の行道讃梵偈（三奉請を含む）で、礼文の間にはさまれる「伽陀」も『法事讃』召請讃より抜粋したものと思われる。[23]したがって、『法事讃』と念仏を組み合わせた法要という点では、『仮名日記』の如法念仏と極端に異なるとはいえないであろう。

むしろ注目したいのは、「楽」が数ヵ所にわたって導入されていることである。しかも、末尾に「舞楽人」とあることから、おそらくは舞をともなった雅楽（舞楽）が演奏されたと思われ、きわめて芸能的色彩の濃い法要となっていたことがわかろう。なお、楽を取り入れた形の如法念仏は、宝暦十一年（一七六一）の粟生光明寺における御忌日中法要の差定（次第）にも見えている。[24]

中世後期には楽を導入した如法念仏も存在し、その形態が単なる異例ではなかったことをこれらの事例は示している。如法念仏の音楽性が教団の中でも強く意識され、舞楽という要素がさらに付け加えられることになったと考えられる。

以上の検討により、如法念仏が、音楽的要素を取り入れて構成された芸能的な念仏儀礼であり、中世を通じて法然門下の浄土教教団（とりわけ西山派）によって維持されてきたことを明らかにした。

おわりに

如法念仏が、音楽性が高く芸能的側面を備えた念仏儀礼であったということは、中世社会においてどのような意義を持ったであろうか。この点について、最後に若干言及しておきたい。

もっとも重要な意義としては、如法念仏の音楽的な部分が、それを耳にした当時の人々に強烈な印象を与えていたということがあげられる。『仮名日記』には、調声担当者の声について、「いと貴くぞ聞こえ侍りし」、「声いと良くて有りがたく聞こえ侍りき」などの感想が記されている。そして、こうした音楽的魅力が原因となって、後花園天皇七回忌という場であっても、皇族・貴族ばかりではなく「武家の女房」や「貴賤」の人々が聴聞に押し掛け、「聴衆群集して、念仏の声も数そう心ちして一入あはれに聞こえ侍り」という状況（『仮名日記』）が生まれたのであろう。

『仮名日記』の事例では、供行衆として貴族が参加しており、そのうちの一人の四辻季春は、俗人としてただ一人調声を勤めている。これについて『仮名日記』には、「いと珍らかなる風情にて、貴さことさらに、道俗男女集い参りぬ」とあり、調声役の声という音楽的側面が、聴聞する人々の数をも左右しかねないことを示している。

右のような意義を、浄土教教団の立場からとらえなおせば、芸能的側面を通じて如法念仏が人々に念仏を勧める有力な手段となりうる、ということになる。特に、中世の浄土宗西山派の場合は、永観作『往生講式』にもとづく往生講という浄土教儀礼に音楽を結びつけ、民衆をも巻き込む行事として修行したという事例もある。[25]したがって、主として中世の西山派が、念仏布教のために、芸能的側面を積極的に打ち出した念仏儀礼として、如法念仏というものを整備したもの、と考えられるのである。

注

（1）五来重『踊り念仏』（平凡社、一九八八年）。
（2）薗田香融「山の念仏―その起源と性格―」（藤島達朗他編『日本浄土教史の研究』平楽寺書店、一九六九年。後に伊藤唯真編『阿弥陀信仰』雄山閣、一九八四年に収録）。
（3）伊藤真徹『日本浄土教文化史研究』（隆文館、一九七五年）。
（4）天納傳中他編『仏教音楽辞典』（法蔵館、一九九五年）の「如法念仏」の項。
（5）現在は西谷流の系譜をひく西山浄土宗（総本山光明寺。京都府長岡京市粟生西条）と浄土宗西山禅林寺派（総本山禅林寺。

京都市左京区永観堂町）および、深草流の系譜をひく浄土宗西山深草派（総本山誓願寺。京都市中京区新京極通桜之町）の三教団が存続しており、西山三派と通称している。

（6）稲葉是邦「西山浄土宗の声明」（横道萬里雄他編『声明大系　四浄土』法蔵館、一九八四年）。

（7）京都長講堂（西山浄土宗）住職稲葉是邦師のご教示による。なお、京都西山門中については、久我儼雄『京都西山門中および等善寺伝聞記』（等善寺、一九七九年）参照。

（8）稲葉注6論文。

（9）『西山上人縁起』（『善恵上人絵』ともいう。『大日本史料　第五編之二十三』二二三頁以下に所収）など。

（10）「西山派と勧進」（『印度学仏教学研究』一六巻二号、一九六八年）。

（11）『実隆公記』とその研究史については、末柄豊「『実隆公記』と文書」（五味文彦編『日記に中世を読む』吉川弘文館、一九九八年）が詳しく、有益である。

（12）田辺隆邦「『実隆公記』に現われた西山教団」（『龍谷史壇』六四号、一九七一年）など参照。

（13）田辺隆邦「善空上人の教化」（『西山学報』二二号、一九七二年）。

（14）定意については、高橋慎一朗「禅宗長福寺の古文書に見える西山派僧」（本書Ⅱ部第六章）参照。

（15）稲葉是邦「如法念仏の資料紹介」（『西山学報』三四号所収、西山学会研究発表梗概、一九八六年）。

（16）同右。

（17）現在の西山派では「総廻向文」と称している。出典は、善導著『観経疏』の玄義分冒頭にある「十四行偈」の最後の四句である。稲葉是邦『西山蓮門課誦解説』（西山浄土宗東部第一宗務支所、一九九六年）参照。

（18）注4『仏教音楽辞典』「八句念仏」の項、岩田宗一「『八句念仏』諸譜と旋律の形態」（同『声明の研究』法蔵館、一九九九年。初出一九七八年）など。

（19）上田良準「白木念仏の法語と儀礼」（『西山学報』二六号、一九七八年）によれば、現在も粟生光明寺の御忌で修されている「白木念仏」が、小念仏の系譜をひくものと考えられるという。

(20)　村上美登志「『徒然草』第二百二十七段攷」(同『中世文学の諸相とその時代』和泉書院、一九九六年。初出一九九五年)は、善観は安楽の弟子であった教達のことと推測している。
(21)　五味文彦『増補『徒然草』の歴史学』(KADOKAWA/角川学芸出版、二〇一四年。初版一九九七年)。
(22)　明治二十九年(一八九六)刊の総本山禅林寺蔵版『如法念仏』による。同史料は稲葉是邦師所蔵のものを閲覧させていただいた。
(23)　同右。
(24)　上田注19論文による。
(25)　高橋慎一朗「往生講の展開と浄土宗西山派」(本書Ⅱ部第二章)。

第四章　美濃立政寺に見る末寺形成の一様相

はじめに

日本の仏教宗派を宗教組織としてみた場合、その大きな特徴の一つが、中心となる本寺（本山）が末寺を支配する「本末関係」にあることは周知のことである。本格的な「本末制度」として整備されるのは近世に入ってからであるが、(1)本末関係自体は古代・中世より存在し、十二世紀には広く行きわたっていたと考えられている。(2)すなわち、本末関係が一般に成立するのは中世であるといえるが、中世の本末関係を分析した豊田武は、中世末期に本質的な転換が行なわれたという重要な指摘をしている。以下、少々長くなるが、引用してみたい。(3)

中世に於ける本末関係は荘園的な聯鎖を以て主要なる基調とし、時には軍事的な結合をも加味して居たが、この特質は荘園経済の崩壊に伴って漸次影をひそめ、代って法流師資を基礎とする新たなる本末関係が諸宗寺院の間に結ばれる様になった。勿論南都六宗や天台・真言二宗即ち所謂旧仏教に属する寺院の間にあっても、荘園的な結合より純宗義的な結合へと、本末の編成換へが行はれて居たけれども、この新しき衣裳をあざやかに装うて登場したのは荘園の崩壊後に生育した新興諸宗の寺院であった。例へば、応永五年（一三九八）の浄土宗西谷流美濃立政寺の定を見ると、学問の成就せるものは早く他国に行き、利益を弘通すべきこと、血脈相伝を厳格にすべきことを定め、更に本寺破壊せし時は末寺が協力して修造すべきこと、本寺・末寺は水魚の如く仏法を興隆すべきこと等が述べられてゐる（同寺文書）。

課役免除を目標とする「荘園的」な本末関係が、中世末期に新仏教を中心に「法流師資」を基礎とするものに変化するという。そして、一例として、浄土宗西山派西谷流の美濃の立政寺の例が挙げられている。典拠となる文書は、応永五年卯月三日付けの、立政寺開山智通による十ヵ条から成る定書の写し（『岐阜市史　史料編古代・中世』立政寺文書一一四号。以下、立政寺文書に関しては特に注記しない限り同書により、文書番号のみ記す）である。実は、この文書より前にも、康暦二年（一三八〇）三月二十七日智通置文（一一〇号）があり、本寺と末寺で相互に聖教を融通しあうべきこと等を定めている。

このように、中世の立政寺では師資関係を基礎とする本末関係が成立していたことは確かであるが、改めて立政寺に残る他の文書を眺めてみるとき、本末関係の別の側面が浮かび上がってくるのである。本章は、主として立政寺文書を素材に、中世浄土宗西山派の末寺形成の一端をスケッチしようと試みるものである。

一　立政寺と立政寺文書

まず、立政寺の概要に触れておきたい。美濃国厚見郡平田西庄の亀甲山立政寺（現岐阜市西荘。浄土宗西山禅林寺派）は、法然の弟子証空を祖とする浄土宗西山派の寺院で、証空の弟子浄音の流れ（西谷流）に属する。智通を開山として南北朝時代に創建され、近世には「檀林」・「田舎本寺之随一」等と称された大寺であり[4]、寛政元年（一七八九）の『立政寺末寺改帳』[5]によれば、塔頭末寺は四十八を数える。

智通（光居）は、浄音より四代目の永覚（智円）の弟子で、その生涯と業績については、若園善聡[6]の研究に詳しい。

なお、立政寺の創建年については、一般には寛正五年（一四六四）編纂の『真空上人之記』[7]等の古記録によって文和二年（一三五三）とされているが、井上慶龍の研究[8]によれば、さらに貞和二年（一三四六）以前にさかのぼる可能性が高い。

立政寺には、南北朝期から近世にかけての古文書や、古記録類が残されている。このうち、中世文書については、早くは阿部栄之助・片野温編『美濃国史料　岐阜・稲葉篇』（一九三七年）に翻刻されているほか、『岐阜県史　資料編古代・中世一』、『岐阜市史　史料編古代・中世』に収録されている。また、平成七年（一九九五）には東京大学史料編纂所により中世文書と近世文書の一部および記録類の写真撮影が行なわれ、写真帳のかたちで公開されている。[9]

さて、中世の立政寺文書の分析を通じて、開山智通の代の立政寺の動静を詳細に明らかにしたのが、宇高良哲の研究[10]である。それによれば、立政寺が智通一代の間に急激に発展した背景には、智通の学徳と、在地の武士ならびに摂関藤原氏二条家の帰依があったという。[11]

一方、立政寺文書の中の田畠寄進状および売券を整理し、「売寄進」についての新知見を示したのが須磨千頴である。[12]須磨の研究は、立政寺文書が田畠寄進状と売券を中心とする点に端を発している。

実は、右に触れた立政寺文書に関わる二つの研究が端的に示しているように、立政寺文書は、在地武士や二条家をはじめとする帰依者からの寄進、および売買によって集積された所領敷地関係の文書群、と位置付けられる。そうした中に、末寺形成に関する若干の文書が見られることから、本末関係の一側面が浮かび上がってくるのである。

以下、事例ごとに具体的に見ていきたい。

二　報恩寺の事例

最初に取り上げてみたいのが、報恩寺に関する次の是心院納所奉書（立政寺文書二号）である。

市はしのしやうりやうけの内、五たんはた、もとくのことく、ちきやうあるへく候、又ほうおん寺の事ハ、御りやうのうちの御寺のことにて候ほとに、御しんたいの事に候、さりなから、まつ寺の事ハまきれなく候、なを〳〵寺をもさいこう候て、御きたうなとのことをも、たいてん候ハぬやうに申付られ候ハヽ、めてたくおほしめし候ハんするよし申とて候、かしこ、

（異筆）「永正十一」（一五一四）

四月廿五日

せ心院殿

納所（黒印）

りうしやう寺

侍者御中

この文書は、「市はしのしやう」（市橋庄）の領家である是心院から、立政寺に宛てられた文書である。ちなみに、立政寺の所在地は、平田西庄と市橋庄の境界に位置していたらしく、文書により庄名が異なって表記されているが、いずれの庄も領家は二条家であった。[13] ただし、市橋庄の領家は、応仁の乱前後までには、山城梅津の禅宗の尼寺である是心院に移っていた。[14]

一条兼良の『桃花蘂葉』（『群書類従　雑部』）によれば、是心院は京都梅津の長福寺開山月林道皎の法系に連なる臨済宗寺院で、二条良基息女の椿山大姉が住した寺であったため、二条家の管領するところであった。また、『尊卑分

脈』（『新訂増補国史大系』）によれば、良基息の師良は「是心院」と号しており、あるいは師良の菩提所であったかもしれない。そのようなわけで、二条家から是心院に市橋庄領家職が寄進されるに至っていたものと思われる。

文書の内容は、畠の知行を安堵するとともに、「ほうおん寺」（報恩寺）について、領内の寺であるから領主として「しんたい」（進退）はするが、立政寺の「まつ寺」（末寺）であることは認めるとするものである。したがって、この文書の時点で、報恩寺という寺が立政寺末寺となっていることがわかる。

いっぽう、延享四年（一七四七）に立政寺三十九世貫空によって集録された『濃州厚見郡西庄立政寺歴代大年譜』[15]（以下『大年譜』と略す）の永正五年の項に、「沢田報恩寺」とあり、報恩寺は沢田（近世の絵図[16]によると、沢田村は立政寺の南西、現岐阜市西荘八丁目付近にあたる）にあったと思われる。また、同項には、

　報恩寺者、元在当村、属当山、後断絶而寛文之頃歟、敷地于今存矣、今入朱印高之内畠也、安祥院渡高之内也、名
　報恩寺屋敷、快超上人代移寺号長間郷、

とあり、近世初期に一旦廃絶して、立政寺三十二世快超の代（『大年譜』によれば元禄六年から元禄十六年まで在任）に長間郷に移って再興されたという。寛政の『立政寺末寺改帳』にある「中嶋郡長間村」の「報恩寺」がそれで、同帳にも「開基元禄年中」とある。そして、現在も羽島市上中町長間に、浄土宗西山禅林寺派の寺院として存する。

さて、この報恩寺が立政寺の末寺となる経緯を示すと思われるのが、次の二条家代官芥河顕阿敷地寄進状（立政寺文書一〇三号）である。

（端裏書）「永徳元辛酉
　報恩寺支証也、　　沢田堂□」
奉寄進

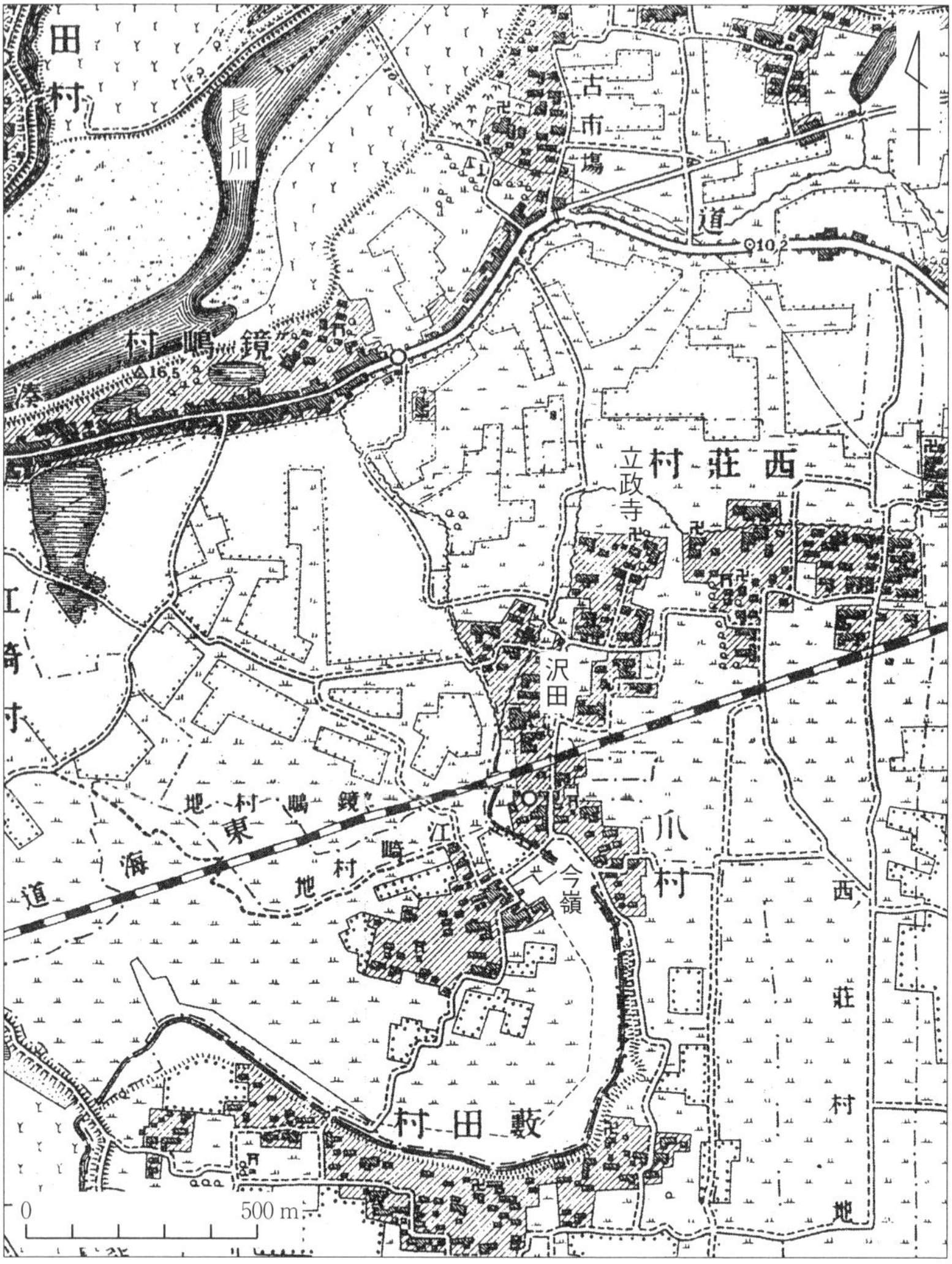

12　立政寺周辺図（明治24年陸地測量部測図「岐阜近傍図」をもとに作成）

美濃国市橋庄領家御分内沢田堂事
合弐段者、御敷地也、
右、沢田堂依破壊、自今峯殿、立政寺智通能化末寺附申承候上、年来顕阿弥所存之故、且者上御祈禱、為二世御願成就、附申処也、何様自御所御寄進状、後日重可申附、仍為非後日煩、寄進状如件、
永徳元年(一三八一)辛酉十月七日　　領(預カ)所顕阿（花押）
立政寺智通聖

市橋庄内の「沢田堂」が荒廃しているので、「今峯殿」より立政寺の智通に「末寺」として寄進することになり、領家の二条家としてもそれを安堵する、という内容である。

右の文書によれば、沢田堂は本来は「今峯殿」が管領する堂であったようであるが、この今峯殿は、立政寺文書九七号に見える「新峯殿」であろう。そして、立政寺文書九九号からわかるように、美濃守護土岐氏の一族・土岐（今峯）頼豊のことと思われる。[17]また、この土岐今峯氏は、将軍家奉公衆となっていく家でもある。[18]

一〇三号文書の端裏書から推測されるように、この沢田堂が改めて整備されて、立政寺末寺の報恩寺となったものと思われる。報恩寺の場合、「破壊」という状態にあるとはいえ、既存の堂宇が「末寺」として寄進されている点が、注目される。

三　阿弥陀寺の事例

次に、阿弥陀寺という寺院の例を見てみたい。関連史料はわずかに一点、次の立政寺文書一〇五号のみである。

美濃国布那津阿弥陀寺、西庄之立政寺の末寺とさたむる状事

右この堂といふハ、永徳元年九月廿一日の大水に阿弥陀仏の座像なかれて、道心か此としころ、堂をたてはやとおもひつる地に、なかれかゝりてましますを、驚て本尊とたのミ奉て、かたのことく草堂をつくしてと存候へとも、其の器量なき間、この時に当て、西庄の立政寺談義のころにて候し間、処々に所化達宿をとる比なれば、入道かもとにも、伊予国の学文者とて、戒名を法実御房と申せしを、宿をかし申て候へは、旦那一存にて、此僧のために御かし候間、奉憑坊主、此堂勧進してつくりてたひ候へと憑申間、学文者の習、よるひるのいとまなく候へとも、仏の御事、又旦那の大願にて候へハ、承ぬと可申候へとも、加様の堂寺の習ハ、その門徒のつくれる堂寺ハ、日本国の中、近遠ともにその末寺と号する事なれハ、わたくしに、はからいかたく候、能化へ申しいれ候へしと申て候へハ、不及子細承候間、尽未来際御末寺とまいらせおき候処也、はしめて寺号を申して阿弥陀院と申、又不可有他人いろひ候、是ハわたくしの寄進状かくのことし、何様自然之時ハ、地頭殿永代の寄進状申重可奉進候、先入道私の寄進状、所願のおもてかくのことし、

（一三八二）
永徳弐年壬戌九月八日甲寅定日

布施津道心（花押）

残念ながら、「布那津」（あるいは布施津ヵ）という地名がどこにあたるかは、現在までのところ確定できていない。布那津であれば、あるいは「舟津」もしくは「舟着」の当て字で、長良川沿いの渡船場を意味する地名であるかもしれない。また、阿弥陀寺という末寺の名も寛政の『立政寺末寺改帳』には見あたらない。

しかしながら、この文書は、大変興味深い内容を含んでいる。大意をたどってみよう。「布施津道心」なる者が、大水で流れ着いた阿弥陀仏を本尊に据えて、堂を建立しようと欲した。たまたま立政寺の談義に参加するために伊予から来訪した「法実」という僧が、道心のもとに宿を借りた。この僧に、勧進建立を託したところ、彼は承知するが、次のように述べる。すなわち、「加様の堂寺の習」として、「門徒」の建立する堂寺は師僧の寺の「末寺」と号するものである、という。よって、発願者である道心は、堂宇を、法実の「能化」（師僧）である立政寺の智通に寄進したのである。

右の事例は、まさにこの当時の本寺末寺関係の根底に、師資関係が存在していたことを明確に示している。と同時に、師資関係を媒介としながらも、直接には「旦那」による堂の「寄進」という形式によって末寺が形成されていることがわかろう。

四　塚町阿弥陀堂、その他の事例

続いて、阿弥陀寺と類似の事例として、塚町阿弥陀堂の寄進状（立政寺文書四四号）を見てみたい。

（端裏書）「良覚極楽寺寄進状也、西庄々主寄進状」

奉寄進　美濃国厚見郡平田西庄立政寺智通上人

塚町之阿弥陀堂一宇、開山良覚房之所住、本為末寺故寄進之、

右堂者、立政寺弟子開山之故、依為末寺、静訓副寺之代、如元所奉寄附也、於破壊時者、可致修理之由、為後日

寄進状如件、

応永四年（一三九七）丁丑八月十日

証拠人　静訓（花押）

極楽寺住持　良覚（花押）

智通の弟子の「良覚」が、自らが開山となりかつ住居としている「塚町之阿弥陀堂」を、「末寺」として立政寺に寄進するものである。署判には「極楽寺住持」とあるが、この極楽寺と阿弥陀堂とがイコールであるかは判断がつかない。端裏書を見ると、極楽寺即阿弥陀堂であるかのようであるが、文書本文では書きわけていることから、一応別々のようにも思われる。また、「塚町」という地名についても未詳である。

ちなみに、寛政の『立政寺末寺改帳』に、文安五年（一四四八）の大水により廃絶した十一ヵ寺の内に「今嶺村」の「極楽寺」をあげており、これが良覚の極楽寺と同一であるという可能性はあろう。

いずれにせよ、良覚と智通の師資関係が基礎となって、阿弥陀堂が立政寺の末寺となったことは確実であるが、その際、弟子からの「寄進」というかたちになっていることは興味深い。これは、「静訓」という人物が「証拠人」として連署していることが大きな意味を持っているからではなかろうか。

静訓は「副寺」とも表現されており、どのような立場の人物かは明確にしがたいが、おそらく阿弥陀堂の管領に関与した禅僧であったと思われる。端裏書の「西庄々主」という表現より推測するならば、平田西庄領家の二条家の代官のような存在ではなかったろうか。すなわち、阿弥陀堂は領家二条家の進退下にあったと考えられよう。

したがって、良覚の寄進という右の文書の形式はあくまで建前で、文書の根元的な意味は、領家二条家が、良覚と智通の師資関係を尊重して、阿弥陀堂を立政寺の末寺として「寄進」することにあったのではなかろうか。あるいは、そもそも開山に智通の弟子を招いたのも二条家の関係者であったかもしれない。

このように考えると、塚町の阿弥陀堂の場合も、阿弥陀寺の場合と同様、師資関係を媒介としつつ領主の寄進というかたちによって本寺末寺関係が形成されているといえよう。

また、立政寺文書二一号の事例も見てみたい。

（端裏書）
「豊田周防守　法勇　種元」

奉寄進　立政寺　智通能化

合堂一宇

越前国豊田若狭入道法勇知行分、さんさい名内乃寺一処、美濃国厚見郡平田西庄立政寺智通能化奉寄進、

右志者、御祈禱依被致精誠、寄進申状如件、

貞治六年（一三六七）丁未正月四日　　種元（花押）

寄進者の豊田種元は、土岐氏の有力被官と思われる人物で、[19] 立政寺蔵の『豊田氏系譜』[20]によれば、本巣郡祖父江（現岐阜県瑞穂市祖父江）住人であり、法勇は種元の父光泰にあたる。右の文書では、豊田法勇の越前国の知行分内より「堂一宇」が「立政寺　智通能化」に「寄進」されている。この堂の所在も名称も不明ではあるが、末寺として「寄進」されたものと考えられる。

右の事例は、師資関係が背後にあったことは読みとれないが、報恩寺の場合と同様、「寄進」というかたちによる

末寺形成の事例といいえよう。

おわりに

これまで述べてきたように、『立政寺文書』の中には、「末寺」を「寄進」するという事例がいくつか存在した。ここで、『立政寺文書』以外の史料にも眼を広げるならば、善導寺（現岐阜県山県市谷合、浄土宗西山禅林寺派）の例も注目されよう。

すなわち、『善導寺文書』[21]の文和五年（一三五六）十二月十日空性寄進状には、智通弟子の「空性」の父にあたる「沙彌妙蓮」が草庵を造り智通に「寄進」し、「立政寺第一末寺」としたものという。

そして、近世の立政寺三九世貫空（『大年譜』の編者）の撰と伝える『亀甲山立政講寺記』[22]によれば、「山県郡谷合郷」の「荘司」である「臼井兼牧」なる者が、智通を敬い子息「四郎」を弟子入りさせ、「一宇」を建立したのが善導寺である、という。この伝承が史実ならば、『善導寺文書』中の空性の父は臼井兼牧、ということになり、在地の土豪の寄進によって末寺となったことになる。

また、寛政の『立政寺末寺改帳』では、善導寺は「嘉暦三年（一三二八）」の開基とされている。したがって、臼井氏が全く新しく堂を建立したというよりは、既存の堂を整備して智通に寄進したとみるほうが、実態に近いといえよう。元来臼井氏の信仰は、白山信仰であったとの指摘もあり[23]、その関係の堂宇であったとも思われる。

以上のことから、中世における浄土宗西山派立政寺の末寺形成には、根本には立政寺住持（主として開山智通）と弟子との師資関係が作用していたが、一方で、在地の武士や荘園領主による「堂」の「寄進」という運動によって末寺が形成されていくという側面があったことを指摘できよう。換言すれば、本寺の法流に属する僧が他の堂・寺に入っても、自動的に末寺となるわけではなく、領主や外護者の「寄進」という手続きが必要であったということである。堂の寄進は、本寺立政寺にとっては、経済的資源の増加という意味も否定できないが、むしろ既存の宗教的基盤を利用することによって、布教の拠点の確保と信者の相対的に容易な獲得が可能となる点のメリットが大きかったのではなかろうか。

他方、堂を寄進する側の意識としては、単に経済的物件を寄進するよりは宗教的な物件を寄進するほうがより功徳となる、という意識があったのではなかろうか。もしくは、ひとたび宗教的な意味合いを持った物権は、継続して宗教的用途に使用されるべきという観念[24]が生きていたのであろうか。

右の推測を裏付けるように、『立政寺文書』の田畠寄進状群の物件の在所・名称には、宗教的名称がきわめて多いことが指摘できる。こころみに列挙してみると、「講田」(一号他)、「やくしたうのたうち(薬師堂の堂地)」(一七号)、「たうかあと(堂か跡)」(一八号)、「阿弥陀堂敷地」(一九号)、「宮之西」(三四号他)、「陀羅尼」(五〇号他)、「越後房屋敷」(五七号)、「妙法寺屋敷」(七四号)、「講畠」(九五号)などがある。

さて、最後はいささか脱線したが、本章では中世の本寺末寺関係について、帰依者の「寄進」活動によって末寺形成がなされるという側面を、浄土宗西山派の美濃立政寺を対象にして指摘した。

注

(1) 圭室文雄『日本仏教史　近世』(吉川弘文館、一九八七年)など。
(2) 黒田俊雄『寺社勢力—もう一つの中世社会—』(岩波書店、一九八〇年)など。
(3) 豊田武「日本宗教制度史の研究」(『豊田武著作集第五巻　宗教制度史』吉川弘文館、一九八二年。初出一九三八年)。

（4）延宝三年五月日立政寺末寺口上書（宇高良哲・福田行慈・中野正明編『京都永観堂禅林寺文書』文化書院、一九九二年、一九一号文書）など。ちなみに、近世末成立の『西山由緒』（東京大学史料編纂所架蔵写真帳『立政寺文書　七』所収）には「西山七箇檀林」として、禅林寺、光明寺（ともに京都）、立政寺、総持寺（紀伊）、祐福寺、正覚寺、曼陀羅寺（いずれも尾張）の名があげられている。また、中世末から近世初頭成立と推定される『宗派流伝』（東京大学史料編纂所架蔵影写本『浄土源流図』所収）には、「西谷上人七箇之本寺」として同じ七ヵ寺があがっている。こうした「七箇檀林」もしくは「七箇之本寺」という格付けは、中世には見られず、いつどのようにして成立したかは、興味深い問題である。

（5）『立政寺文書』（『岐阜市史　史料編近世三』所収）。

（6）若園善聡「智通述『観経口筆抄』の研究」（『西山学会年報』六号、一九九六年）。また、東京大学史料編纂所編『大日本史料　第七編之六』応永十年五月一日の智通の死没記事に、智通の関連史料が収録されている。

（7）『大日本史料　第七編之六』一一二～一一六頁。

（8）井上慶龍「立政寺の開創について」（西山学会研究発表梗概、『西山学報』二七号、一九七九年）。

（9）『立政寺文書』。架蔵番号6171・53／9／1～9。

（10）宇高良哲「中世浄土宗寺院の一考察―特に美濃立政寺文書を中心に―」（『藤原弘道先生古稀記念　史学仏教学論集』同記念会、一九七三年）。

（11）二条家と西山派の関係については、高橋慎一朗「西山派と二条家の人々」（本書II部第五章）を参照。

（12）須磨千頴「美濃立政寺文書について―田畠寄進状等の整理と「売寄進」管見―」（『荘園の在地構造と経営』吉川弘文館、二〇〇五年。初出一九六九年）。

（13）宇高注10論文。

（14）網野善彦『日本中世土地制度史の研究』（塙書房、一九九一年。初出一九六九年）。

（15）東京大学史料編纂所架蔵写真帳『立政寺文書　四』による。

（16）『岐阜市史　史料編近世三』付図1（『加納領明細絵図』）。

（17）宇高注10論文。ちなみに、近世の今嶺村（現岐阜市今嶺）は、沢田の南に隣接する地名である。
（18）福田豊彦「室町幕府の奉公衆体制」（『室町幕府と国人一揆』吉川弘文館、一九九五年。初出一九八八年）。
（19）宇高注10論文。
（20）東京大学史料編纂所架蔵写真帳『立政寺文書　五』による。
（21）『岐阜市史　史料編古代中世』所収。
（22）東京大学史料編纂所架蔵写真帳『立政寺文書　七』による。
（23）井上慶龍「美濃の西山派」（『西山禅林学報』二一号、一九八八年）。
（24）笠松宏至の指摘した「仏物」と類似の観念といえようか。笠松宏至「仏物・僧物・人物」（『法と言葉の中世史』平凡社、一九九三年。初出一九八〇年）参照。

第五章　西山派と二条家の人々

はじめに

美濃の立政寺は、南北朝時代の創建以来、濃尾地方における浄土宗西山派の中心的な拠点として重要な位置を占めてきた(1)。西山派西谷流の檀林として名高く、今日まで存続する寺院である。現在は岐阜市西荘に位置し、浄土宗西山禅林寺派に所属している。

この立政寺の発展を経済的に支えた者、すなわち外護者の一つが、摂関家藤原氏の一流である二条家であることは、周知のことである(2)。具体的には、立政寺の開山である智通に対して、二条家当主の良基が田畑をたびたび寄進しているのを始めとして、同寺は以後の二条家代々の帰依を受けているのである(3)。

では、二条良基が智通および立政寺を支援するようになったのは、なぜであろうか。単に立政寺の所在地である平田西庄がたまたま二条家の領地であったから、というわけではなかろう。すでに先学によって、「二条家と西山派の結び付きによるものかもしれない」との推測がなされているが(4)、それ以上の言及はなされていない。そこで、実際に良基以前の二条家の人々が、浄土宗西山派と密接な関係があったという事実を指摘することが本章の目的である。

以下、二条家の人々についておおよそ世代の順に西山派とのつながりを述べていくことにする。

一 良実

二条家は、鎌倉時代中期に摂関九条家から分かれた家で、良実を祖とする（図13）。良実は九条道家の次男で、母は西園寺公経の娘綸子である。関白も務めたが、父の道家が三男実経（一条家の祖）を寵愛したために不和となり、寛元四年（一二四六）に義絶されている。しかし、その家は新たに摂関家の一つとして遇されるようになる。

良実の家庭環境を見てみるに、父の九条道家と母方の祖父西園寺公経とは、いずれも証空の支持者であった(5)。また、良実の兄弟を見ると、鎌倉幕府の将軍に迎えられながら後に京都へ追放される頼経が証空に教えを受けているほか、道智が禅林寺の一代に数えられている(6)。

あらためていうまでもなく、良実は証空と関係の深い九条家の中で育っているのである。したがって、良実自身も当然のことながら証空と接点があったのである。

13　二条家関係略系図

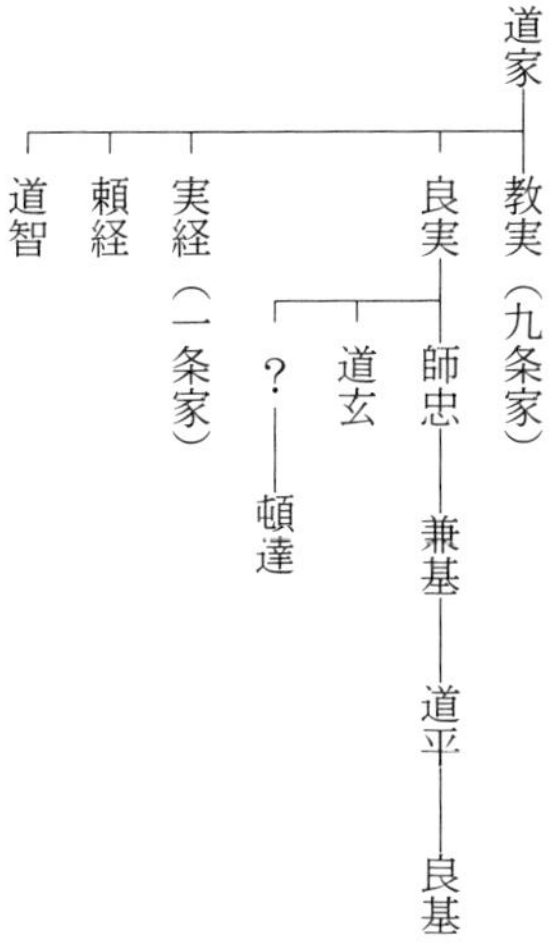

意外に知られていない事実であるが、『平戸記』（『増補史料大成』）の仁治三年（一二四二）九月十八日条に、次のような記事がある。

晩頭参殿下（良実）、御受戒之程也、善恵上人、奉受也

良実は、善恵上人証空より受戒しているのである。

さらに、『尊卑分脈』（『新訂増補国史大系』）によれば、彼は文永十一年（一二七四）に出家して「行空」という法名を授けられている。この時点では証空は没しており、戒師が誰であったか定かではないが、

「空」字のついた法名から察して西山派周辺の人物であったと考えても不自然ではなかろう。

このほかにも、良実と西山派の関係を伝える伝承が存在している。元は京都にあり明治に愛知県岡崎市に移った西山派深草流の大本山円福寺に、『円福寺基誌』（東京大学史料編纂所架蔵写真帳『円福寺文書』による）が残されている。この史料は、宝永五年（一七〇八）に同寺三十六世の円智示空が編纂したもので、『円福寺旧記』の名で知られているものと思われる（表紙には「旧記帳」とあり、内題は「円福寺深草山真宗院基誌」とする）。同史料の「開基立信円空上人」の項には、

二条前関白良実公、最帰敬待遇、

とあり、良実が、証空の弟子のひとりで深草流の祖である円空立信を厚遇したと伝えている。この伝承を裏付ける同時代史料は、残念ながら見あたらないが、両者の間に何らかの交渉があった痕跡と考えてよかろう。

以上のことから、二条家は、その祖良実の代よりすでに西山派と交流があったものと考えられる。

二　師忠、道玄、頓達

良実の息師忠については、西山派との直接の関係を示す史料は乏しい。『尊卑分脈』によれば、師忠は永仁二年（一二九四）に出家、法名を「行証」という。『華頂要略　門主伝第十』（『大日本仏教全書』）の「道玄」の項によれば、出家の戒師は兄弟にあたる道玄であり、次に述べるように西山派に近い人物であった。よって、あえていえば、出家の戒師と法名の「証」の字に、西山派とのつながりの可能性を見出すことができようか。

ところで、『円福寺基誌』の「三世中興道意堯空上人」の項の頭注部分（後に書き加えられたものと思われる）には、

「二条良実公、同師忠公師也」とある。しかし、良実にしても師忠にしても、道意の活躍時期とは年代が合わず、史料として採用するわけにはいかない。

続いて、師忠の近親の中に見られる西山派の関係者について言及することにする。

まず、師忠の兄弟の道玄をとりあげてみたい。『華頂要略　門主伝第十』等によれば、道玄は青蓮院の門跡となる天台の僧であり、注目すべきことには、道覚法親王の門弟となっているのである。

道覚は、後鳥羽上皇の子で、承久の乱後に西山に籠居して証空の浄土教に触れ、やがて天台座主となる。(7) また道覚は、『西山国師絵伝（西山上人縁起）』（浄土宗西山三派遠忌記念事業委員会編の刊本による）によれば、寛元元年（一二四三）には後鳥羽上皇が鳥羽水無瀬殿に建立した蓮華寿院を、西山に移している。そして、このときに十二人の不断念仏衆が置かれ、証空門下がこれにあたったと考えられている。(8)

さて、道玄は証空と密接な関係にあった道覚の弟子であった。加えて、証空以下の西山派が関与した蓮華寿院を管領するようになったらしく、『華頂要略』に「西山」や「蓮華寿院」においてしばしば修法を行なっている記事が見られる。そのほか、建治三年（一二七七）には「蓮華寿院念仏衆中」に対して、所領を安堵する文書を発給している。(9) 右のようなことから、道玄は師匠の道覚と同じく、天台の高僧でありながら西山派に非常に近い立場にあったと思われる。

ちなみに、『華頂要略』は、道玄の母について「椎野禅尼と号す」と記している。(10)「椎野」は京都嵯峨の地名で、証空の弟子で嵯峨流の祖となった道観証恵を開山とする浄金剛院の所在地であり、何らかの関係があったのかもしれない。

次に、頓達という西山派の僧について述べてみる。『浄土惣系図』（『円通寺文書』所収）・『蓮門宗派』(11) 等の浄土教系図によると、頓達澄空（『蓮門宗派』は隆空とする）は、玄観承空の門弟で西山三鈷寺の学頭であったが、同門の示導康空と三鈷寺長老の座を争って敗れ、聖教等を残らず持ち出し寺を退いたという。

この頓達について『蓮門宗派』には、

頓達上人者、当時二条殿（道平）祖父香園寺殿（師忠）甥也、

とあって、二条師忠の甥であることがわかる。ただし、『尊卑分脈』には名が見えず、父母が誰であったかは明らかでない。

なお蛇足ながら、右の『蓮門宗派』の記事では師忠のことを「香園寺殿」としているが、『尊卑分脈』等によれば「香園院殿」の誤りである。この香園院が西山派関係の寺院であれば興味深いのであるが、香園院の詳細についてはほとんど不明である。わずかに、京都東山の新熊野に存在し、三井寺の良重僧正から師忠に寄進されて、後に醍醐寺三宝院の賢俊に売り渡されたことが知られ[12]、むしろ西山派とは関係がないようである。

それにしても、師忠の近親の中に西山派の有力な僧がいたことは、二条家の人々にとって大きな意味を持ったことであろう。頓達は前述の道玄の甥でもあるわけであり、加えてともに西山を活動拠点としていたのであるから、当然両者の間にも交流があったことであろう。

以上のように、師忠の周辺には、道玄と頓達という西山派に関係する僧が存在していたのである。

三　兼基、道平

師忠の息兼基およびその兄弟姉妹については、西山派との密接な関係を知ることは難しい。『尊卑分脈』によると、

兼基は徳治三年（一三〇八）に出家、法名を「円空」という。証空より受戒した祖父の良実の法名が「行空」であったことを勘案すれば、円空という法名から西山派との関係を想定することは可能であろう。『円福寺基誌』の「四世頓乗暢空上人」の項の頭注部分（これも後に書き加えられたものと思われる）には、「二条関白兼基公、同道平公師」とあるが、道平はともかく、兼基については根拠となる史料が見あたらず、にわかには信じがたい。

兼基の息道平に関しては、西山派を支持したとの伝承が存在する。それは、良実の項でもとりあげた『円福寺基誌』中の記事である。「三世中興道意堯空上人」の項に、

延慶戊申、二条内府道平公、招意屢問法、且枉駕言誓而為檀越矣、

とある。

延慶元年（一三〇八）に道平が、「意」すなわち西山派深草流円福寺の道意を招いてしばしば法を問い、ついには道意のもとを訪れて檀越となることを誓ったというのである。

また、『円福寺基誌』には、次のような道意の置文の写しが記載されている。

円福寺勅書寄進状等以下文書、所奉預置二条殿下（道平）内能登権守殿五条坊門油小路前也、殿下為当寺大檀那、異他子細、大衆所被存知也、旁依有所存、所申置也、若於当寺、不慮之子細出来之時者、可被申合、但如此雖為契約、彼方若被変其志之時者、文書以下銭貨等、可被返附当寺之進止、対面之上申談畢、仍而為後日申置状如件、

嘉暦元年（一三二六）十一月七日　堯空判

右の文書によれば、道意は円福寺の重要書類を二条道平の家来の「能登権守」に預けている。そして、それは道平が円福寺の「大檀那」であったからと述べている。道意が、外護者としての道平を、大いに頼りにしていたことがわかろう。

ちなみに『円福寺基誌』によると、このときに二条家に預けられた文書類は、後に応仁の乱の兵火に罹り焼失してしまったというが、それまでは継続して二条家に預けられていたということになる。

さらに、同じく『円福寺基誌』の「四世頓乗暢空上人」の項に、

正慶壬申、秋九月、二条左大臣《(道平)》、枉駕聴聞話、

とあり、正慶元年（一三三二）に道平が頓乗の法話を聴聞したことが伝えられている。

このように、道平は円福寺の檀越として、西山派に深く関わっていたのである。この道平の息が、美濃立政寺を支援した良基であった。そして、良基以降の二条家は、立政寺の大檀越であるばかりでなく、円福寺五世の善偉堯恵の法話を聴聞し、また焼失後の円福寺再建を支援したり(13)、西山派本山流の拠点であった京都嵯峨の二尊院を菩提寺とし、その裏山を墓所に定めたりするなど(14)、西山派とのつながりを維持していくのである。

おわりに

以上の検討により、摂関二条家の人々が、家祖良実以来、代々浄土宗西山派との関わりを持っていたらしいことが明らかとなった。よって、冒頭の問題関心に立ち帰るならば、二条良基が智通と美濃立政寺に支援を与えた背景にも、彼以前の二条家と西山派の親しい関係が影響していたといってよいであろう。

従来、摂関家と西山派の交流という点では、兼実や道家を始めとする九条家の人々が、もっぱら注目されてきた。しかし、近年は近衛家と西山派西谷流の祖である浄音との接触も指摘されており(15)、本章で取り上げた九条家の分家である二条家についても視野に入れる必要があろう。

注

（1）立政寺の創建については、井上慶龍「立政寺の開創について」（西山学会研究発表梗概、『西山学報』二七号、一九七九年）を参照。

（2）宇高良哲「中世浄土宗寺院の一考察―特に美濃立政寺文書を中心に―」（『藤原弘道先生古稀記念　史学仏教学論集』藤原弘道先生古稀記念会、一九七三年）など。

（3）『立政寺文書』（『岐阜市史　史料編　古代・中世』）など。

（4）宇高注2論文。

（5）久木幸男「初期西山教団の性格について」（『印度学仏教学研究』六―一号、一九五八年）など。

（6）青木淳・藤原智香世「遣迎院創建の周辺―九条家と証空教団の接点―」（西山学会研究発表梗概、『西山学会年報』四号、一九九四年）。

（7）道覚については、中西随功「道覚法親王の信仰」（『証空浄土教の研究』法蔵館、二〇〇九年。初出一九八七年）などを参照。

（8）青木淳「西山証空における造像の研究（一）―京都乙訓郡・大念寺阿弥陀如来立像の造立をめぐって―」（『西山学会年報』二号、一九九二年）。

（9）『青蓮院文書』建治三年九月二十三日青蓮院門跡道玄御教書（『鎌倉遺文』一七―一二八七二）。

（10）池田円暁「浄金剛院顚末記」（『西山禅林学報』一六号、一九七五年）。

（11）『浄土惣系図』・『蓮門宗派』ともに、野村恒道・福田行慈編『法然教団系譜選』（青史出版、二〇〇四年）による。

（12）文和四年九月十八日僧隆縁敷地売券（東京大学史料編纂所編『大日本古文書　醍醐寺文書之四』六六九号）。

（13）『円福寺基誌』。

（14）『京都府寺志稿　二尊院』（東京大学史料編纂所架蔵謄写本）、寺田貞次『京都名家墳墓録』（一九二二年）など。

（15）東京大学史料編纂所編『大日本古記録　深心院関白記』解題。

第六章　禅宗長福寺の古文書に見える西山派僧

はじめに

中世における浄土宗西山派僧の活動を知る史料、とりわけ古文書は、決して多いとはいえない。しかし、史料捜索の網を広げてみると、思いもかけないところに西山派僧の活動を発見することができるのである。

西山派関係の史料は、当然ながら基本的には西山派寺院に残されている。これは、現在は宗派を異にするといえども、かつて西山派の拠点であった寺院（二尊院、廬山寺など）についても、同様である。また、教義面で影響を与え合う関係にあった他宗派の寺院（天台真盛宗の西教寺など）の場合も、類似のケースといえよう。

一方、西山派僧の活動は、宗門内にとどまるものでなく、西山派関係寺院の史料以外にも痕跡が残されている。ひとつには、中世の西山派が貴族社会にも大きな影響力を持っていたことも反映して、貴族の日記等に記録が残されている。

もうひとつには、西山派僧の経済的活動の結果、西山派とはほとんど直接の関係を持たない寺社、貴族の文書の権利書類の中に、名が見出されることがある。本章でとりあげる『長福寺文書』も、その事例の一つである。

一　長福寺文書と西山派

大梅山長福寺は、京都の西郊・桂川沿いの梅津の地（現京都市右京区梅津中村町）に位置する臨済宗南禅寺派の寺院である。平安時代末期に天台寺院として建立され、南北朝時代に禅宗に転じ、現在に至っている。

本来長福寺に所蔵された文書が『長福寺文書』であるが、文書の多くは寺外へ流出してしまっており、さまざまなかたちで伝来している。そうした散佚文書を収集し、長福寺現蔵の文書とともに翻刻したものが、石井進編『長福寺文書の研究』（山川出版社、一九九二年）である。以下、『長福寺文書』については基本的に同書により、同書における文書番号のみを記すことにする。

ところで、長福寺という寺院そのものに浄土宗西山派が関与したことは、全くないといってよい。それにもかかわらず、『長福寺文書』の中には、西山派の寺院や僧が登場するのである。

そもそも『長福寺文書』には、何らかの契機で神護寺や大覚寺等の他寺の文書が混入していることが知られている。(1)だが、西山派関係の文書の場合は、そのような事例ではなく、むしろ権利関係の移動により必然的に長福寺に残ったものと考えられる。

『長福寺文書』中の西山派関係文書は、内容から三つの群に分けられる。

第一は、備後国地毗庄の関係文書で、二〇三号・二二五号・二二六号の三点である。二〇三号を次に掲げる。

二〇三　後醍醐天皇綸旨

蓮華王院領備後国地毗庄内河北村事、如元所被返付也、早致知行領掌、可専寺用者、天気如此、仍執達如件、

元徳二年六月二十九日（一三三〇）　左少弁（中御門経季）（花押）

示浄上人御坊

『長福寺文書』中の地毗庄関係文書については、服部英雄の研究(2)に詳しいが、それによれば、右の文書は蓮華王院領地毗庄内の河北村の領家職を安堵したものである。

また、二二五号（年月日未詳玄空所職契約状案）・二二六号（年月日未詳某書状案）からは、河北村領家職が、京都吉田の浄蓮華院から「西山往生院」に寄進されたことがわかる。西山往生院は西山派本山流の拠点となった三鈷寺のことであり、二〇三号の宛所「示浄上人」こそは、三鈷寺住持示浄隆空（澄空とも）である。彼は、示導康空の弟子にあたる人物である。

服部の研究によると、河北村領家職はやがて高山寺北坊の手を経て村上氏という武家に渡る。村上氏は、河北村の相伝文書を担保として、長福寺より借銭をし、そのまま質流れとなって文書が長福寺に残ったという。三鈷寺の関係の文書は、一時期河北村領家職を保有していたために、他の河北村相伝文書とともに長福寺に残ったわけである。

第二の文書群は、椎野寺関係の文書で、二三八号・三八八号文書の二点である。二三八号文書は、建武四年（一三三七）八月二十五日光厳上皇院宣案で、「椎野寺領等文書紛失事」を了承した旨を「覚観上人」に伝えるものである。

椎野寺は、西山派嵯峨流の祖道観証慧を初代長老に迎えて後嵯峨上皇によって建立され、同流の拠点となった嵯峨椎野の浄金剛院のことである(3)。覚観は浄金剛院の住持で、三条公秀の弟であった(4)。

三八八号文書は、観応二年（一三五一）三月十三日覚観地主職売券で、覚観が「椎野光明庵」より買得した二段の地を、「蔵音房」なる者に売却するものである。椎野という地名から推定して、この覚観も浄金剛院の覚観と考えてよかろう。光明庵は浄金剛院の塔頭であろうか。この文書には、覚観の花押が残されており、貴重である。なお、二三八号は、売却に際して三八八号に添付されたものであろう。

覚観が蔵音に売却した田地は、延文五年（一三六〇）に蔵音からその弟子随源に譲られているが、その後しばらくの動向は不明である。宝徳二年（一四五〇）になって、この田地の一部と思われるものが長福寺僧智綱に売却され（八八七号）、さらに翌年には智綱から「長福寺僧堂方」へ寄進されている（八八九号）。こうして、相伝文書が長福寺に残されたものと考えられる。

第三の文書群は、大橋社神楽田と呼ばれる田地を巡る文書であるが、点数が多くなるので、節を改めて考察することにしたい。

二　大橋社神楽田を巡る文書群

『長福寺文書』中には、「大橋社神楽田」と呼ばれる田地に関して、遣迎院という西山派寺院と、「定意」という同寺の僧が登場する文書が五点存在する。

遣迎院は、東山の法性寺付近（東福寺の南）に九条道家が西山派祖証空のために用意した住房を、後に寺院として整備し証空を開山に迎えたもので、証空の臨終の地でもある。[5]その後変転を重ねて、現在は北区鷹ヶ峯に浄土真宗遣迎院派の寺院として存するほか、東山区本町の故地にも浄土宗西山禅林寺派の遣迎院が再興されている。

大橋社は、大橋大明神とも呼ばれた神社で、『山城国嵯峨諸寺応永鈞命図』[6]によると、長福寺にも近い大井川（大堰川とも。桂川の別称）沿いの臨川寺の北西に位置していた。現在も大井神社という小社が残されている。この神社の神楽の費用に充てるための、梅津庄内の田地が、大橋社神楽田である。

なお、定意は「真花庵」の庵主とも表記されているが、真花庵は遣迎院の塔頭ではないかと思われる。なぜならば、『康富記』（『増補史料大成』）文安元年（一四四四）四月十日条においても、「遣迎院高弟中龍房」に「真華庵」と注が付されているからである。[7] では、以下に文書を列挙する。

九八四　慈栄田地屋地譲状

ゆつり申　てんちしき地の事

合四ヶ所ハ

右のしさいハ、いまは子ともゝ候ハぬほとに、しゝゆ（侍従）とのやうしたる上ハ、むめつ（梅津）のかくら（神楽）田、しほのこうちまち、四てうのはうもん、からす丸おし小路にしのとうゐん、この三ヶ所の屋ち以上四ヶ所、てつきしようもん（手継証文）あいそへゆつり申所しつ正なり、あとの事同こともけいこのとふらいおろそかなきやうニして給候へく候、又しんけあん（真花庵）おなしくあいはからい、代々の御いはいのとふらいふさたも候ハヽ、かたく申つけられ、さいく＼にきうめい候へく候、まつ代かのあんのかくい下までも、さほいなきやうニせいはいあるへく候、仍のちのためゆつり状如件、

ぶんめいくわんねん（文明元年）（一四六九）十二月十三日　すい光あん慈ゑい（花押）

しゝゆ（侍従）殿へまいる

（裏書）「此内伍段者、為慈栄菩提遣迎院江令寄進候間、此一紙内仁京都屋地三ヶ所依有之、□此方破裏進置者也、

文明十五年癸卯六月十四日　　円頓院之侍従俊雅（花押）」

一〇〇八　定意等契約状

梅津神楽田之年貢、自円頓院半分寄進事候、先年寄進状之趣まかせ可致知行候、但今度就承子細、寺納之内五分

壱を此方より円頓院江可沙汰候、此旨聊も不可有無沙汰候、仍状如件、

文明十年卯月廿八日　　定意在判

伊豆法橋永秀（花押）

円頓院

進覧候、

一〇〇九　隆我契約状案

梅津神楽田之年貢并塩小路地子半分事、先年任寄進状之旨、損否諸公事以下相伴可致其沙汰候、仍就今度申子細、寺納之内五分壱可渡給候上者、於相残分者、任寄進状之旨不可有相違者也、仍状如件、

文明十年卯月廿八日　　隆我在判

真花庵主

右、此本寄進状雖可渡進、塩小路地子載之間、本券仁裏ヲ破せ申、此方仁残置候也、為已後私加証明判、案文写進訖、

明応七年（一四九八）戊午卯月廿八日　　真花庵定意（花押）

一一〇七　永秀田地請取状

為梅津神楽田五段之年貢五分之一之分、彼内壱段渡給候者也、然上者、自当年五分之一之儀、不可及御沙汰候、為後証状如件、

明応六年二月廿五日　　円頓院伊豆法橋永秀（花押）

遣迎院　進覧候、

一一八一　定意書状

彼田地之代両度仁参拾貫文請取申候畢、随事本支証弐通慥給候也、恐々謹言、

五月四日　定意（花押）

清涼院奉行御寮

案下

以上のほかに、柴田真一によって紹介された『長福寺文書の研究』未収の「関西大学図書館所蔵長福寺文書」[8]にも、関係文書が存在する。「補遺」として次に掲げる。

補遺　意信田地去状

（定意）
（花押）

為梅津神楽田五段之年貢五分壱之分、彼内壱反去渡申候畢、然上者自当年五分壱之儀不可進候者也、仍状如件、

明応六年二月廿五日意信（花押）

円頓院御奉行伊豆殿

この大橋社神楽田を巡る権利関係の移動については、前掲の柴田の紹介論文においても言及されているが、付け加えるべき点もあるので、右に掲げなかった文書も交えて時間を逐って整理してみたい。なお、大橋社神楽田については、鎌倉・南北朝期の相伝文書も『長福寺文書』に残されているが、遺迎院とは関係なく、先行研究[9]もあるのでそれに譲りたい。

まず、文明元年に慈栄という人物から養子の円頓院の俊雅という僧に、他の田地・屋地とともに神楽田が譲与されている（九八四号）。ちなみに、円頓院は天台宗寺門派の院家である[10]。

その後、文明十年までの間に五段が遣迎院に寄進されている（一一〇〇八号）が、九八四号に「しんけあん《（真花庵）》おなしくあいはからい」云々とあることから、すでに文明元年の段階で寄進の契約がなされていたのかもしれない。とにかく、文明十年に、寄進分の五分の一すなわち一段分の年貢を、遣迎院から円頓院に納入することになったのである（一一〇〇八号・一一〇〇九号前半）。

文明十五年には、円頓院より長福寺清涼院に神楽田の残り五段半（遣迎院に寄進されなかった分）が売却された（一一〇二九号）。そのために、九八四号も清涼院に渡されたが、遣迎院寄進分と他の屋地は売却しないので、その旨の但し書きを記したのが九八四号の裏書部分である。

明応六年になって、遣迎院より円頓院へ一段を返却、年貢五分の一の納入は不必要となった（一一〇七号・補遺）。補遺に見える「意信」は、おそらく定意の弟子で遣迎院の雑務に携わっていたものであろう。円頓院は、直後にこの一段を「祐霖房」なる者に売却した（一一〇八号）。

ところで、翌年、祐霖は逆修等のために清涼院祠堂方へ祠堂銭十貫文を寄進している（一一一二号）。中島圭一氏によれば、祠堂銭には未来永劫にわたり供養を続ける基金として託されたものという基本的性格があり、毎年安定した収入を得るために、貨幣の形で寄附しながらその銭を田地購入に宛てるよう求めている例もあるという(11)。そこで想像をたくましくするならば、このとき、実際には神楽田一段が寄進されたのではなかろうか。そう考えないことには、一一〇八号が長福寺に残った理由が説明できない。

さらに、一一八一号によれば、遣迎院の手許に残った四段も長福寺清涼院に売却されることになった。これは、一一〇〇九号後半に、遣迎院より寄進状の写しを提出する旨が記された明応七年のことと思われる。

こうして、円頓院より遣迎院に寄進された田地は、すべて長福寺清涼院の手に渡ったのである。遣迎院の定意は、田地の移動を通じて、寺門・円頓院や禅宗・長福寺と密な交渉を持つことになったのである。

三　遣迎院定意について

『長福寺文書』に登場した定意という僧は、西山派僧として著名な人物ではない。著作物も残されておらず、浄土系の系譜類にもその名を見ることができない。しかし、彼の人物像は、『長福寺文書』以外の史料も動員することによりにより、いま少し明らかにすることが可能である。

実は、定意は、三条西実隆の日記『実隆公記』（続群書類従完成会刊の刊本による）には頻出しており、室町中期の西山派本山流の中心人物善空恵篤の活動を支えていたことが知られている[12]。

善空は臨空中統の弟子で、本山流の拠点三鈷寺の住持を務めるとともに二尊院住持を兼帯、さらに後土御門天皇の帰依を受けて般舟三昧院の開山に迎えられている。通常は二尊院に住していたらしく、『実隆公記』等には「二尊院善空上人」のように記されている。

延徳元年（一四八九）十月十日善空等供養料請取状（京都大学文学部所蔵『古文書集』[13]）には、善空の率いる僧侶集団の中核が署名をしているが、その顔ぶれは、「二尊院住持善空」・「納所慧運」・「同寿厳」・「知事統円」、そして「遣迎院定意」と「般舟院統慧」である。定意が二尊院を中心とする善空の教団の中心を占める僧であることがよくわかろう。

さて、定意は『長福寺文書』では遣迎院の領地管領の責任者として現れ、『実隆公記』や右の請取状においても「遣迎院定意」と称されている。

しかし、厳密にいえば彼の立場は「住持」ではないと思われる。なぜならば、文明十五年（一四八三）二月十五日作成の『善空置文』（『三鈷寺文書』）[14]には、白河の歓喜心院、摂津生瀬の浄橋寺および遣迎院という、証空開山と伝える三ヵ寺について、仁空実導以来三鈷寺の進止下にあり、「於住持職者、本寺（三鈷寺）長老兼帯之、於衆中撰其器、為其代者也」とあるからである。

すなわち、当時の遣迎院住持は名目上は三鈷寺長老の善空であったが、彼は二尊院を拠点としていたので、定意が代務者として遣迎院に居住していたのである。『長福寺文書』において、定意が時として「真花庵主」として登場していたのは、彼が正式の遣迎院住持ではなかったことの表れではなかろうか。

また、禅僧季弘大叔の堺滞在中の日記『蔗軒日録』（『大日本古記録』）の文明十七年二月二十九日条によれば、堺を訪れた善空の使者として、定意が茶二十包を大叔に届けている。善空の堺下向に、定意が同行していたことがわかる。なお、同史料によると、定意は「密林」と号していたという。

このように、定意は善空の側近的な僧であったが、もともとは善空の弟子ではなかった。『親長卿記』（『増補史料大成』）明応四年（一四九五）九月二十七日条によると、甘露寺親長の妻が得度し、戒師として「遣迎院定意」が招かれている。その定意について、「弘導和尚弟子」と注が付されており、臨空中統（弘導和尚は諡）の弟子であることがわかるのである。つまり、善空と定意は、同門の先輩後輩の関係にあったのである。

右の記事は同時に、定意が出家戒師として貴族社会で活動しているさまをも伝えている。その他の彼の活動を、『実隆公記』からいくつか挙げてみよう。

明応五年七月十一日に、勧修寺教秀が死去した際には、定意が臨終念仏を勧め（同日条）、葬式一切も彼が取りしきったのである（同二十日条）。

文明八年九月には、後花園天皇七回忌のために二尊院善空を導師として如法念仏が行なわれており、その模様が

『実隆公記』別記の『如法念仏仮名日記』として残されている。これによれば、定意は如法念仏衆九名の中に「九和上」として加えられ、他の念仏衆と交代で如法念仏の「調声」を務めている。(15) また、同じ如法念仏に関しては、長享三年（一四八九）四月五日条に、『如法念仏音要』なる聖教の銘を実隆に所望していることが見えている。

また、文明十八年九月二十六日条には、「遣迎院入来、吉野大塔勧進帳清書事所望也」とあって、定意が勧進活動とも接点を持っていたことが知れる。また、西山派と直接関係のない吉野大塔の勧進を仲介していることも興味深い。一方で、『長福寺文書』でも見られたような世俗の雑事にも忙しく、「河内国知行分」のことで、頻りに実隆に相談をしている（明応六年十一月五日、同六日、同九日、同十三日条）。

定意が、実隆をはじめとする貴族たちとも親しく交流していたことがうかがえるが、その背景にはもちろん善空の名声があったことは確かであろう。もう一つの背景としては、彼自身の出自の問題があるのではなかろうか。

彼の出自は、先にも述べたように西山派関係の史料では明らかにしえない。ところが意外にも、またしても禅宗関係の史料に手がかりはあった。相国寺蔭涼軒主亀泉集証の日記『蔭涼軒日録』文明十七年十一月六日条に、遣迎院と南禅寺瑞雲院の間の所領を巡る相論の記事があり、「彼遣迎院之当住者、柏木殿息也」と記されている。

遣迎院の所領に関しては、定意が善空より全権委任されていたと思われるので、ここでの「遣迎院之当住」は定意のことと考えてよいであろう。よって、定意は「柏木殿」の息ということになる。『尊卑分脈』等によれば、柏木殿は、近江柏木庄（現滋賀県甲賀市水口町）に隠棲した飛鳥井雅親のことなのである。

定意が飛鳥井雅親の息であることは、他の史料では確認できないが、傍証として『実隆公記』大永六年（一五二六）七月八日条を挙げることができる。実隆はこの日遣迎院を訪れており、証空の墓とともに飛鳥井雅親・雅俊父子の墓に詣でている。遣迎院に雅親父子の墓が存在したことは、定意が雅親の息であったことと何らかの関係があるのではなかろうか。

おそらく定意は、貴族の息であるという立場を利用しつつ、社会経済的な活動を有利に運ぼうと務めていたのではないかと思われる。

以上より、『長福寺文書』に見えた定意という僧が、二尊院善空を中心とする西山派本山流教団の一員として、幅広く活動していたことを明らかにした。

おわりに

中世の西山派僧は、当然のことではあるが世俗の社会と全く隔絶して存在していたわけではない。社会の中で布教活動を行ない、教団維持のために所領売買のような経済的活動をも行なっていたのである。

西山派僧は、田地等の物件の売買・移動を通じて禅宗をはじめとする他宗寺院とも接点を持っていたのであり、その結果、一見関係のなさそうな禅宗長福寺の古文書の中にもその姿を残すこととなったのである。

しかし、所領関係の古文書に登場する西山派僧は、必ずしも著名な僧侶ばかりではない。本章で着目した遣迎院の定意に代表されるように、一寺の開山となることもなく、系譜類にも名を残さない者も、経済的な活動を通じて広く社会と交渉を持った結果、偶然に古文書の中に名が残されることがあった。もっとも定意の場合は、貴族社会における活動が顕著であったことからまだしも関連史料に恵まれていた。

いずれにせよ、有名無名の西山派僧たちが、宗教活動に勤めるかたわら、経済活動にも関与していたことは間違いのないところであり、他宗の所領関係の文書にも西山派の寺院・僧侶が登場することになるのである。

『長福寺文書』に見える西山派僧の事例は、中世における西山派が、他宗を含めた寺院社会全体のネットワークの中に位置付けられていたことを再確認させるものであった、ともいえる。

今後は、『長福寺文書』のような、一見無関係と思われる史料にも西山派僧の活動の痕跡を求めて、眼を配る必要があろう。

注

(1) 本郷恵子「長福寺文書の概要―解題にかえて―」(『長福寺文書の研究』)、高橋慎一朗「長福寺文書にまぎれこんだ大覚寺文書」(『遙かなる中世』一三号、一九九四年)など。
(2) 服部英雄「質入担保となった備後国地毗庄」(『日本歴史』四三八号、一九八四年)。
(3) 池田円暁「浄金剛院顚末記」(『西山禅林学報』一六号、一九七五年)。
(4) 『法水分流記』。野村恒道・福田行慈編『法然教団系譜選』(青史出版、二〇〇四年)による。
(5) 『西山上人縁起』(浄土宗西山三派遠忌記念事業委員会編『西山国師絵伝』)、『仁空置文』(『続群書類従　釈家部』)など。なお、永正十六年九月日遣迎院祐全勧進状案(『図書寮叢刊　九条家文書七』二一五九号)によれば、遣迎院は、法然が九条兼実を尋ねる際の休息所であったものを、後に証空が引き継ぎ、道家の沙汰で寺院としたものという。
(6) 高橋康夫他編『図集　日本都市史』(東京大学出版会、一九九三年)所収。
(7) ちなみに、『康富記』享徳三年十一月二十六日条には「是日遣迎院住持中龍房円寂也、四十八歳云々」とある。この人物について池田円暁は三鈷寺の弁空示鏡の弟子ではないかと推測している(「康富記にあらわれた円福寺のことども」『西山禅林学報』一三号、一九六八年)。
(8) 『ヒストリア』一四八号、一九九五年。
(9) 村上義光・岩間敬子「井形正寿氏所蔵長福寺文書について」(『古文書研究』二二号、一九八三年)。
(10) 『康富記』宝徳元年八月二十二日条には「花頂之円頓院」、『言国卿記』(『史料纂集』)明応三年二月十六日条には「円満院

門跡之円トン院」とある。勝野隆信「花頂門跡考」（『日本歴史』七五号、一九五四年）によれば、寺門系の花頂門跡は粟田口に存したが、応仁の乱で焼失後は円満院に吸収されたという。

（11）中島圭一「中世京都における祠堂銭金融の展開」（『史学雑誌』一〇二編一二号、一九九三年）。長福寺清涼院の祠堂方の活動についても同論文参照。

（12）田辺隆邦「『実隆公記』に現れた西山教団」（『龍谷史壇』六四号、一九七一年）、同「善空上人の教化」（『西山学報』二二号、一九七二年）など。

（13）大山喬平編『京都大学文学部博物館の古文書　浄土宗西山派と三鈷寺文書』（思文閣出版、一九九二年）。

（14）田辺英夫「本山義の軌跡」（『西山学報』四一号、一九九三年）において、全文翻刻がなされている。東京大学史料編纂所架蔵写真帳『三鈷寺文書』（三鈷寺所蔵）にも写真が収められている。

（15）如法念仏と西山派の密接な関係については、高橋慎一朗「如法念仏の芸能的側面」（本書Ⅱ部第三章）参照。

第七章　『塩尻』の西山派関連記事について

はじめに

『塩尻』は、周知のように、尾張藩士天野信景《さだかげ》によって著された近世前期の随筆である。元禄年間（一六八八～一七〇四）から没年の享保十八年（一七三三）までにわたり記されたもので、「国学・神祇・釈教・儒学・政治・法制・歴史・天文・地誌・詩文・文字・言語・有職・武術・工芸から動植物まで百般にわたる近世の一大随筆」と評されている(1)。

多岐に及ぶ内容の中でも、とりわけ仏教・寺院関係の記事には、興味深いものが多い。また、信景が晩年に信阿弥陀仏と号して浄土宗に帰依し、名古屋の浄土宗（鎮西派）性高院に葬られたことは、すでに言及がある(2)。しかしながら、『塩尻』においては、むしろ浄土宗西山派関連の記事が多いことは、従来指摘されていないようである。しかも、内容的には中世にまでさかのぼる記事も多く含まれている点は注目される。

そこで本章では、具体的に中世西山派関係の記事をいくつか示して、その史料的意義を述べるとともに、記事の情報源について考察することにしたい。

なお、『塩尻』本文の引用については、刊本の『日本随筆大成』第三期（吉川弘文館）所収『塩尻』・『塩尻拾遺』により、巻数のみを記すこととする。その際、現存写本の巻数とともに（　）内に刊本の巻数・頁をあわせて示す。

一　中世西山派の関連記事

『塩尻』中の中世西山派関連記事には、『西山上人縁起』などの著名な史料からの引用は随所にあるが、本章では他の史料の引用でなく、独自の取材によると思われる記事をとりあげてみる。多くは『塩尻』著述時、すなわち近世前期までに成立していた伝承であり、厳密には中世の同時代史料とはいえないが、中世西山派研究の手がかりとはなりうるものである。

1　正覚寺の略縁起

巻七十七（一六巻一四四頁）

熱田正覚寺略縁起

尾張愛知郡千竈庄熱田今路亀足山正覚講寺は、百三代後花園院御宇、永享年中融伝永乗上人開基にして勅願の霊場、西山派壇林の随一也。抑上人は当国部田祐福寺第四葉の主にて徳行兼備したまひ、特に神明和光の利生を崇び、嘗て越の白山へ参詣の際、権現より弥陀三聖の絵像を感じたまひき。其像今祐福寺にあり。亦当所熱田太神宮を尊敬して時々参礼したまふ。一日参詣の帰るさき、祓所鈴の御前の祠辺にたゝずみて、鳴海潟蒼海の漫々たるに臨みて、神徳の深広なる事を想像したまひしに、ひとりの神人忽然として来り、上人に申しけるは、我は当宮の神職粟田真人家名城大夫と申ものにて侍る。上人毎に当宮に詣て誦経念仏し、法楽を奉りたまふ事殊勝に思ひ侍れば、こゝの地を上人へ寄附し奉る、願はくば、一寺を建立し興法度生したまへと語りて行隠れぬ。

（中略）

時享保十歳次乙巳秋八月現住沙門黙全敬識

乙巳八月寺蔵の宝物を出して諸人に拝せられし時の板行也。

正覚寺（現名古屋市熱田区神宮、西山浄土宗）は、尾張西山派西谷流の中心寺院のひとつであるが、同寺の略縁起が全文記載されている。冒頭部分では、永享年中に融伝が開いたという草創に関わる伝承が記されている。隣接する熱田神宮との関係が強調されており、中世から近世にかけて、神祇信仰と密接に関わりながら寺勢を伸張してきたことをうかがわせる。

この縁起と同文のものが正覚寺に現存しており、宝暦八年（一七五八）に正覚寺役者によって作成されている(3)。一方『塩尻』所収のものは、これより先の享保十年（一七二五）に時の住持黙全泰空によって作成されており、現存のものの原型と考えられる。また、記事の末尾には、同年に寺蔵の宝物を展示した折りに略縁起を出版したことが記されており、略縁起作成の経緯が判明するのである。信景はこの縁起を入手して、そのまま転記したものと思われる。

2　曼陀羅寺参詣

巻五十五（一五巻一二三頁）

葉栗の曼荼（陀）羅寺は、村久野の前へ、飛保村にあり。司の簿には門間庄と侍るにや。有本州府北の古跡、西山壇（檀）林の名藍也。宿春の遠き道にしもあらぬと、思ひ立つ志なほざりにして過侍りしを、何がしの西堂、此春はとにかくまふで来れなんど、誘はれ侍りしほどに、やよひの末廿九日彼宝刹にまゐりぬ。

（中略）

先正東軒にかくと案内し侍りしかば、よくこそとてもてなさる。頓て打つれて大殿にまゐりぬ。十余間の梵宮彩節厳に、坊舎凡そ十三院東西につらなり侍る。瞻仰して階を登れば長廊昼静にして香薷煙残り、金界塵なくして磬音隠々たり。八人来迎の聖儀、三尊あざやかに拝まれさせたまふ。

弥陀尊は仏工安阿弥所造。夾侍は寰空上人の時、新に作りまゐらせるゝと云々。

（中略）

三祖（善導和尚、東漸大師、善恵国師）の真影を拝し、当山第一祖天真乗運上人の像に謁す。師は花山院内大臣藤師継公の令子、西山の正脈を伝へ、名望一世に高かりし。当寺を基して円福寺と榜せらる。後醍醐天皇特に紫袍を賜ひて、恩栄そのかみに輝き侍りしとかや。光明院の康永二（三）年六月十七日に示寂せり。第七世空光上人の時、寛正（後花園院年号）三年六月廿二日、霊異ありて観経の変相を感得せり。是より日輪山曼荼（陀）羅寺と改号ありし。（或云、円福は院号と成と。）後奈良院天文十年三月廿五日、勅願の綸命を下し官寺に列し給ひし。凡て善導の風高く、壇（檀）林の花薫じて負笈の学徒文を接す。扨曼荼羅堂に升（昇）り侍りしかば、院主炬範公出世の僧侶をして御帳をかゝげしむ。

曼陀羅寺（現江南市前飛保、西山浄土宗）は尾張北部に位置し、正覚寺と並ぶ西山派西谷流の大寺である。右の記事は、信景が「なにがしの西堂」の誘いを受けて正徳四年（一七一四）三月に実際に曼陀羅寺を参詣し、見聞したことを書き留めたもので、近世の曼陀羅寺の景観を伝えるものとしても重要であるが、寺史に関わる部分も同寺にて直接取材したものと察せられ、貴重である。

開山の天真乗運を花山院師継の子とした、もっとも古い史料の一つで、以後の地誌類はこれを継承している。また、旧寺名の円福寺について、「或いは云わく、円福は院号と成と」と注をして、円福院という号になったとの説を記している点も、他の史料には見えず興味深いものである。

3　立政寺および善導寺

巻六十一（一五巻二三八頁）

濃州厚見郡平田庄ノ亀甲山立政寺の開祖、光居智通上人は尾州人、葛西氏、西山善恵国師四世法裔永覚師の門人なり武州岩戸（殿）山に学ぶ、濃州に精舎を営して大に法流を漲す古は市橋庄寺を、立政寺と号す、曽て後小松院其徳を崇め、紫衣を被け菩薩号を授給ふ興正菩薩。興葉山下に岩崛あり今俗に達智堀、一人の俗達智といふ者住す、師の弟子となる、是尾州部田祐福寺の開基也。亦山県郡谷合邑に臼井次郎兼牧といふ者あり上総助平忠常之十世、臼井上野介兼将二男なり、通菩薩を請して草庵を結ぶ。臼井霊夢の感ありて、地中石像善導大師を得、是今陰住山善導寺に安置する所の像なり善導寺は臼井氏建る所と云々

杖桜　立政寺にあり。通師有縁の地を求め、こゝろみに杖をさし立られしが、後枝葉出て繁茂せしと云。

不鳴池　師鳴蛙をいとへり、蛙老婆に化し誓て蛙声を止めしといふ。

立政寺（現岐阜市西荘、浄土宗西山禅林寺派）は、美濃西山派西谷流の中心寺院である。同寺の草創と開山智通について、さらに末寺の善導寺（現岐阜県山県市谷合、浄土宗西山禅林寺派）の創建についての伝承が記されている。(4)

杖桜や不鳴池などをはじめほぼ同じ内容の伝承が、立政寺所蔵の『亀甲山立政講寺記』(5)に見えている。この史料は、三十九世住持の貫空巨道が撰述した寺記を、宝暦元年（一七五一）に書写したものである。貫空の住持在任は延享三年（一七四六）から宝暦十三年であり、(6)貫空撰述の寺記は延享三年から宝暦元年の間に成立したことになる。『塩尻』の記事は、時期的にこれに先行するものである。よって、貫空と信景が共通して参照したような寺記が近世初頭に成立していたか、もしくは貫空が『塩尻』そのものを参考とした可能性が考えられよう。

また、『塩尻』に記されている「立政寺が古くは市橋庄寺と号した」との記述は、他の史料には見あたらないもの

である。

4　『康富記』の逸文

巻三十一（一四巻一五二頁）

　　権大外記中原康富日記抜抄

　　　（中略）

同（文安）六年四月五日、円福寺の長老昨空上人聴香衣云々。

　浄土宗深草派本寺なり。今紫衣の寺となれり。

『康富記』は室町時代の公家中原康富の日記で、右の記事はその抄出である。「浄土宗深草派本寺なり」以下の文は、信景の注記である。

京都円福寺（現岡崎市岩津町、浄土宗西山深草派大本山）は、西山派深草流の中心寺院である。そもそも『康富記』には円福寺関係の記事が随所に見られ、多くの知見を与えてくれている。(7)『塩尻』でとりあげられているのは、文安六年（一四四九）に円福寺長老の胎空（「昨」はおそらく誤記であろう）が香衣着用を勅許された記事である。

ところが不思議なことに、現在知られている『康富記』（『増補史料大成』による）の文安六年四月五日条には、該当する記述が存在しない。そのかわりに、同年五月十二日条に「次参円福寺、令語給云、香衣著用事有勅免、令悦喜云々」とあって、一ヵ月ほど前にすでに香衣が勅許になったことを伝えている。この点をいかに解釈するかについては現在のところ成案がない。今後の課題としておきたい。

5　禅林寺の歴代

巻三十九（一四巻三二一四頁）

聖衆来迎山禅林寺（洛東永観堂、本尊見返阿弥陀）

真紹大僧正（開祖）　宗叡大僧正　深観僧都　永観律師（中興）　珍海已講　円光大師（法然）　善恵国師（証空）　浄音　観智　智円　興

正菩薩（智通）　行観　観行（観教）　識阿弥陀仏　円晃　光融　乗運　暁堂　撮堂　天承　融舜　宏空　顕貞　融隆　神教

智空　沢良　果空　順空　諫空　空眼　行空　真空　月空

京都永観堂禅林寺（現京都市左京区永観堂町、浄土宗西山禅林寺派総本山）は、近世においては光明寺（現長岡京市粟生、西山浄土宗総本山）と並び、両本寺と称される西山派西谷流の本山寺院であったが、元来は空海の弟子真紹の開いた真言寺院である。その後永観の居住以降は真言・浄土が並立する寺院となり、室町後期になって西山派寺院として確立するのである。(8)

こうした複雑な歴史をたどったためか、禅林寺の住持歴代については確定しがたい部分が多い。現在知られる史料としては、禅林寺住持を務めた霊空是湛が宝暦二年（一七五二）に著した『禅林寺正選歴代記』、およびその際に霊空が参照した寛文年中成立の『禅林寺歴代前記』と宝永年中成立の『禅林寺歴代後記』の三本がある（いずれも『西山禅林学報』一八号に翻刻がある）。

また、大正二年（一九一三）刊の『禅林寺誌』（禅林寺蔵版、法蔵館発行）も、基本的に右の三本に拠っている。三本の史料が記す近世以前の歴代には、かなりの相違が見られ、容易には確定しがたいのが現状である。

『塩尻』の記す歴代は、三本のいずれともまた異なるもので、今後の検討の材料を提供するものといえる。中世の部分に関してとりわけ興味深いのは、他の史料には見えない智円・智通の名があげられていることである。この二人は、室町以降西谷流の主流となる観智―行観の系統（いわゆる吾妻系）とは異なる系統（大串系）[9]に属している。傍流となった系統の人々が歴代記編纂の過程で排除された可能性もあろう。

6　浄音についての伝承

巻五十二（一五巻五七頁）

自紀州亜相公総持寺江五ヶ条御不審、南楚和尚返答。

（中略）

一浄土宗三衣之事

元祖、本宗ハ天台ナル故、本宗ノ衣相ヲ改ラレズ、直弟皆コノ衣ヲウケ聖道衣ニテ候。当流ノ始祖西山証空嫡弟、法興浄音、唐朝宗祖ノ衣法ニヨリ今ノ衣ニ改メラレ、爾《シカリシ》ヨリ来《コノカタ》着用仕候。

総持寺（現和歌山市梶取、西山浄土宗）は、室町時代に西谷流の明秀によって開かれた紀州西山派の中心寺院である。南楚大江は寛永二年（一六二五）から正保元年（一六四四）まで住持であったが、[10]その間紀州藩主の質問に返答したものが右の記事である。

浄土宗で用いる衣についての質問に対し、証空の弟子で西谷流の祖である法興浄音が、天台流の聖道衣から衣を改めたと返答している。他の史料にはない伝承であり、西谷流の独自性を強調する中で形成されてきた教団内の伝承と考えられるが、その成立は中世にまでさかのぼるものであろう。

二　記事の情報源

前節で列挙したように、『塩尻』には、中世関連のものも含めてきわめて豊富な西山派の記事が収載されている。いったい著者天野信景は、いかなるルートでそれらの情報を入手したのであろうか。当然考えられるのは懇意にする西山派僧の存在である。もちろん、信景自身が直接西山派寺院におもむき、取材した場合もあろう。その場合でも、寺院内のしかるべき僧に情報を求めたことは想像にかたくない。実際、何人かの西山派僧が情報源として想定されるのである。

1　炬範浣渓

もっとも有力な情報源と考えられるのが、炬範浣渓《こはんかんけい》である。炬範の弟子であった霊空是湛の撰による『禅林寺正選歴代記』によると、炬範は元禄二年（一六八九）から同十二年まで熱田正覚寺の住持、同年より正徳五年（一七一五）まで曼陀羅寺の住持、同年より享保八年（一七二三）まで京都禅林寺の住持を務めている。『無量寿経略箋』・『浄土論註直箋』などの著述があり、西谷流の代表的な僧であったといえる。

この炬範から信景がたびたび教示を得ていたことは、巻五十九（一五巻一九四頁）に、

右曼荼羅講寺の炬範師筆して予に示され侍る。けふもおもほへぬ誤りを知るに足れり。

とあることからも容易にうかがわれる。また、前節で示した曼陀羅寺参詣の記事には、時の住持炬範に面会したことが明記されている。よって、多くの西山派関係の情報を炬範から得たと考えられるのである。

信景と炬範はかなり親密な交流をしていたようで、巻六十（一五巻二二四頁）に、

同じ（正徳五年）比日輪山の上人炬範賀章を贈りて、

おもふそよ三枝の松の末かけてみとり色そふ千世のさかえを

と祝され侍りし三枝松は予が家の紋也。ほどに、謝し参らす。

とあるように、正徳五年に信景が鉄砲頭の職に就いたときには、炬範より天野家の家紋を詠み込んだ祝儀の歌が贈られている。炬範が天野家の家紋にまで通じていたことが暗示するように、両者の交流の背景には、炬範が信景と同じく「尾州士族」の出であったこと（『禅林寺正選歴代記』）も深く関わっているように思われる。ちなみに、炬範は和歌のたしなみもあり、『炬範法師詠草』なるものが残されている。

両者の親密さを象徴するように、『塩尻』では炬範の臨終のさまを詳細に記している。

巻七十七（一六巻一五二頁）

前禅林賜紫祖範（炬）浣鶏上人今年（享保十年）乙巳夏より老の病いとゝかさなり、文月の末にたのみなく見えし。弟子等いはく、今に御かぎりこそ近く侍るらん、日来口ずさみたまひし御歌など、いまはの際一言辞世に残し置たばさるにやといひしに、上人打笑ひて、年比いひすてしことのはこそ皆我辞世なれ、此外に亦何をかいふべき、さればかくこそとて、

夢裏之蔓　如幻之生　八十余歳　弥陀一声

世のうきはわすれはつとも西の空にむかへの雲の道はたがはじ

と聞え、其後弥陀経を誦せらる。各助音せしに、西方段にいたり無量寿仏と誦して声止まり、息絶たまひし七月廿四日申ノ下刻とかや、類なき往生の相ならずや去年弥生の末東山を退隠して、今は南堺泉の十万寺にましませし。

これほど詳細な記事は『禅林寺正選歴代記』にもなく、近世西山派史の史料としても貴重である。

2　その他の西山派僧

炬範のほかにも情報源となった可能性のある同時代の西山派僧が、『塩尻』に登場する。まず、巻五十一（一五巻三九頁）に、

　正覚寺の上人堅空来りて説法有し。

と見える堅空俊極は宝永元年（一七〇四）から享保元年（一七一六）まで正覚寺住持を務めたのち曼陀羅寺住持へ転じており、[11]炬範と知己であったと思われる。

巻六十一（一五巻二三九頁）には、

　城南栄国寺は往日国の犯罪桀戸梟首の地なりしを、寛文の初僧任空西光院前住公府に請て一寺を基し、丈六の弥陀尊を安置せり。故亜相公瑞龍院御感有て清涼の号を賜ふ清涼庵と号す、公又金若干をたまふ。

　（中略）

　貞享二年にや、故ありて任空出寺有し後、洛東禅林の貫首貞準上人を以て開山第一祖と仰ぎ、其門人善空師晋院して住持せり。爰に号を改て瑞雲山栄国寺と称す。

　（中略）

　今歳（正徳五年）乙未仲夏是を公府に告して、瑞雲の号を改め清涼山と号せらる。予亦古へよりまふで馴侍る精舎なれば、昔にかへる其号もなつかしく、

と、名古屋城下の西山派寺院栄国寺（現名古屋市中区橘、西山浄土宗）の寺歴を記し、長年参詣を続けていると述べて

いる。そして、巻六十九（一五巻三九五頁）には「栄国寺の上人」がしつらえた竹垣についてのエピソードが記されている。よって、栄国寺の住職も情報源の候補にあげられよう。

また、拾遺巻六十八（一八巻一五七頁）には、

鏡空忍清和尚は弥陀経十万部の行者にして、斎戒たゞしき大徳なりし。去年（正徳四年）午季秋初七伊勢国に寂を示しける時、法衣をあらため筆をとりて、

　流来生死幾千回　今日本家帰路催
　憶作□生台上客　逍遙坐見白蓮開

筆を投じ合掌し、念仏数編の後静かに逝せられしよし。

として、鏡空忍清の臨終の記事を載せる。忍清は、曼陀羅寺本誓院の第十一世の住持である(12)。おそらくは生前に信景と交流があったからこそ、わざわざ記事としてとりあげたのであろう。

3　信景の西山信仰

そもそも、なぜ信景はこれほどまでに西山派僧と交流を結び、西山派の関連情報に興味を持って記事にしたのであろうか。

この疑問に対する答えは、『塩尻』の次の記事にある。

拾遺巻八十二（一八巻一九五頁）

弥生のすへの二日は、前禅林の貫首寰空上人の三十三回なり。日輪山在住の昔、我が父母帰仰の心ねもごろなりし。無量寿院《永観堂》晋院の後、予西山の法脈を伝へまいらせしかば、二世の芳縁もあさからず侍る。府下の清涼山

は、上人其の門人善空和尚に附属の精舎にして、今の雪峯師は実に法孫にていますかりける、此故へに殊に別時念仏を修して報恩せられ侍る。

延宝五年（一六七七）から貞享二年（一六八五）まで京都禅林寺の住持を務めた寰空貞準は、延宝三年から五年までは日輪山曼陀羅寺住持であり、[13]そのころに信景の父母が深く帰依していたのである。さらに、信景自身も禅林寺晋山後の貞準より「西山の法脈」を伝えられており、かなり若年のころから浄土宗西山派の信仰に親しんできていたのである。

貞準への帰依が契機となって、天野家では曼陀羅寺などの西山派寺院に参詣するようになり、信景が曼陀羅寺住持の炬範をはじめとする西山派僧と交流をもつに至ったと考えられる。右の記事の「清涼山」は先に触れた栄国寺で、貞準ゆかりの寺であるがゆえに、信景が参詣していたことがわかるのである。

おわりに

結局、『塩尻』中に浄土宗西山派関連の記事が多いのは、著者天野信景が西山派を信仰し、西山派僧とも親交があったからということができる。中世に関する記事についても、西山派僧から取材した教団内の伝承にもとづくものとみなすことができよう。従来はあまり注目されてこなかったが、『塩尻』が西山派の史料としての側面をも持つことが明らかになったのである。

注

（1）『国史大辞典』（吉川弘文館）の「しおじり」項（小島広次執筆）。

（2）太田正弘「天野信景の学風と信仰」（『日本随筆大成』第三期第十八巻付録、一九七八年）など。
（3）東京大学史料編纂所架蔵写真帳『正覚寺文書』所収。
（4）立政寺と善導寺の関係については、高橋慎一朗「美濃立政寺に見る末寺形成の一様相」（本書Ⅱ部第四章）においても若干触れている。
（5）東京大学史料編纂所架蔵写真帳『立政寺文書』所収。
（6）『濃州厚見郡西庄立政寺大年譜』（東京大学史料編纂所架蔵写真帳『立政寺文書』所収）。
（7）池田円暁「康富記にあらわれた円福寺のことども」（『西山禅林学報』一三号、一九六八年）。
（8）西口順子「禅林寺の歴史」（『京都・永観堂禅林寺の名宝』展図録、一九九六年）。
（9）了音に始まるこの系統を、西谷流とは別の六角流とする見方もあるが、西谷流のなかの大串系と称するのが妥当であろう。詳しくは若園善聡「智通述『観経口筆鈔』の研究」（『西山学会年報』六号、一九九六年）参照。
（10）関本諦承『梶取総持寺沿革誌』（一九一二年。のち『関本諦承全集　第二巻』同朋舎、一九七九年に所収）による。
（11）『檀林正覚寺沿革誌』（東京大学史料編纂所架蔵写真帳『正覚寺文書』所収）。
（12）『江南市史　資料一　宗教編』。
（13）『禅林寺止選歴代記』。

第八章　戦国期の仏陀寺再建を支えた人々

はじめに

中世の寺院史研究は、個別宗派史の枠をこえて、寺院総体として社会とどのように関わっていたかを追究する段階に進んでいるといえる。しかし、中世社会において大きな影響力を持っていたと考えられるにもかかわらず、個別宗派史のレベルにおいてさえも研究が不十分な教団も存在する。たとえば、浄土宗の西山派については、京都を中心に多彩な活動が見られたのであるが、基礎的な事実の確定はいまだ十分とはいえない。

本章では、西山派の一寺院をめぐる人々の活動に注目し、基礎的事実の確定をはかるとともに、中世社会と寺院の関係の一端を明らかにしたい。

一　西山派仏陀寺

法然門下の浄土系諸教団の中でも、早くから京都を中心に活動を行なっていたのが証空を祖とする西山派である。西山派はさらにいくつかの流派に分かれたが、室町時代には、そのうちの嵯峨流と東山流はすでに衰退しており、主として本山・深草・西谷の三流が活動していたのである。

京都の仏陀寺（現京都市上京区寺町通今出川上ル鶴山町、西山浄土宗）が、室町時代に西山派西谷流の重要な活動拠点の一つであったことは、田辺隆邦の詳細なる研究[1]によって明らかにされている。

また、仏陀寺にかかわる人物としては、邦諫暁堂[2]の名が特に知られている。彼は後土御門天皇の帰依を受けて、応仁の乱で焼失した仏陀寺を再建した西山派僧であり、その活躍ぶりは、辻善之助も言及するところ[3]である。

仏陀寺は、平安時代に村上天皇が、朱雀天皇の持仏堂を寺に改めたのが始まりと伝えられている。ただし、西山派の寺院としては邦諫が実質的な開山と考えられ、彼は「中興」とも称されている[4]。

仏陀寺の所在地は当初は春日万里小路であった（『山城名勝志　巻之二』仏陀寺の項）とされ[5]、応仁の乱で焼失後、文明十年（一四七八）に邦諫が土御門西洞院に再建している（『宣胤卿記』永正十五年七月十七日条）。

しかしながら、戦国時代に入って、永正四年（一五〇七）六月二十五日には再び戦火にて焼失（『宣胤卿記』同日条）、中興第二世とされる[6]融国正孝が永正十五年に一条烏丸[7]に再建するのである。その後、近世初頭に現在地へ移転している。

融国の行実と彼による仏陀寺再建についてはすでに田辺の論考が触れており、京都における曼陀羅談義の先駆者としての融国の事績を明らかにした桜井達定の論考[8]もあるが、仏陀寺再建事業の実態については若干補足する余地があるようであるので、以下検討を加えてみたい。

二　越前法興寺

融国正孝なる人物は、出自については全く不明で、浄土系僧侶の系譜類にもほとんどその姿を現さない。唯一、近世の編纂である『浄土伝灯総系譜』に名が見えている。すなわち、西山派西谷流の邦諫―融舜―正孝という系譜上にあり、「字融国、住光明寺」という注記がある。仏陀寺邦諫の法流に連なるという点では、もっともなこととは思われる。しかし、ここからは仏陀寺再建にとりかかる以前の彼の行動を知る手がかりは得られない。

そもそも、融国が仏陀寺再建に関係して登場する最初の史料は、次に掲げる『仏陀寺文書』(9)の中の後柏原天皇綸旨案である。

　仏陀寺数年退転之事、叡慮歎思召処、再興之企、叡感余不浅、依之令任住持職訖、弥成出来之思、可抽仏法興隆者、天気如斯、仍執達如件、

　　　永正五年六月廿六日　　　　　　　　右中将（正親町実胤）

　　　正孝上人御房(10)

仏陀寺の住持に「正孝上人」を任命し、永正四年（一五〇七）に焼失した仏陀寺の再興事業にとりかかるように命じたものである。前の住持が誰であったかは定かではないが、『宣胤卿記』永正三年四月一日条に「立寄仏陀寺、長老近日従丹後上洛」とあることから、おそらくは明応五年（一四九六）に丹後より入った「宗芳」という人物であったと思われる。

さて、この永正五年六月の綸旨案には若干の疑問点が存する。それは、綸旨案以降しばらくは、融国の仏陀寺住持としての活動がまったく見られないことである。

そのいっぽうで、『元長卿記』によると、永正八年正月に仏陀寺住持の「彦致」が粟生光明寺（現京都府長岡京市粟生、西山浄土宗総本山）に入り（十一日条）、仏陀寺新住持「等韵」なる者に香衣が勅許されている（十六日条）。そして、融国の再建活動が本格化するのはさらに時間を隔てた永正十五年になってからなのである。

田辺の論考[11]では、永正五年の綸旨案に見える「正孝上人」と融国を別人と解しているようであるが、もちろん同一人物である。永正八年の時点で「彦致」なる者が仏陀寺住持であったのであるから、すくなくとも永正五年から永正十五年まで一貫して融国が仏陀寺の住持であったとは考えられず、逆に永正五年の融国の住持任命の綸旨案のほうが孤立した史料という印象を受ける。

実は、この謎を解く鍵は、越前の法興寺という西山派寺院にあった。法興寺（現福井市足羽、浄土宗西山禅林寺派）は、同寺所蔵の『法興寺過去帳』[12]によると、その名が示すように西山派西谷流の祖である浄音法興の開山という。また、『寺院明細帳』[13]では、「当国元一乗谷に於て建長年中の創立なり」とあり、鎌倉時代中期の建長年中（一二四九〜一二五六）の創立という。そして『法興寺過去帳』には、融国に関する次のような記述が存在している。

融国正考上人天帰大和尚

此上人ハ京西山粟生光明寺十六代之尊主也、時之帝之依請、於清涼殿弥陀経被講、其時御帰依倍々深ク、則紫衣一重被下置、然ルニ其砌ハ当寺甚破地ニ成ル有ルヲ、右上人深悲ミ玉イ、御下向有テ、後柏原院永正十四丁丑年上人六十四才之時、於一乗草創御再建也、故一乗開祖当上人也、

かの融国正孝（過去帳では「正考」とする）が、戦国大名朝倉氏の城下町として名高い一乗谷の地に法興寺を再興したという。そのゆえか、法興寺は「融国山」の山号を有しているのである。

法興寺の変遷については松原信之の研究[14]に言及があるが、それによれば、融国の再建した法興寺は一乗谷外の田治島村三橋の地にあり、その後朝倉氏滅亡後、天正六年（一五七八）以前には北庄（福井城下）三橋町に移転、第二次大戦の戦災後にさらに現在地へと移ったということである。

さて、『法興寺過去帳』には永正十四年再建とあるが、近世の地誌『越藩拾遺録』には「永正二年一乗ニ於テ融国

上人開基」とあって、再建の年に食い違いが見られる。

この点に関して松原は、『越藩拾遺録』の永正二年は誤記とし、『法興寺過去帳』の永正十四年再建を裏付ける史料として法興寺所蔵の後柏原天皇綸旨をあげ、法興寺住持職の安堵状というべきものであると述べている。(15) 次に掲げてみよう。

仏陀寺之事、数年退転歎思食之処、近日再興之懇志、叡感之余、彼寺住持職之事、所勅請也、弥令遂土木之成功、可被致仏法之興隆之由、
天気所候也、仍執達如件、
　永正十三年六月十四日　　右少弁頼継（葉室）
　法興寺正孝上人御房(16)

右の文書は、従来は仏陀寺との関係からはまったく注目されてこなかった史料である。しかしながら、本文を先入観なく読めばわかるように、法興寺住持職の安堵状では決してなく、京都仏陀寺の住職に法興寺の融国正孝を迎えようとするものである。おそらく、過去帳においても、この文書を法興寺再興の綸旨と誤認したために、翌年の永正十四年再建という記述となったと思われる。

実際には、右の史料において「法興寺正孝上人」を京都の仏陀寺住持に迎えようとしていることからわかるように、永正十三年段階ではすでに法興寺の再建は一応終了していたと考えられる。むしろ永正二年の再建という『越藩拾遺録』の記述のほうが真実に近いのではなかろうか。

右の文書は、さらに重要なことを示唆してくれる。『仏陀寺文書』の綸旨が永正五年に出されているにもかかわらず、あらためて永正十三年に綸旨が出されているのであるから、永正五年に任命されたときには融国の仏陀寺住持と

しての実質的活動はなかったものと考えざるを得ない。任命後しばらくして、いったんは仏陀寺住持を辞したのではないだろうか。

以上の考察から、融国は永正十三年より仏陀寺住持として本格的に再興にとりかかり、それ以前は法興寺の中興開山として越前にて活動していたと思われる。

三 仏陀寺再建

仏陀寺再建のために融国が越前より京都へ活動の場を移した時期は、正確には不明である。『宣胤卿記』永正十四年（一五一七）四月七日条に「仏陀寺長老」が中御門宣胤を訪ねたことが見えており、この長老が融国ではないかと思われる。この後しばしば『宣胤卿記』に仏陀寺の記事が見えるようになっており、おそらく永正十四年のはじめに融国は上洛したものと考えられる。

以下、『宣胤卿記』の記事により、融国の再建活動を見ていきたい（『宣胤卿記』からの引用については出典を略し年月日のみ記す）。永正十四年四月十日条には「誓願寺内仏陀寺」とあって、西山派深草流の拠点である誓願寺内に、融国が宿所を構えていたことがわかる。ちなみに、当時は誓願寺自体も再興の最中にあり、同年八月には三福寺格翁による本尊遷座勧進のための講義と授戒も行なわれている。(17)

西谷流の融国が、同じ西山派とはいえ他流の誓願寺に拠点を構えたのは、近世以降と異なり中世の誓願寺が相対的に深草流本山としての性格が希薄であったことによろう。(18)これは、誓願寺の本来的な特色の一つでもあり、『円福寺基誌』(19)の八世頓意宣恵上人の項によれば、応仁の乱以前の誓願寺は「不問自他宗族、沙弥禅門寓住、不置知識」という状態であったという。また、中世の誓願寺が京都の人々の幅広い信仰を集めて諸芸能も興行される場であり[20]、勧進活動にふさわしい場であったからであろう。加えて、当時の誓願寺は一条小川にあり、仏陀寺再建地である一条烏丸にも近かったのである。

融国の再建活動は、永正十五年に入って本格化し、二月十三日条に「仏陀寺地曳」が行なわれたことが記されている。

同月十五日条には、

　自西光寺折紙、仏陀寺建立勧進事也、

とあり、宣胤に対しても再建への助成が求められている。これに関する宣胤の対応は四月二十七日条にあって、

　仏陀寺再造奉加三百疋遣之、（西光寺住持寿椿返事、仏陀寺住持ハ被下越前）

と、三百疋を寄進している。なお、融国は越前の法興寺へ戻ってしまっており、西光寺住持の寿椿という僧が代理として活躍している。

続いて、七月十七日条に仏陀寺再建に関する詳しい記事がある。

　仏陀寺奉加帳端書所望之間、今日書遣、又二親分黄金二両遣之、余分去四月三百疋奉加之、大納言（中御門宣秀）分二百疋云々、二親事、半分者造営料、半分ハ立位牌、永代可問菩提分申遣了、暁堂（道号也）邦諫（実名也）余戒師也、仏陀寺者、天下大乱之後、故暁堂和尚為開山、去文明十年（戊戌）建立（土御門西洞院）、然去永正四年（丁卯）依京都乱、為武士成空地了、令融国長老励懇志、欲令再興（在所一条）、力不足、請十方助成、企一宇造立矣、

この日、宣胤は、仏陀寺再建奉加帳の端書を書いた上に、先に寄進した分とは別に二親分として、永代供養料も含めて新たに金二両を奉加している。宣胤子息の宣秀も二百疋を寄せている。同時に右の記事には、かつて仏陀寺中興

の邦諫暁堂より宣胤が受戒したことも記されており、そうした縁によって宣胤が仏陀寺再建にとりわけ協力的であったことがわかる。

いっぽう、八月二十五日条には、

自越前仏陀寺僧上、為長老使来、寿算同道、

とあり、依然として融国本人は越前にいることがわかる。ちなみに、融国の使者に同道している寿算は、宣胤の「帰依僧」（永正十四年四月十二日条）であり、『言継卿記』の大永七年（一五二七）正月十三日条等より仏陀寺の僧であることが明らかである。

その後、九月六日条に至り、

此向仏陀寺、今日先立一宇云々、

との記事があり、一応の再建が成ったものと思われる。引き続き十月四日には本尊が「新仏舎」に遷されたことが知られる。(21) このようにして、永正十五年十月ごろには、仏陀寺の再建事業が終了した模様である。

ところで、先に見たように融国は仏陀寺再建事業の進行中にも越前に帰っている時期があり、その間に実質的に再建事業をとり仕切っていたと思われるのが、西光寺住持の寿椿なる僧であった。この寿椿と中御門宣胤は、個人的にも親しい関係にあったようであり、『宣胤卿記』にも頻繁に両者の交流を示す記事が登場する。

例を挙げると、宣胤が借用した『浄土名目抄』を西光寺に返却したり（永正十四年六月十二日条）、寿椿が林檎を携えて宣胤を訪ねたり（同二十九日条）、奈良の土産に寿椿より東大寺二月堂の牛玉二枚を宣胤に送ったり（永正十六年二月二十七日条）している。永正十六年五月五日条には、

自西光寺粽十被送之粟生粽三十、昨日到来、

と見えていて、寿椿と粟生すなわち光明寺との関係もうかがわれる。

また、永正十四年二月二十八日条には、

依西光寺永孝所望、書額楽邦、此二字、横

として、西光寺の永孝なる人物が見えるが、この人物も寿椿と同一人物ではないかと思われる。『宣胤卿記』では他に永孝の名は見あたらず、これ以後は寿椿の名が頻出するようになり、宣胤との交遊関係がうかがわれることも両者に共通する上に、永正十六年正月十二日条では、「寿椿」に「永」との注記があるからである。加えて、『言継卿記』の大永七年正月十三日条には、「西光寺永孝」に「仏陀寺僧」と傍注があり、西光寺寿椿が住持融国に代わって仏陀寺再建に関与していたことと符合するのである。

さらには、『言継卿記』享禄二年（一五二九）二月二十八日条の、

仏陀寺之僧西光寺永孝、西堂也、

という記述や、同記の天文十七年（一五四八）二月十七日条の、

仏陀寺西塔永孝西光寺

という表現などから、永孝が仏陀寺の「西堂」であったことがわかる。

西堂（せいどう）とは、『日本国語大辞典』（小学館）によれば、

①禅宗で、他寺の住職の経歴をもつ僧がきて住するとき、これをさしていう。

②禅宗で、住持を助けて衆僧を導く僧。

ということであり、主として禅宗の用語であるが、他宗でもこれに準じて用いられたものであろう。

宣胤が「仏陀寺長老以下十人」を請じて施餓鬼供養をした際の布施の記述（永正十四年四月十二日条）には、

長老百疋、西堂三十疋、平僧各二十疋、

とあって、仏陀寺の西堂が長老（住持）に次ぐ地位であることがわかる。先の辞典の記述では、②の意味に近い。もっとも、西光寺という他寺の住持でありながら仏陀寺僧としても活動するという点では①の意味合いも兼ねていることになる。

これらより、西光寺永孝は仏陀寺の副住職立場にあったことになり、住持融国の不在時に職務を代行していたと推測される。この永孝の立場は、まさに西光寺寿椿の活動内容にふさわしいものである。寿椿（永孝）は、西堂として融国を助けて仏陀寺再建に奔走したのである。ちなみに、近世の仏陀寺塔頭として「永孝軒」という名が見えており[22]、永孝の名にちなむものである可能性もある。

なお、『浄土惣系図』[23]によれば、西谷流融舜の弟子に「寿椿」の名が見える。西光寺寿椿と同一人物とすれば、彼は融国と兄弟弟子ということになる。

寿椿の住した西光寺自体がどこにあったかは、残念ながら不明である。『言継卿記』天文二十一年九月三日条には、「仏陀寺之内西光寺寿禎」という人物が見え、西光寺が仏陀寺と縁の深い寺院であることがわかろう。あるいは、代々仏陀寺の西堂を出す塔頭のような寺院であったのかもしれない。

四　その後の融国

永正十五年（一五一八）の仏陀寺再建後の融国の活動については、不明な点が多い。『宣胤卿記』においても、彼の活動を知る手がかりはなく、仏陀寺に留まったのか越前へ帰国したのかも定かではない。

『京都府寺志稿　仏陀寺』によれば、融国は大永三年（一五二三）十一月十八日に八十六歳にて没したという。大永七年以降が現存する『言継卿記』には、永孝・寿算をはじめとする仏陀寺僧が頻出するにもかかわらず、長老融国の名は見出せないが、大永三年没とすれば当然のことである。

ところが、粟生光明寺にはこれとは矛盾する伝承が存する。明治四十四年（一九一一）刊『光明寺沿革誌』に、光明寺第十七世として融国正孝上人があげられ、

上人は、天文六七年頃の入山にして同十二三年頃までの住持であった様に記録に見えてありますが実は不明である。

とされていて、天文六年（一五三七）ごろから同十二年ごろまで光明寺住持であったと伝えられている。仏陀寺再建後二十数年後のことであるから、年齢的にはあり得ることではあるが、この時期の光明寺の歴代については不明な部分が多いのが実状である。『光明寺沿革誌』においても、

第十八世宏善上人より、第二十四世顕雄上人に至る七世上人の当山を護持せられたるは、天文十五六年より永禄四年至る僅か十五六年の間であって、此等の人々は皆正当の住持職に就いたのではない。唯一時の看坊又は兼務であったのを、後に功を賞して世代に加へたのであると記録に見えてある。

と述べて、正式に任命された住持ではないと解釈している。融国の場合も、他に明確な証拠となる同時代の史料がない以上、その活躍ぶりを顕彰して後に一代に加えられたと考えるべきであろう。

ただし、『報国山会下雑事要録』[24]（報国山は光明寺の山号）にも「第十七世融国正孝上人」とあるほか、『浄土伝灯総系譜』にも「住光明寺」とあり、この伝承が近世以降広く定着していることがわかる。

越前法興寺所蔵の『法興寺過去帳』では、「京西山粟生光明寺十六代之尊主」として、世代の数が光明寺の伝承と

は異なるものの、光明寺住持を務めたとする点は同様である。しかしながら同史料には、天文九年五月十一日に八十八歳にて寂した、とある。光明寺における伝承では天文十二年ごろまで住持であったとするので、この点では齟齬をきたすことになる。

さらにまた、西谷流の美濃における中心寺院である立政寺（現岐阜市西荘、浄土宗西山禅林寺派）にも、融国に関する伝承が存する。すなわち、近世に編纂された『濃州厚見郡西庄立政寺歴代大年譜』(25)には、第十五世として「融国正孝上人」の名があり、「天文十七年入院、在住六年」とされているのである。

融国が天文十七年から同二十二年まで立政寺住持であったということであり、もちろん『京都府寺志稿　仏陀寺』の伝える大永三年没や、『法興寺過去帳』の天文九年没との記述とは相反する。ただ、立政寺に残る『古代過去帳』(26)（近世初期の書写）では、「十五世融国正孝上人」の忌日を年月未詳の「十一日」とし、「越前法興寺開山、移光明寺」と注記しており、天文九年五月十一日没とする法興寺の伝承の影響を受けている可能性もある。

天文二十二年まで立政寺に住したとすると、仏陀寺再建の三十五年後ということになり年齢的には不合理ではないが、むしろ光明寺と同様に後に勧請されて一代に加えられたと考えるべきであろう。

以上のように、融国が仏陀寺、法興寺以外の西谷流の大寺においても住持を務めたとの伝承が存することは、法興寺や仏陀寺の再建を果たしたという行実から、融国が中世西山派西谷流の主要人物と位置付けられていたことの反映といえよう。

おわりに

京都仏陀寺を再建した融国正孝は、越前法興寺の中興の祖でもあった。仏陀寺再建以前は主として越前にて活動していたと思われ、法興寺再興の手腕を買われて、仏陀寺住持に起用されたものと考えられる。さらに、後世に加えられた可能性が高いものの粟生光明寺や美濃立政寺の一代にも数えられ、仏陀寺再建という業績などを通じて西山派西谷流の興隆のために活躍した僧として認められていたことは、確かである。

融国の仏陀寺再建活動は、仏陀寺西堂の西光寺寿椿と、彼と個人的にも親しい関係にありかつ仏陀寺中興の邦諫暁堂とも縁の深かった中御門宣胤の二人によって支えられていた。このことを象徴するのが、『宣胤卿記』の永正十六年（一五一九）正月十八日条で、仏陀寺再建の数ヵ月後の記事である。

詣仏陀寺、奉拝本尊、此本尊事、可與余之由演説之間、先所奉見也、西光寺抑留、有一盞、

仏陀寺から宣胤に本尊が与えられることになり、まずは参拝に赴いているのである。本尊の贈与（あるいは一時的な貸与か？）は、再建のために奉加帳端書を書いたり金銭を寄附したりするなどの宣胤の貢献に対する、一種の返礼の意味があるのであろう。そして、おそらく融国と宣胤の間に立って事を運んだのが西光寺寿椿で、この日も宣胤と対面をして酒食をともにしている。

その後、同二十三日には本尊の阿弥陀如来が仏陀寺僧寿算によって宣胤のもとに遷されている（『宣胤卿記』同日条）。

融国正孝の仏陀寺再建事業は、永正十三年の仏陀寺住持任命の綸旨発給を契機に始動したものと思われ、同十五年に完成を見た。再建事業は、もちろん主としては、越前法興寺を興し勧進能力にすぐれていたと思われる融国正孝と

いう人物の活動によって成ったものである。しかし、その背後には、寿椿や中御門宣胤などの周辺人物の協力があったことも記憶されてしかるべきであろう。

注

(1) 田辺隆邦「室町時代の仏陀寺—西山西谷教団の消長の一端—」(『西山学報』二〇号、一九六九年)。
(2) 『浄土伝灯総系譜』では「妙諫」とするが、邦諫と同一人物である。詳しくは田辺注1論文を参照。
(3) 辻善之助『日本仏教史　中世篇之四』(岩波書店、一九五〇年)。
(4) 『京都府寺志稿　仏陀寺』(東京大学史料編纂所架蔵)、『上京区寺院明細帳　仏陀寺』(京都府立総合資料館架蔵写真による)。
(5) 『山城名勝志』は「旧在春日万里小路、見于応仁記」とするが、『応仁記』(『群書類従』合戦部)には単に「二条京極ノ宅ヨリ屋　形ノ前ナル仏陀寺ヘ上テ」とあるのみである。つまり、仏陀寺が二条京極周辺にあったことはわかるが、あえて春日万里小路とする根拠は実はこの記事には見当たらない。
(6) 注4に同じ。
(7) 『宣胤卿記』永正十五年七月十七日条は「在所一条」とするのみであるが、注4史料により「一条烏丸」であったことが知られる。
(8) 桜井達定「思いつくまゝに—京都の地に西山曼陀羅事相の教旨を弘伝された先駆者である妙諫とその系譜につらなる融国—」(『西山学会年報』一一号、二〇〇二年)。
(9) 『仏陀寺文書』は、東京大学史料編纂所に影写本が架蔵されているほか、水野恭一郎・中井真孝編「京畿浄土宗寺院遺文(二)」(『仏教大学研究紀要』五九号、一九七五年)に翻刻がなされている。
(10) 東京大学史料編纂所編『大日本史料　第九編之一』九三頁。
(11) 田辺注1論文。
(12) 東京大学史料編纂所架蔵写真帳『法興寺文書』による。過去帳の序文によれば、弘化四年(一八四七)に一空融典が「往昔過去帳」を写したものという。
(13)『稿本福井市史　下巻』所収。
(14)松原信之「一乗引越し寺社―福井城下寺社資料―」(『若越郷土研究』七の六、一九六二年)。
(15)同右。
(16)『法興寺文書』(『福井県史　資料編三・中近世一』所収)。
(17)田辺英夫「戦国期・西山深草義教団の動向について(一)―誓願寺を中心に―」(『西山学報』四五号、一九九七年)。
(18)源信、一遍(時宗祖)、真盛(天台真盛宗祖)らの関わりが伝えられ、超宗派的性格がうかがわれる。また、近世初頭の誓願寺住持で『醒睡笑』の著者である安楽庵策伝(日快)も本来は西谷流に属する僧であった(関山和夫『安楽庵策伝和尚の生涯』法蔵館、一九九〇年)。田辺注17論文によれば、応仁の乱後から戦国末期までは定まった住持もなかったようである。
(19)東京大学史料編纂所架蔵写真帳『円福寺文書』による。
(20)田辺注17論文、小笠原恭子「中世京洛の興行地」(『都市と劇場―中近世の鎮魂・遊楽・権力―』平凡社、一九九二年)など。
(21)『宣胤卿記』(柳原本)永正十五年十月四日条(『大日本史料　第九編之八』補遺に所収)。
(22)延宝八年十月晦日仏陀寺塔頭連署請文(福田行慈・宇高良哲・中野正明編『京都永観堂禅林寺文書』文化書院、一九九二年、二一〇号文書)。
(23)東京大学史料編纂所架蔵影写本『円通寺文書』所収。
(24)東京大学史料編纂所架蔵影写本による。
(25)東京大学史料編纂所架蔵写真帳『立政寺文書』による。
(26)同右。

終章　武家権力と西山派

本書では、「権力」の語を、正統性のあるものとして受容される強制力（支配力）、もしくはそれを発動する主体（権力主体）、というような意味で使用している。ウェーバー以来の、古典的な理解に近いということになろうか。右のような意味において、平氏政権は武家権力の萌芽ととらえられるのであり、それが本格化したものが鎌倉幕府であり、さらに内部組織の官僚化が進んだものが室町幕府・江戸幕府であると考えている。

朝廷・公家政権の本拠地である京都に、新たな権力として武家が姿を見せたのが、「六波羅」という空間であった。平氏政権は、公家政権と中央政治の主導権争いをくりひろげつつも、序章でも触れたように、公家政権のありかたを継承・発展させて、六波羅において寺社と密接なつながりを見せていたのである。

短命に終わった平氏政権に替わって本格的政権を樹立した鎌倉幕府は、反乱軍の軍事組織として出発し、やがて独立した政権へと軟着陸する。平氏政権と同様、鎌倉幕府は武家政権として権力行使をめぐって公家政権と調整を行ない、寺社と密接な関係を結び、やがて地域社会に権力行使を行なうようになる。その際には、軍事組織特有の主従制が有効に機能することも多かった。反面、権力の明確化が阻害され、権力の行使主体や責任の所在は曖昧となり、幕府内部の主導権をめぐる政争が繰り返されることとなった。

Ⅰ「武家権力の展開」の各章では、鎌倉幕府がどのように他の権力と調整をはかり、内部の政争をくぐり抜け、どのような人々を実際の担い手として権力行使を果たしていったか、そして最終的に戦国期の室町幕府がどのような存在を権力行使の担い手として抱え込んでいったかという点までを明らかにした。以下、I部を構成する各章の内容を簡単に振り返ってみよう。

第一章「六波羅探題被官の使節機能」では、六波羅探題の被官が六波羅の検断関係をはじめとする連絡・交渉の主要部分を担っていたことを指摘した。このことは、六波羅という機関が探題と被官の主従関係を中核に据えて運営されていたことを示している。

第二章「尊性法親王と寺社紛争」では、上皇の兄である尊性法親王が、寺社紛争の解決に際して幕府の武力に依存したことが、幕府を寺社権力の紛争調停者として位置付けることになったことを指摘した。

第三章「京都大番役と御家人の村落支配」では、幕府御家人が、公的な役であった大番役を担う身分に位置付けられたことによって、村落へ大番役を転嫁し、支配を深化させる根拠となったことを述べた。幕府の軍事警察権掌握、すなわち公的性格の獲得が、御家人の権力行使の正統性獲得へつながったともいうことができよう。

第四章「宗尊親王期における幕府「宿老」」では、宗尊将軍期の「宿老」が名誉職的な家格であり、執権政治から得宗専制政治への移行過程に北条氏によって利用され、その後は存在意義を失って消滅したことを指摘した。

第五章「北条時村と嘉元の乱」では、嘉元の乱が得宗政権を支える北条時村と北条宗方の対立に起因するものであり、霜月騒動の縮小再生産であると位置付けた。

第六章「『親玄僧正日記』と得宗被官」では、得宗北条貞時の政権が、得宗被官平頼綱の一族を中枢とするかたちから、法曹官僚を含めた広範な人々を基盤とするかたちへ変化したことを明らかにした。

第七章「都市周縁の権力」では、都市京都の周縁の高野に拠点を置き、延暦寺の末端に属していた蓮養坊が、戦国期には土豪に転化し、室町幕府の京都支配の一部を担っていたことを明らかにした。武家権力が、寺社勢力の一部までを組み込んでいく様を描いたものである。

武家と並んで中世に台頭した寺社の権力的側面については、いち早く公家政権との密着な関係を構築して軍事力を備えた点や、荘園領主として大きな存在感を示した点などから、みずから権力主体となった顕密の大寺院が注目されてきた。しかしながら、後発勢力である、いわゆる鎌倉新仏教の諸派についても、既存の権力との協力関係をテコに徐々に社会における影響力を強めていたことが確かめられる。

Ⅱ「浄土宗西山派と寺院社会」においては、中世に大きな勢力を持ちながらも従来注目されることが少なかった、証空を祖とする浄土宗西山派（西山義）を対象に、寺院社会と諸権力の関係を考察する。Ⅰ部と同様に、以下に各章における考察の結果を示してみよう。

第一章「証空の小坂住房をめぐる一考察」では、証空の京都小坂の住房が祇園社の西南の場所にあり、その場所が山門と密接な関係を持ち、六波羅にも隣接する場所であったことを明らかにした。

第二章「往生講の展開と浄土宗西山派」では、音楽と結びついた往生講という宗教行事を、中世後期に浄土宗西山派本山流（本山義）の周辺の僧侶が中心となって行なっていたことを指摘した。往生講は、京都の公家社会に受け入れられ、公家が主催し庶民も参加する行事となっており、西山派の布教・勢力伸長の貴重な機会となったと推測される。

第三章「如法念仏の芸能的側面」では、如法念仏という仏教儀礼が、西山派が念仏布教のために芸能的側面を積極的に打ち出したものとして整備したものであり、その結果、皇族・公家・武家・庶民がこぞって参加する状況が生まれたことを示した。

第四章「美濃立政寺に見る末寺形成の一様相」では、西山派立政寺が、在地の武士や荘園領主（公家）の堂の寄進というかたちの支援によって末寺を所有するにいたったことを明らかにした。

第五章「西山派と二条家の人々」では、藤原摂関家のひとつ二条家と西山派が親しい関係にあったことを指摘した。

第六章「禅宗長福寺の古文書に見える西山派僧」では、無名の西山派僧が、経済活動などを通じて、禅宗などの他宗派寺院や公家と頻繁に交渉を持っていた事実を発掘した。

第七章「『塩尻』の西山派関連記事について」では、近世の随筆『塩尻』に浄土宗西山派の関連記事が多く収められていることの背景を探り、著者天野信景自身の信仰と、西山派僧との親交にその理由を求めた。

第八章「戦国期の仏陀寺再建を支えた人々」では、西山派の京都仏陀寺の再建事業が、融国正孝という僧侶の主導のもと、公家の中御門宣胤などの協力によって果たされたことを指摘した。

第四・五・七章で言及した美濃の立政寺は、延徳二年（一四九〇）に勅願寺となるのであるが、その経緯が、三条西実隆の日記『実隆公記』同年十二月九日条より明らかになる。それによれば、江南院龍霄（甘露寺氏長）という出家した公家の要望を、実隆が取り次いで朝廷に申請し、勅許がおりたという。実は龍霄は、美濃守護代斎藤氏の拠点である革手城の近隣に、江南院という庵を設けて住み、京都と美濃を往復していた。(1)

龍霄自身は禅宗を信仰していたようであり、おそらくは自分自身の発意ではなく、美濃での隠遁生活を支援してくれている斎藤氏の依頼を受けて、懇意にしていた公家の三条西実隆に仲介したとみられる。さらに実隆が天皇に申し入れて、勅願寺の綸旨が発給されたものであろう。実隆が西山派の信仰を持っていたことは、第三章でも触れたところである。また立政寺は、地元の武士たちの信仰の厚い寺院であった。

すなわち、西山派立政寺の勅願寺化の働きかけについては、立政寺→斎藤氏→江南院龍霄→三条西実隆→朝廷という流れが想定されるのであり、西山派寺院が武家権力を介して公家社会に結びついていたということになろう。また、

第八章でも明らかにしているが、西山派寺院と外護者・檀那との関係は、近年になってさまざまな視角から注目されている。(2)

Ⅱ部の各章を通じて、中世の浄土宗西山派教団が公家・武家・他宗寺院などとの間に、さまざまなネットワークを張り巡らせて、諸権力の支援を獲得し、勢力を伸長していった実態が明らかとなった。しかしながら、中世から近世への移行によって起こった権力の大きな交替のなかで、西山派は新たな統一権力とのあいだに強固な関係を構築することができず、結果として近世には東国における勢いを失っていく。その意味で、西山派はきわめて「中世的」な教団であったということができよう。

注

（1）今泉淑夫『東語西話─室町文化寸描─』（吉川弘文館、一九九四年）。

（2）高橋大樹「室町・戦国期二尊院の再興と「勧進」─法然廟・檀那・菩提所─」（『仏教史学研究』五五巻二号、二〇一三年）、坪井剛「鎌倉期における専修念仏教団の形成と展開」（『史林』九八巻一号、二〇一五年）など。

あとがき

私が初めて書いた中世史の論文は、一九八八年に大学に提出した「六波羅探題被官の諸相」という卒業論文で、四〇〇字原稿用紙で八〇枚ほどのものであった。実は、最初に考えていたテーマは別のものであった。学部四年生の春、卒業論文のテーマを決めるための報告会のようなものがあり、私は鎌倉幕府の御家人役について、研究史整理をして、その隙間を指摘しただけのような報告をした。指導教官の石井進先生は、満面の笑みを浮かべながら、「え、大丈夫か？　え、大丈夫か？」とおっしゃったが、「やめなさい」とまでは命じられなかった。どうしようかと迷っていた数日後、石井先生同様に中世史を担当され、報告会にも同席されていた五味文彦先生と、（なぜそのような状況になったかは、まるで覚えていないが）三四郎池の畔に二人で並んで腰かけ、缶ビールを飲みながら話をしていた折に、「やはりあのテーマで卒論を書くのは、やめたほうがいいでしょうか」とお聞きしてみた。先生は、至極あっさりと「やめたほうがいいね」と答えられた。そこで、ようやくあきらめがついて、あらためて『金沢文庫古文書』をひたすらめくることから再出発し、六波羅探題の被官というテーマをつかんだのであった。

自分なりに苦労して書き上げたつもりの卒業論文の主要部分は、「六波羅探題被官と北条氏の西国支配」という論文にまとめ直して『史学雑誌』に投稿し、採用された。さらに残りの部分から、「六波羅探題被官の使節機能」という論文をまとめ、『遙かなる中世』という雑誌に発表した。前者はのちに拙著『中世の都市と武士』（吉川弘文館、一九九六年）に収録したが、後者のほうは遅れて本書に収録することになった。このように別々の書に収められることになってしまったが、本来は同一の論文に由来するもので、密接不可分の関係にある。

修士論文作成時には、幕府機関としての「六波羅」ではなく、「空間としての六波羅」に興味関心が移行しており、さらに中世都市史を主要な研究テーマとするようになって現在に到っている。しかしながら、この間、武家権力についての関心が完全に失われたわけではなく、折に触れては関連の論文を発表してきた。本書Ⅰ部は、そうした論文から構成されている。

本書Ⅱ部では、中世仏教教団のなかでも、とくに浄土宗西山派に対象を絞っている。実は、西山派を研究対象とするようになった契機には、ちょっとした偶然が含まれている。それは、妻の実家が西山浄土宗法輪山円満寺（和歌山県和歌山市）であったという事情である。神奈川県で生まれ育った私には、西山派という宗派はまったく馴染みが無かった。少々調べてみると、中世には関東でも西山派の活動拠点がそこかしこにあったことがわかり、さらに六波羅を舞台に、西山派と武家の関わりも確かめられ、おおいに興味を掻き立てられた。岳父で円満寺住職であった須佐俊龍師は、西山派の諸大徳にお引き合わせくださり、関連書籍等も惜しみなく貸与くださった。そうして書き上げた西山派に関する初めての論文が、「鎌倉における浄土宗西山派と北条氏」（『中世の都市と武士』収録）である。本書Ⅱ部と密接に関わる論文であり、ご一読いただければ幸甚である。

これまた偶然であるが、ちょうど本書をまとめている最中の本年五月十日、縁あって岐阜の立政寺において「西山派の歴史と立政寺」と題する講演をさせていただく機会に恵まれた。しばらく西山派の研究から遠ざかっていた自分にとっては、もう一度西山派史と向き合うために大きな力添えをいただいたような気がする。中世社会ほどではないにしても、人間関係の網の目の中で自分も生きているのだなあ、と実感した。

ふりかえれば、「六波羅」こそが自分の研究の原点であったことを、あらためて思い知らされる。初心を忘れないようにとの思いも込めて、序章に「六波羅から中世を考える」を掲げた次第である。先年、「歴史の舞台　六波羅を歩く」（近藤成一責任編集『週刊　新発見！　日本の歴史　一九号　京と鎌倉のダイナミクス』朝日新聞出版、二〇一三年）という写真入りコラムを書いたのであるが、さらに最近、野口実氏による格好のガイド「六波羅」（仁木宏・山田邦和編『歴史家の案内する京都』文理閣、二〇一六年）も出ており、ぜひ多くの方々に六波羅の現地を散策していただきたいと思う。

最後になったが、私の今日までの研究活動を支えてくださったすべての方々に、心より感謝を申し上げる。

二〇一六年五月

高橋慎一朗

初出一覧

序章　六波羅から中世を考える（『京都女子大学宗教・文化研究所研究紀要』二〇号、二〇〇七年）

Ⅰ　武家権力の展開

第一章　六波羅探題被官の使節機能（『遙かなる中世』一〇号、一九八九年）
第二章　尊性法親王と寺社紛争（『遙かなる中世』一九号、二〇〇一年）
第三章　京都大番役と御家人の村落支配（『日本歴史』五七五号、一九九六年）
第四章　宗尊親王期における幕府「宿老」（『年報中世史研究』二六号、二〇〇一年）
第五章　北条時村と嘉元の乱（『日本歴史』五五三号、一九九四年）
第六章　『親玄僧正日記』と得宗被官（五味文彦編『日記に中世を読む』吉川弘文館、一九九八年）
第七章　都市周縁の権力（吉田伸之・伊藤毅編『伝統都市2　権力とヘゲモニー』東京大学出版会、二〇一〇年）

Ⅱ　浄土宗西山派と寺院社会

第一章　証空の小坂住房をめぐる一考察（『日本歴史』六〇六号、一九九八年）
第二章　往生講の展開と浄土宗西山派（『西山学会年報』六号、一九九六年）

第三章　如法念仏の芸能的側面（五味文彦編『芸能の中世』吉川弘文館、二〇〇〇年）
第四章　美濃立政寺に見る末寺形成の一様相（『年報中世史研究』二三号、一九九八年）
第五章　西山派と二条家の人々（『西山学会年報』七号、一九九七年）
第六章　禅宗長福寺の古文書に見える西山派僧（『西山学会年報』八号、一九九八年）
第七章　『塩尻』の西山派関連記事について（『日本歴史』六二七号、二〇〇〇年）
第八章　戦国期の仏陀寺再建を支えた人々（『寺院史研究』九号、二〇〇五年）

終章　武家権力と西山派（新稿）

＊本書収録にあたって、若干の加筆・修正をほどこした。

著者略歴
一九六四年　神奈川県に生まれる
一九八八年　東京大学文学部国史学科卒業
一九九二年　東京大学大学院人文科学研究科博士
課程中退
現在　東京大学史料編纂所教授

〔主要著書〕
中世の都市と武士（吉川弘文館、一九九六年）
武家の古都、鎌倉（山川出版社、二〇〇五年）
中世都市の力（高志書院、二〇一〇年）
武士の掟（新人物往来社、二〇一二年）
北条時頼（吉川弘文館、二〇一三年）

日本中世の権力と寺院

二〇一六年（平成二十八）九月一日　第一刷発行

著者　高《たか》橋《はし》慎《しん》一《いち》朗《ろう》

発行者　吉川道郎

発行所　株式会社　吉川弘文館
郵便番号一一三―〇〇三三
東京都文京区本郷七丁目二番八号
電話〇三―三八一三―九一五一〈代〉
振替口座〇〇一〇〇―五―二四四番
http://www.yoshikawa-k.co.jp/

印刷＝株式会社 理想社
製本＝株式会社 ブックアート
装幀＝山崎　登

ISBN978-4-642-02932-2

索　引

人　名

あ　行

か　行

さ　行

た　行

な　行

は　行

ま　行

や　行

ら　行

わ　行

地名・事項名

あ　行

か　行

さ　行

や　行

ら　行